LA REVOLUCIÓN ISLÁMICA-CLERICAL DE IRÁN, 1978-1989

CENTRO DE ESTUDIOS DE ASIA Y ÁFRICA

LA REVOLUCIÓN ISLÁMICA-CLERICAL DE IRÁN 1978-1989

León Rodríguez Zahar

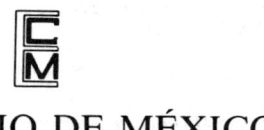

EL COLEGIO DE MÉXICO

Portada de María Eugenia Vidales
Fotografía de Raúl Hernández Blas

Primera edición, 1991
D.R. © El Colegio de México
       Camino al Ajusco 20
       Pedregal de Santa Teresa
       10740 México, D.F.

ISBN 968-12-0462-X

Impreso en México/*Printed in Mexico*

AGRADECIMIENTOS

Agradezco las valiosas observaciones, sugerencias y recomendaciones que recibí del doctor Santiago Quintana Pali, así como del profesor Manuel Ruiz, el profesor Francisco Gil Villegas y la profesora Isabel Turrent que facilitaron mi labor de investigación y sirvieron para mejorar la calidad de este trabajo.

Agradezco el apoyo del personal de la Biblioteca Daniel Cosío Villegas por su eficiente servicio, como también la colaboración de la señora Norma Zepeda en la tediosa labor mecanográfica.

En una época como la nuestra, caracterizada por la presencia de políticos corruptos, cínicos, traicioneros y oportunistas, la fe inquebrantable de Khomeini parecía lo único digno de ser tomado en serio.

AHMED TAHERI

Aquellos que se oponen a los *mullahs* se oponen al Islam; eliminen a los *mullahs* y el Islam desaparecerá en cincuenta años. Sólo los *mullahs* pueden traer a la gente a las calles y hacerla morir por el Islam, rogándoles que derramen su sangre por el Islam.

AYATOLLAH KHOMEINI

(La monarquía iraní es un) Despotismo ilustrado, ilustrado porque tiene por objetivo llegar a una modernización acelerada de la economía. Despotismo porque el poder descansa en la opresión, sin que exista ninguna legitimidad reconocida por los ciudadanos.

MAURICE DUVERGER

Ustedes los occidentales no entienden nada de la filosofía de mi poder. Lo que ustedes llaman mi fiesta es la fiesta del padre de Irán. La monarquía es el cemento de nuestra unidad. Al celebrar el 2 500 aniversario de monarquía, celebraré únicamente la fiesta de mi país, del cual soy padre. Ahora, si piensan que un padre es forzosamente un dictador me da igual.

MOHAMED REZA PAHLEVI

INTRODUCCIÓN

En un memorándum fechado en septiembre de 1978 el cuartel de la CIA en Teherán informaba lo siguiente acerca de la situación en Irán: "Khomeini es una especie de rey-filósofo que pretende terminar con la corrupción para luego retirarse a su seminario (teológico) en la ciudad de Qum." Más adelante el mismo documento añade: "El sha permanece firme en el poder y su reinado se mantendrá al menos durante los próximos diez años."

Tres meses después el sha huía de Irán y el ayatollah Khomeini tomaba las riendas del poder. Casi todas las revoluciones, si no es que todas, han ocurrido de manera sorpresiva e inesperada, contrariando las predicciones de la CIA tanto como los análisis académicos más concienzudos. Hace 11 años el régimen del sha Mohamed Reza Pahlevi parecía tan sólido como el de China en fechas recientes o el de México en 1910.

Pero ésta no sería la única sorpresa que dio el movimiento iraní. Tendría muchos otros aspectos inéditos que revelar a los estudiosos de la historia de las revoluciones.[1]

La Revolución Iraní fue una revolución de masas pero dirigida por una élite clerical que se empeñó en crear una teocracia. Los casos más cercanos habría que buscarlos en el Tíbet (antes de la invasión china) o en el Estado Vaticano. Fue también, como señala el destacado escritor iraní Ahmed Taheri "la primera revolución de masas que pudo ser televisada para millones de espectadores".

En su desarrollo, la Revolución Iraní se ajusta en sus rasgos generales al patrón establecido por la Revolución Francesa.[2] Sin embargo, en sus postulados e ideales el movimiento de Khomeini niega aquello que las grandes revoluciones —seculares y ateas— que la precedieron habían proclamado como valores universales.

En este sentido, el siguiente pasaje de los *Los versos satánicos* de Salman Rushdie resulta ilustrativo a pesar de lo tendencioso que es el autor:

---

[1] Al respecto véase Samuel Huntington, *Political Order in Changing Societies*, 1969; Hanna Arendt, *On Revolution*, 1965; Theda Skocpol, *States and Social Revolutions: A Comparative Analysis of France, Russia and China*, 1980.

[2] Véase Crane Brinton, *Anatomía de la revolución*, 1962.

Haremos una revolución (dice el imam); esto es, una revuelta no sólo en contra del tirano (del sha) sino contra la Historia. La Historia... la creación y posesión del Demonio... la más grande de las mentiras —progreso, ciencia, derechos—. La Historia es una desviación del Camino (del Islam)...

Con las reservas del caso, la Revolución Iraní es, en efecto, una revuelta contra la historia occidental. Fue una revolución hecha para conservar las tradiciones propias, para volver al camino de la ley plasmada en el Corán. No es una revolución que hable de "Libertad, Igualdad y Fraternidad", no es una revolución por la democracia ni para imponer la dictadura del proletariado o del campesinado.[3] Es una revolución que unió a poseedores con desposeídos para reivindicar el Islam, el Corán y el Imamato continuo.

Existen muchas definiciones de revolución, casi una para cada caso. En este sentido, defino a la Revolución Iraní como el movimiento social que destruyó la legitimidad caduca de la monarquía Pahlevi para remplazarla por la legitimidad de una república islámica.[4]

El contexto histórico de la Revolución Iraní: el Islam shiita

Al abordar un tema tan complejo, pero a la vez fascinante, como el de una revolución, se puede buscar su contexto histórico para tratar de explicarla. Pero también se puede buscar su contexto general, teórico, para tratar de enmarcarla. En este sentido, quisiera recalcar que el propósito primordial del presente estudio se limita a realizar un ejercicio de análisis del primer tipo, el del contexto histórico, para explicar las causas y los efectos de la revolución de Khomeini. Por tal motivo, procuré que la mayor parte de la bibliografía que me sirvió de apoyo incluyera autores iraníes, textos originales de los personajes que protagonizaron los acontecimientos, algunos autores de países de la región y, finalmente, autores occidentales.

El estudio gira en torno del papel protagónico del clero shiita y para ello me centro en cuatro preguntas fundamentales cuyas respuestas desarrollo en los cuatro capítulos que integran el libro.

---

[3] Sin embargo, es cierto que en esta revolución quedan subsumidos varios proyectos, incluyendo el de una revolución "liberal burguesa", una "socialista-islámica" y una "marxista".

[4] El concepto de legitimidad aparecerá con frecuencia, en especial en su sentido político. El origen del término puede rastrearse hasta el derecho romano. Sin embargo, su concepción actual debe mucho a los trabajos de Max Weber. Al respecto, véase su obra *Economía y sociedad*.

Capítulo I: ¿Por qué fue posible la revolución, cuál es el origen del clero shiita? Capítulo II: ¿Cómo se explica la revolución en el contexto histórico y social del país; cómo se explica el liderazgo del clero, de Khomeini, y cómo la precipitada caída del sha? Capítulo III: ¿Para qué fue hecha la revolución; cuál era el proyecto del clero para transformar a la sociedad iraní en lo político, económico y cultural; qué otros proyectos alternativos existían? Capítulo IV: ¿Cuál era el proyecto de exportación de la revolución, cómo fueron afectados los vecinos musulmanes de Irán —particularmente los países árabes— ante esta amenaza?

El papel protagónico de este estudio pertenece al clero shiita y al Islam que éste representa. Hasta el final del siglo XIX ese Islam aparece como una religión cuestionadora del orden monárquico. A lo largo del siglo XX ese Islam shiita, esgrimido por la hierocracia, se va transformando en una ideología de lucha que culmina en una ideología revolucionaria en manos de Khomeini. Finalmente, ese Islam shiita se convierte en el fundamento de una utopía social —la República Islámica— y de la lucha por un orden internacional distinto.

El shiismo es la religión oficial de Irán desde el siglo XVI. Irán es el único país donde esta religión es la oficial. Lo que la distingue en términos prácticos de su contraparte mayoritaria sunnita es que la primera desarrolló una casta clerical, una hierocracia. Sin embargo, sólo en Irán esa hierocracia alcanzaría su maduración plena por el hecho de haber crecido bajo el amparo y la protección del Estado monárquico que la institucionalizó. De ahí surge una legitimidad dual, esencialmente conflictiva, del Estado iraní. En muchos sentidos, esto coloca a Irán en condiciones muy distintas a las de los demás Estados musulmanes. La dualidad intrínseca monarquía-hierocracia del sistema político iraní vino a resolverse, de manera por demás inesperada, en una revolución del clero contra el sha.[5]

El régimen Pahlevi se había convertido en una dictadura modernizadora y occidentalizadora —similar a la de muchos otros países en vía de desarrollo— que se había preocupado especialmente por suprimir cualquier forma de oposición política, sobre todo la del clero. El sha Mohamed Reza Pahlevi consideró que el clero había quedado definitivamente acallado tras la represión de 1963 y la expulsión de Khomeini a Iraq. Pero la trayectoria política de la hierocracia era demasiado importante. El sha olvidó que fue ese clero el que dirigió la reacción nacionalista del país frente a la agresión colonial rusa y

---

[5] En este sentido cabe recordar una alusión muy sugerente que Max Weber realizara con respecto al shiismo iraní: ". . .la precaria legitimidad de los shas de Persia frente a sus súbditos shiitas [se debe] a que los persas shiitas sitúan su esperanza escatológica en la parusia del Imam (Oculto-Redentor). . . el sha es religiosamente ilegítimo". Max Weber, *Economía y sociedad*.

británica en los siglos XIX y XX. Olvidó que ese clero, en su calidad de guardián y tutor de la comunidad de creyentes, de intérprete único de la ley divina y de "fuente de imitación" para los fieles, poseía un liderazgo sobre la sociedad que, de hecho, había ejercido en diversas situaciones de crisis pasando por encima de la monarquía misma.

De los seis reyes que Irán tuvo desde principios del siglo XIX hasta 1979, ninguno está enterrado en el país. Los seis murieron en el exilio. De los 42 ministros que tuvo el país en ese período, 10 fueron asesinados o ejecutados y más de 12 huyeron al extranjero. Asimismo, Irán sufrió varias intervenciones extranjeras: rusas, británicas, otomanas e iraquíes. En el mismo lapso hubo innumerables insurrecciones y movimientos separatistas de las minorías étnicas. En todas estas situaciones críticas el clero estuvo presente de manera directa o indirecta. Pero fue en dos de los momentos más significativos de la historia política de Irán —la revolución de 1906 y la de 1963— donde la hierocracia jugó un papel protagónico.

La primera fue una revolución de la sociedad para frenar el despotismo monárquico: se estableció una monarquía constitucional con el apoyo del clero. La segunda fue una revolución de la monarquía sobre la sociedad para imponer un programa de "modernización y occidentalización". El clero dirigió la resistencia bajo la conducción del ayatollah Khomeini. Eso le costó un exilio de 16 años.

El pensamiento político de la hierocracia shiita sufrió una lenta evolución desde el siglo XVI hasta el presente, cuando los *mullahs* llegaron a la conclusión de que podían y debían ejercer directamente el poder en beneficio de la sociedad. Ésta es la aportación esencial de Khomeini, sin soslayar sus dotes de líder revolucionario y de estadista que llevaron a Irán de ser un régimen monárquico prooccidental a uno republicano islámico.

El aspecto fundamental de la Revolución Iraní

Uno de los estudiosos de la Revolución Islámica, Ahmed Taheri, en *The Spirit of Allah*, explica así el liderazgo de Khomeini:

> En una época como la nuestra, caracterizada por la presencia de políticos corruptos, cínicos, traicioneros y oportunistas, la fe inquebrantable de Khomeini parecía lo único digno de ser tomado en serio.

La política se moraliza y la moral se politiza, tal parece ser el signo del final de nuestros tiempos. Irán lo ilustró de manera radical y dramática. En términos generales, la Revolución Iraní puede calificarse de fundamentalista; de ahí muchas de sus peculiaridades. Sin embargo, los movimientos sociales de este tipo han sido poco estudiados debido a que, hasta el caso iraní, se habían manifestado de manera aislada y sólo dentro de algunas sociedades, si bien es un hecho que no son exclusivos del Islam. Estos movimientos están presentes en todas las religiones y, de manera muy especial, en las tres monoteístas.

El fundamentalismo puede definirse como una politización de los valores y creencias más tradicionales de una sociedad, principalmente los de tipo ético-religioso. Surge en momentos de crisis de orientación y sentido de una sociedad, como una forma de reafirmación colectiva de la identidad propia ante la irrupción de valores o incluso formas de producción ajenas.[6] En particular, son los sectores más tradicionales de la sociedad —en su calidad de custodios de los valores auténticos— los más sensibles a los cambios, generalmente disruptivos, de los procesos modernizadores.[7] En este sentido, el fundamentalismo está latente en los sectores tradicionales de las sociedades en rápido cambio.[8] Sin embargo, para que surja el brote fundamentalista, parece ser un requisito indispensable la existencia de un sacerdocio que, en un momento dado, pueda actuar como *intelligentsia* del movimiento en su calidad de intermediario entre la voluntad divina y los creyentes.

En cualquier culto religioso, la hierocracia, el clero, enfrenta un dilema entre su orientación puramente espiritual y su compromiso social y mundano.[9] En situaciones críticas para esa sociedad el clero

[6] Son evidentes las semejanzas con lo que Durkheim tipifica como situación "anómica": "Cuando una sociedad pasa por circunstancias que la entristecen, la confunden o la agravian, ejerce presión sobre [sus miembros] para que expresen mediante actos significativos, este estado de ánimo. Impone [en sus miembros] el deber de llorar o hacerse daño [martirio] ya que estas manifestaciones colectivas y la comunión moral que producen, restauran en el grupo, en la comunidad, la [autoconfianza] que las circunstancias [adversas] amenazan con arrebatarle" (citado en S. Arjomand, *From Nationalism to Revolutionary Islam*, p. 18).

[7] El concepto de modernización, como el de revolución, ha estado sujeto a interminables discusiones. Una definición convencional dice: "Industrialización en la economía, secularización en el pensamiento y en la organización social y legal. . . urbanización. . . adquisición de. . . actitudes cosmopolitas, democratización en la esfera política (Huntington diría participación activa) e integración a la cultura mundial." Algunos estudios importantes sobre la modernización, en el caso específico de Irán, son los de Bendix, Black, Coleman, Huntington, Fred Halliday y Cheryl Bernard.

[8] Al respecto, véase el concepto de "tradicionalismo" postulado por Sair Amir Arjomand en su obra *From Nationalism to Revolutionary Islam*, 1984.

[9] En *Economía y sociedad*, Max Weber explica la tensión que deriva de la interacción entre lo mundano y lo religioso que conduce a lo segundo por la vía de la alienación a rechazar la acción social o por el contrario, a luchar activamente para cambiar ese mundo a su propia imagen y semejanza. De aquí Weber deriva su clasificación de las religiones en las que tienen una orientación mundana, política, y las que tienen una orientación mística. Al Islam lo coloca entre las primeras.

puede considerar (o sobre todo puede ser presionado por la comunidad) indispensable ofrecer su liderazgo político. Esta tendencia puede hacerse más acentuada por el vacío de liderazgo secular motivado por la creciente falta de credibilidad en los políticos laicos y, más aún, en las ideologías. Otro factor que influye en la politización, mayor o menor, del sector tradicional y del clero en particular, es su grado de marginación respecto al desarrollo y la participación. De ahí que, al menos, puedan distinguirse en el fundamentalismo tres niveles de diferencia en los que lo anterior se manifiesta:

En un primer nivel: como defensa activa de los valores y principios de una religión.

En un segundo nivel: el clero pasa de ser un guardián celoso de la moral de la comunidad a buscar su participación en la política. Tal es el caso de algunos sectores del clero en América Latina o de los partidos rabínicos en Israel.

Finalmente, como ocurrió en Irán, si el clero se ve marginado y no encuentra formas de canalizar ni las demandas propias ni las del sector que representa, puede asumir un compromiso de liderazgo revolucionario. Éste también sería el caso de los nacionalismos irredentos, como la Unión Soviética, Polonia o Irlanda, donde las naciones oprimidas canalizan sus demandas a través del discurso religioso. Esta mezcla de nacionalismo e identidad religiosa estuvo presente en la Revolución Iraní a través de las muestras de nacionalismo revanchista y xenófobo antioccidental.

El aspecto integrista de la Revolución Iraní

Señala el gran islamista Bernard Lewis: "El Islam, desde el momento de su fundación *es* el Estado y la identidad de religión y gobierno está impresa de manera indeleble en la memoria y conciencia de los creyentes a partir de sus propios escritos sagrados, su historia y sus experiencias." No hay que olvidar que Mahoma fue a la vez profeta, fundador de un Estado y conquistador. Esto crea diferencias fundamentales entre el paradigma islámico y el cristianismo.

El integrismo puede definirse, propiamente, como una ideología que busca la unificación, la integración de las esferas secular y religiosa del Estado-nación moderno que ha tendido a separarlas. En este sentido, el integrismo puede ser meramente una racionalización de las aspiraciones de un movimiento fundamentalista. También es cierto que el integrismo está más arraigado en el Islam que en el judaísmo o en el cristianismo. Estos dos últimos, desde sus inicios, establecieron la separación entre la esfera del rey y la del sacerdote, entre la espada y las Escrituras. En el Islam original, el del Profeta, como se señaló, no hubo tal distinción. El integrismo islámico idealiza ese Islam primitivo y lo toma como modelo de un Estado en el que la esfera de lo político, lo religioso, lo económico y lo social estaba unificada bajo la ley divina. Además, el integrismo islámico considera a los Estados musulmanes actuales como creaciones artificiales del colonialismo y a sus gobernantes como subordinados del complot judeocristiano destinado a destruir la identidad islámica mediante la imposición de valores extraños.

Para afrontar esta situación, el integrismo propone un plan revolucionario que esencialmente consiste en lo siguiente:[10]

a) Impedir a toda costa la secularización del Estado.

b) Para ello es necesaria una revolución en nombre de Dios que permita restablecer el dominio de la Ley divina expresada en el Corán.

c) El gobierno islámico ideal se describe en pocas palabras como un gobierno democrático sustentado en el consenso (*ijma*) y la consulta (*shura*); justicia en lo económico y... la restauración de la identidad islámica en lo cultural, social e histórico.[11]

d) Lograr una modernización selectiva que por ningún motivo implique una occidentalización de valores.

e) Destruir las fronteras del Estado-nación actual, herencias del colonialismo, y contrarias a la voluntad divina de que exista una sola comunidad de creyentes.

f) Establecer una sociedad igualitaria con apego a los modelos socialistas, esencialmente mediante la estatización de la economía.

Hay que destacar que todos estos postulados están presentes en la Revolución Islámica. Sin embargo, es un hecho que, a diferencia de los movimientos sunnitas, el iraní fue dirigido por un clero con una serie de intereses creados, lo que se va a reflejar, de manera evidente, en el proyecto económico del nuevo régimen.

---

[10] La mayor parte de los estudios sobre el integrismo musulmán se basaron en y fueron motivados por la propia Revolución Iraní y, por lo tanto, datan apenas de la década actual. Por otra parte, hay que señalar que, paradójicamente, se centran en los movimientos sunnitas en los que no está presente una dirigencia clerical. Al respecto, véanse las obras de: Michael Curtis, *Religion and Politics in the Middle East*, 1982; Said Arjomand y E. Gellner, *From Nationalism to Revolutionary Islam*; John Donohue y J. Esposito, *Islam in Transition*, 1982; Daniel Pipes, *In the Path of God: Islam and Political Power*, 1983, y Santiago Quintana Pali, "El integrismo islámico", en *Estudios de Asia y África*, 1986.

[11] Santiago Quintana Pali, "El integrismo islámico", en *Estudios de Asia y África*, vol. 21, núm. 1, p. 7, 1986.

Aspectos milenaristas y mesiánicos de la Revolución Iraní

Otro elemento que distingue claramènte al integrismo shiita de sus contrapartes sunnitas es que la presencia de un clero permitiría poner un énfasis muy especial en la orientación política e ideológica del fervor religioso de la población mediante la exaltación de los mitos fundamentales del shiismo, a saber: el de la Tragedia de Kerbala, el del Ocultamiento del Imam y el de la Parusia del Imam al final de los tiempos.

El judaísmo, el cristianismo y el Islam, además de compartir raíces comunes comparten mitos y expectativas similares. En primer lugar, una visión fatalista y determinista de la historia. La convicción de que hay un fin de los tiempos, al que inevitablemente se le ha asociado con el final de un siglo o de un milenio, de acuerdo con los cómputos de las respectivas eras. En el caso del calendario cristiano, la cercanía del año 2000 abre una serie de expectativas entre los grupos fundamentalistas; y en el caso del calendario musulmán, la llegada del siglo XV (que corresponde aproximadamente a nuestro 1980) jugó un papel muy importante en el timing de la Revolución Islámica.

En las tres religiones, el fin del Tiempo lleva aparejada la certeza de la aparición del Redentor: el Mesías, el Cristo o el *Mahdi*. Pero, además, es en ese momento cuando se sabrá, sin lugar a dudas, cuál de las tres religiones —hermanas y rivales— posee la verdad última.

Al seguir las indicaciones de la escatología shiita, Khomeini creyó ver en su guerra con Iraq el camino señalado para llegar a libertar a Jerusalén. Ahí aparece el Redentor, el Imam oculto, y ante él comparecerán Moisés y Cristo para convertirse al Islam. Por lo tanto, desde el punto de vista iraní, la larga y costosa guerra con Iraq estaba plenamente justificada en términos religiosos.

Por otra parte, es un hecho que los iraníes quisieron ver en Khomeini no sólo al líder político revolucionario sino al anunciador de la llegada del imam e incluso al imam mismo. Con verdadero fervor religioso la sociedad iraní acató las órdenes de Khomeini de derrocar al sha, prácticamente en los albores del fin de un ciclo, la entrada del siglo XV, con lo cual no sólo destruían a un tirano sino que cumplían una cita con el Tiempo. De la misma forma, millones de iraníes fueron a recibir a Khomeini al aeropuerto de Teherán en febrero de 1979; su llegada anunciaba el comienzo de una nueva era dominada por el Bien. Con esa misma mezcla de fervor revolucionario religioso Irán soportó ocho años de guerra con Iraq hasta que Khomeini decidió ponerle fin. Y, por último, las masas fanatizadas de shiitas fueron al funeral no de un hombre sino del Imam, el pasado 6 de junio de 1989.

I. LA LEGITIMIDAD DUAL DEL ESTADO IRANÍ: MONARQUÍA Y CLERO

EL SHIISMO Y EL SUNNISMO: PROBLEMAS DE LEGITIMIDAD

En su origen, la disputa entre shiitas y sunnitas fue política y se refería a una diferencia de criterios en cuanto a la sucesión legítima de Mahoma. Para los sunnitas, la sucesión debía recaer en el más apto, el más piadoso, al que la comunidad de creyentes designaría por consenso. Para los shiitas, en cambio, tal sucesión correspondía única y exclusivamente a los descendientes sanguíneos del profeta. Los shiitas se definieron como los partidarios de Alí. Éste, como primo y yerno del Profeta, casado con su hija Fátima, tenía el *derecho divino* —junto con sus descendientes— de suceder a Mahoma como guía o como Imam de la comunidad musulmana.[1] No obstante, ninguno de sus descendientes accedió al poder a pesar de una serie de revueltas e insurrecciones en su nombre, que reivindicaban sus derechos sucesorios. Todas terminaron, invariablemente, en represión y masacres por parte de los califas, "usurpadores" —Omeyas y Abasidas— y con el asesinato del Imam en turno, empezando por el propio Alí.

El sexto Imam, Jáffar, ordenó a sus seguidores "someterse" al califato a pesar de ser considerado como el "gobierno injusto y usurpador". Este primer paso hacia la despolitización del shiismo lo llevaría hasta sus últimas consecuencias el duodécimo Imam, el cual (aparentemente muerto en su infancia) se creyó que había entrado en ocultamiento y que volvería a aparecer al final de los tiempos para salvar a los justos. La doctrina del ocultamiento, formulada hacia el siglo X, lleva implícita la idea milenarista de que los tiempos no son adecuados para hacer válidas las reivindicaciones políticas de los imames. Pero, más importante, establece una dicotomía entre el poder temporal —que quedó en manos de los injustos y que, por lo tanto, es ilegítimo— y el poder divino de los imames o sus lugartenientes.[2]

---

[1] Mangol Bayat, "Islam in Pahlevi and Post-Pahlevi Iran", en John Esposito (ed.), *Islam and Development*, Nueva York, Syracuse University Press, 1982, p. 89.
[2] Ibid.

[17]

Los califas sunnitas, dueños del poder temporal, establecieron un gobierno dinástico. Sin embargo, la existencia de los descendientes sanguíneos de Mahoma, los imames, fue siempre una amenaza para su poder. El califa Yazid (680-730) pidió al nieto del profeta, Husayn, respaldo expreso. Husayn se rehusó. Junto con sus seguidores fue sitiado en el desierto de Kerbala, al sur de Iraq y murió decapitado. Los shiitas le dieron entonces el título de "Príncipe de los Mártires".[3]

Desde el punto de vista histórico este hecho no significó sino el triunfo de una facción política sobre otra. Sin embargo, desde un punto de vista religioso, simbolizó la lucha desigual entre el Bien y el Mal; entre la tiranía o el gobierno de los hombres, y el imamato o el gobierno legítimo de Dios. La facción vencida, el shiismo, ha mantenido vivo el recuerdo del hecho (680 d.C.), mediante su conmemoración anual en las festividades del mes de Muharram.[4]

Mientras que el Islam sunnita se convirtió en la doctrina del poder y la conquista en manos de los califas, el shiismo pasó a ser la doctrina de la oposición, de los desheredados. El punto de partida del shiismo es la derrota de Alí y sus descendientes; su principal preocupación son los vencidos y oprimidos a la vez que apelan a los sentimientos de martirio y sufrimiento de sus seguidores, lo cual lo acerca notablemente al cristianismo.[5] La familia de Alí se convierte en una especie de "Sagrada Familia" paradigmática, y el martirio de Husayn es semejante al de Cristo, conmemorado año tras año. Los shiitas duodecimanos (seguidores del décimo segundo y último Imam)[6] establecen una doctrina mesiánica, según la cual el gobierno de los tiranos continuará en el mundo hasta que el Imam Oculto vuelva a aparecer para redimir a la humanidad.[7]

---

[3] Asaf Hussain, *Islamic Iran*, Nueva York, St. Martin's Press, 1985, p. 23.

[4] Claire Brière, y Pierre Blanchet, *Irán: la revolución en nombre de Dios*, México, Terra Nova, 1980, pp. 176-179.

[5] Es importante aclarar que del shiismo se derivaron varias ramas, casi todas ellas ligadas directa o indirectamente con alguno de los 12 imames descendientes de Alí. En general, estas sectas se opusieron al quietismo político de los duodecimanos y protagonizaron, a lo largo de la Edad Media, diversas rebeliones, algunas de las cuales culminaron con el establecimiento de Estados shiitas, como el de los zaidíes en Yemen, los ismaelitas, los fatimidas (en Túnez y Egipto), los nasaridas o asesinos, los drusos (en Líbano), los alawitas (hoy en Siria) y los propios safavidas en Irán Véase, Edward Mortimer, *Faith and Power*, Londres, Faber & Faber, 1982, pp. 43-49.

[6] *Ibid.*, pp. 45 y 299.

[7] Las invasiones sucesivas que sufrió Irán en los siglos XII, XIII y XIV a manos de turcos selyúcidas, mongoles y tártaros, tan sólo sirvieron para confirmar en la mente popular la visión apocalíptica del shiismo sobre el gobierno terrenal, identificado con los bárbaros extranjeros y como corrupto e injusto. Es importante recordar que los Pahlevi serían, junto con la efímera dinastía de los Zand, los únicos "persas" en gobernar al país desde el siglo XI. Por tanto, todo gobierno o dinastía podía ser rechazado generalmente sobre bases religiosas y etnoculturales. Precisamente una de las

Los Safavidas y el shiismo

El quietismo político y la aparente docilidad desarrollados por el shiismo duodecimano frente al poder temporal, lo hicieron un instrumento ideal de legitimación para el Estado iraní establecido por los Safavidas en el siglo XVI. En este sentido, es importante aclarar que la idea de que el shiismo haya sido religión "nacional" de Irán desde los comienzos del Islam, es falsa. Hasta el siglo XVI, la gran mayoría de los shiitas no hablaba persa ni habitaba el actual territorio iraní cuya población era predominantemente sunnita. Los Safavidas convirtieron al shiismo duodecimano en religión de Estado y, paralelamente en base de una identidad nacional y cultural.

Como otras tantas dinastías musulmanas, legitimaron sus pretensiones al poder vinculándose a la familia del Profeta; en este caso, proclamándose descendientes de Alí por vía del séptimo imán (incluso varias de las tribus que los apoyaron hasta llegaron a considerarlos y a adorarlos como encarnaciones del Imam oculto). En este sentido, es muy significativo que Ismail, fundador de la dinastía, reclamara para sí los títulos de "vicerregente en nombre del Imam" y de Sha, ostentado por los monarcas de la Persia preislámica. Por este acto, Ismail pretendió disolver la dicotomía entre poder secular y religioso, establecida en la doctrina shiita misma, que podía ser fuente de inestabilidad política.[8]

Para convertir a la población iraní los Safavidas debieron importar teólogos y jurisconsultos shiitas de los actuales territorios de Líbano, Iraq y Bahrein. Los Safavidas les ofrecieron la protección del Estado y una gran independencia intelectual y financiera a cambio de un respaldo legitimador de su poder. De hecho se estableció una relación simbiótica entre monarquía y clero. Sin embargo, los Safavidas no conseguirían nunca que, en el nivel doctrinal, los ulama shiitas (los doctores de la fe) dejaran de considerar su poder como ilegítimo *de jure*, si bien les dieron un reconocimiento *de facto*. Los jurisconsultos shiitas continuaron sosteniendo la doctrina según la cual, en ausencia del Imam oculto, la soberanía divina delegada en éste, sólo podría ser ejercida, en el campo de la interpretación, por los propios jurisconsultos; quienes a su vez debían pronunciarse sobre las acciones del poder temporal. De esta forma encontramos que los teólogos

---

tácticas más importantes de Khomeini en su lucha contra el sha fue "probar" ante la población iraní que los Pahlevi no sólo eran corruptos e ilegítimos desde el punto de vista religioso sino que eran "extranjeros" por adopción, y por ello no dejo de destacar continuamente sus vínculos con estadunidenses, británicos, judíos y *bahais*. Véase Amir Taheri, *The Spirit of Allah*, Bethesda, Adler & Adler, 1986, p. 176.

[8] Mangol Bayat, *op. cit.*, p. 90.

shiitas legitiman actos concretos del gobierno Safavida, nunca al gobierno en sí, como por ejemplo las ceremonias de coronación de los nuevos monarcas. En estos casos, para los fieles tenía un gran significado el hecho de que los más prestigiosos ulama coronaran al sha y refrendaran su carácter de descendiente de Alí, que gobernaba en nombre del Imam oculto como la "sombra de Dios en la tierra".[9]

Dice Said Arjomand que "lo que resultó anómalo en la época Safavida no fue la existencia de pretensiones políticas por parte del clero sino de pretensiones cesaropapistas por parte de la monarquía".[10]

Bajo los Safavidas se consolida la independencia del clero, con ayuda del Estado, que patrocinará la fundación de santuarios y escuelas teológicas (una de ellas, la Faiziyeh de Qum donde dio clases Khomeini). Pero, sobre todo, la monarquía permitió al clero una notable independencia financiera al dotarlo de tierras (*waqf*-fideicomisos) para su explotación y de la posibilidad de recolectar los impuestos prescritos por el Corán.[11]

En el plano político e ideológico puede considerarse que la herencia más importante de los Safavidas de Irán fue el desarrollo de carismas rivales: el monárquico y el hierocrático. Si bien durante mucho tiempo dicha rivalidad quedó subsumida por una cooperación y un acomodo pragmático que resultaban fructíferos para ambos, el Estado iraní, representado por las distintas dinastías que lo gobernaron, no logró incorporar en su estructura a la hierocracia shiita que él mismo había ayudado a crear.

La dinastía Safavida fue derrocada en el siglo XVIII por la invasión afgana que intentaba restaurar el sunnismo en Irán. Los líderes shiitas huyeron a Iraq para refugiarse tras las fronteras del Imperio Otomano en las ciudades santas del shiismo; Najaf y Kerbala que a partir de entonces se convirtieron también en santuarios políticos.[12] Alejados del Estado iraní, los altos líderes del shiismo evitaron entrar en difíciles y siempre cuestionables acomodos y componendas con el poder secular, manteniendo así su imagen de moralidad intachable.

Los Qayar y el shiismo

Al igual que sus antecesores, los Qayar se hicieron del poder apoyados en una coalición de tribus pero, en su caso, para mantenerlo de-

---

[9] Said Arjomand, *The Shadow of God and the Hidden Imam*, Chicago, University of Chicago Press, 1984, p. 177.
[10] *Ibid.*
[11] G. Von Grunebaun, *El Islam II* (Historia Universal, Siglo XXI), México, Siglo XXI, 1975, pp. 145-146.
[12] Edward Mortimer, *op. cit.*, p. 303.

pendían de un factor exógeno y completamente nuevo en el ámbito del Islam: los imperios europeos. Gran parte de los conflictos sociales y políticos en el siglo XIX iraní derivan de los enfrentamientos militares y comerciales con las potencias europeas, en particular Rusia e Inglaterra, que hicieron de Irán un campo de batalla de sus rivalidades expansionistas. Los Qayar intentaron detener —en dos ocasiones— el avance ruso en el norte, con el resultado de dos desastrosas derrotas que llevaron a sendos tratados: el del Gulistán (1813) y el de Turkmanchai (1828). Dichos tratados implicaron graves pérdidas territoriales (en las que un gran contingente de población musulmana fue incorporado a los dominios de Rusia) además de las características capitulaciones en favor del vencedor. Esta situación provocó levantamientos populares xenófobos, que fueron encabezados por los líderes religiosos, uno de los cuales culminó en el asalto a la embajada rusa y la muerte de todos los funcionarios.[13] Inglaterra, por su parte, tampoco estuvo exenta de este rechazo radical.

Nasr ed Din Sha (1848-1896), quien literalmente ascendió al trono escoltado por tropas británicas y rusas, es un claro antecedente de los Pahlevi. Inició una serie de reformas modernizadoras que, a los ojos de la población y del "clero", no eran sino evidencias claras de la subordinación de Irán al extranjero. En este contexto cabe destacar la creación, por parte del sha, luego de un viaje a Rusia, de una guardia pretoriana de cosacos (de donde emergería el fundador de la dinastía Pahlevi). Asimismo, es sintomática del grado de claudicación al que habían llegado los Qayar —siempre abrumados por deudas con el exterior— la concesión por 70 años dada al barón de Reuter (1872), que incluía la construcción de ferrocarriles, tranvías, caminos, telégrafos, trabajos de irrigación y explotación de minas.[14] Fue la coalición de los ulema y los bazaaris (comerciantes del bazaar), que se mantendría vigente hasta la caída de Mohamed Reza Pahlevi, la que permitió una gran movilización popular para obligar al sha a retractarse. No obstante, años después, el sha compensó al barón de Reuter con otra concesión sobre la banca, que resultaba igualmente lesiva a los intereses de los bazaaris por el monopolio que ejercían tanto en el comercio como en las finanzas del país. En 1890, el sha otorgó a los británicos, como pago de su deuda, otra concesión escandalosa sobre la venta y exportación de tabaco. Nuevamente, a instancias del bazaar, el máximo líder shiita emitió desde Iraq un decreto religioso que prohibía el uso del tabaco. La respuesta popular fue tan grande que el sha tuvo

---

[13] Ervand Abrahamian, *Iran Between Two Revolutions*, Princeton, Princeton University Press, 1982, p. 51.
[14] *Ibid.*, p. 55.

que dar marcha atrás.[15] No deja de ser notable cómo las líneas telegráficas, instaladas por los británicos, facilitaron la coordinación del movimiento en Irán; décadas después fueron las cintas magnetofónicas las que facilitarían el derrocamiento de los Pahlevi.[16] Nasr ed Din Sha muere asesinado en 1896; el rey del Islam había traicionado sus deberes. Su sucesor no pudo seguir el patrón de conducta heredado por su padre. La necesidad de agenciarse financiamiento lo llevó a dar otra concesión a los británicos, esta vez sobre el petróleo, y nuevas concesiones a los rusos en materia comercial. Se sucedió una serie de enfrentamientos, notablemente similares a los que precedieron a la Revolución de 1979, entre la monarquía "traidora" y la población dirigida por los bazaaris y el clero, que culminaría en el movimiento constitucionalista de 1905-1906.[17] La monarquía iraní era cada vez más incapaz de servir, a un tiempo, sus "obligaciones" con el exterior y con su propia población. Paralelamente, a lo largo del siglo XIX el shiismo encontrará cada vez más difícil legitimar un régimen que, en varios momentos, antepone sus compromisos con el exterior. Sin embargo, hay que destacar que los Qayar, a diferencia de sus sucesores los Pahlevi, procuraron evitar alienar al clero con políticas que dañaran directamente sus intereses. En cambio, al igual que los Safavidas, procuraron respetar su independencia política y financiera. De esta forma, el clero pudo seguir administrando sus tierras y los impuestos religiosos, así como las cortes de la *sharia* (la Ley Islámica) e incluso tener su propio cuerpo de ejecutores de las sentencias.[18] Asimismo, cuando los ulama sintieron su autoridad puesta en tela de juicio por el auge de movimientos considerados heterodoxos —babismo y sufismo principalmente— contaron con el apoyo monárquico para reprimirlos. En particular, el babismo fue considerado sumamente peligroso por ser un movimiento mesiánico, surgido a mediados del siglo XIX en un contexto de crisis del liderazgo y de la identidad cultural frente al imperialismo.[19]

---

[15] *Ibid.*, p. 88.
[16] *Ibid.*, pp. 68-69.
[17] Dilip Hiro, *Iran Under the Ayatollahs*, Londres, Routledge & Kegan Paul, 1985, p. 18.
[18] *Ibid.*, p. 15.
[19] En 1884, mil años lunares después del ocultamiento del doceavo Imam, el milenarismo shiita, atizado por la situación crítica del país, cobró vida en las reivindicaciones mesiánicas de un mercader de Shiraz que se proclamó como el Bab, es decir, la puerta que conduce al Imam poco antes de la parusia. Así surgió el movimiento babista o bahaísta (este último nombre deriva de uno de los discípulos del Bab). El movimiento coincide curiosamente con el del Mahdi, de características muy similares, que se desarrolló en Sudán. El babismo fue casi inmediatamente considerado como herético y peligroso para el shiismo del *establishment* pues cuestionaba las bases mismas de la hierocracia: rechazaba la intermediación, entre el hombre y Dios, de los

La hierocracia shiita

Aparte de sus intereses, el "clero" shiita no ofrecía otra opción (de liderazgo político frente a la monarquía) porque carecía de una organización cohesiva que le diera unidad de propósito y de acción. Sin embargo, precisamente ante las demandas de la población a lo largo del siglo XIX se fue desarrollando el proceso de jerarquización y politización de los ulama, si bien con lentitud. Dicho proceso tiene sus antecedentes en el siglo XVIII. Tras el caos que siguió a la invasión afgana, un prestigioso ulama, Behbahani, argumentó que era de primordial importancia que los creyentes escogieran entre los *mujtahid* (título honorífico que designa a los más prestigiosos doctores de la fe) a un pontífice, un *marja e taqlid* (fuente de imitación, un líder). "La necesidad de seguir los lineamientos de un *mujtahid* vivo (elevado a un *marja e taqlid*) en el supuesto de que es menos falible que un gobernante temporal, ofreció bases de poder y legitimidad a los ulama shiitas que no tienen paralelo en el sunnismo.[20] Sin embargo, esta institución no cobraría verdadera significación política hasta mediados del siglo XIX en la figura del *marja e taqlid* Hasán Shirazi, quien, ante la agresión británica y rusa y la debilidad del régimen Qayar, hizo explícita la "doctrina de los dos poderes" derivada del ocultamiento del Imam. Según la cual, cuando el gobierno es incapaz de proteger a la religión y a los intereses de la comunidad shiita, ésta, bajo el liderazgo de la hierocracia, hará lo que sea justo y necesario para defenderse, pues, ante todo, es responsable (la hierocracia) de un buen gobierno frente al Imam oculto. Con esta premisa, los líderes religiosos colaboraron con los bazaaris en las múltiples instancias en que éstos vieron sus intereses amenazados por las potencias extranjeras.[21] El sucesor de Shizari, Ansari (m. 1864) tiene gran importancia por sus innovaciones doctrinales y es considerado precursor de Khomeini. Ansari fue el primero que discutió, en sus escritos, las posibilidades del gobierno del jurisconsulto en momentos en que la legitimidad de la monarquía (Qayar) se estaba erosionando. Sin embargo, Ansari llegó a una conclusión opuesta a la de Khomeini pues consideró que en ausencia del imam —que es el único que reúne plenamente los poderes temporales y espirituales— corresponde a los jurisconsultos una autoridad residual, limitada al plano de la interpretación y,

---

mujtahids como intérpretes únicos y autorizados de la ley sagrada; proclamaba la validez de todas las sagradas escrituras de otras religiones y consideraba que Mahoma no era el sello de los profetas. Véase, Mangol Bayat, *Mysticism and Dissent*, Syracusa, Syracuse University Press, 1982, p. 103.

[20] Pilip Hiro, *op. cit.*, p. 252.
[21] Said Arjomand, *op. cit.*, p. 252.

en todo caso, del veto. En ningún momento, pueden pretender asumir el poder en nombre del Imam.[22]

Debe quedar claro que, en estos momentos, el *marja e taqlid* era considerado un *primus inter pares* con autoridad moral pero no de mando. A su alrededor surgió una jerarquización incipiente entre los *mujtahids* pero no implicó el establecimiento de una cadena de mando.[23] Más importante resulta la clara diferenciación entre la alta hierocracia, con su jerarquización incipiente, y la baja constituida por los *mullahs* (encargados de puestos administrativos menores en las instituciones religiosas, algunos de los cuales eran designados por el gobierno). Sin embargo, es un hecho que, hasta la llegada de Khomeini, el clero no actuará de forma monolítica ya que la cadena de autoridad seguía siendo esencialmente moral, cada *mujtahid* podía expresar su opinión y crear prosélitos para su causa. Así, parte de la hierocracia era más sensible a las demandas legitimadoras del gobierno, mientras que la otra —muchas veces ligada por intereses económicos— se muestra más atenta a las reivindicaciones de los bazaaris.

En este sentido, es interesante notar cómo, a pesar de sus posibles diferencias, los *mujtahids* (la alta hierocracia) concentran sus ataques en los extranjeros; mientras los *mullahs* cuestionan directamente la legitimidad de los Qayar. En particular se hacían eco de las reivindicaciones de supuestos descendientes de los Safavidas y acusaban a los Qayar de haber sido una de las tribus que, en tiempos del califa Yázid, habían colaborado con sus tropas en la consumación de la Tragedia de Kerbala.[24]

La época de Qayar marca la clara definición de los carismas alternativos —hierocrático y monárquico— así como la aparición de fuerzas sociales e ideológicas que impulsan, con sus demandas, el enfren-

---

[22] Hamid Anayat, "Iran: Khumayn's Concept of the Guardiaship of the Jurisconsult", en J. Piscaroti (ed.), *Islam in the Political Process*, Cambridge, Cambridge University Press, 1984, p. 162.

[23] Los títulos honoríficos de los ulama shiitas son, en orden ascendente: Thigatalislam (depositario de la confianza del Islam), Hojatalislam (prueba del Islam), Ayatollah (signo de Dios), Ayatollah al Ozma (Gran Ayatollah). Este último equivale al de Marja e Taqlid (fuente de imitación para los fieles). Estos títulos son empleados únicamente por los *mujtahids* (los que ejercen el *ijtihad*, la interpretación de la Ley Sagrada) y se les confiere informalmente por consenso. Véase, Dilip Hiro, *op. cit.*, p. 65.

[24] Cabe mencionar que, al ver la monarquía cada vez más cuestionada su autoridad, por una extraña casualidad, los arqueólogos occidentales —durante el reinado de Mohamed Sha— empiezan a desenterrar el pasado preislámico de Irán. Fue precisamente uno de los príncipes Qayar el que, después de siglos de indiferencia hacia este periodo, escribe una *Historia antigua de Persia*. Esta tendencia de la monarquía a buscar una fuente alternativa de legitimidad culminará "escandalosamente" con Mohamed Reza Pahlevi. *Ibid.*, p. 248.

tamiento entre ambas. En gran parte, la polarización de la sociedad iraní se explica por la creciente injerencia extranjera en todos los planos: político, económico e ideológico.

A partir de la segunda mitad del siglo XIX aparecen, ya definidos, los siguientes sectores de la sociedad con distintas visiones: tradicionalistas, fundamentalistas y modernizadores secularistas. Los tradicionalistas, identificados como una parte de la alta hierocracia, se oponían a participar —en la medida de lo posible— en política, y perpetuaban la inercia quietista del shiismo duodecimano medieval. Los fundamentalistas, identificados con otra parte de la hierocracia, consideraban la autoridad religiosa como la única legítima y el Estado debía ser tan sólo un instrumento de fuerza a su servicio, al servicio de Dios. Esencialmente, este grupo apelaba al paradigma planteado por el gobierno del Profeta en que Estado y Religión se mantenían unidos. Gran parte de los bazaaris podían considerarse fundamentalistas. Los secularistas y modernizadores constituían un grupo, novedoso y muy reducido, identificado con la *intelligentsia* occidentalizada al servicio de la monarquía. Combinaban un fuerte nacionalismo con la admiración hacia la ciencia y el progreso europeos.

La Constitución de 1906

Como parte de la incipiente modernización, la sociedad civil comienza a tener conciencia y une a todas sus fuerzas, a pesar de sus diferencias esenciales, en contra de la monarquía incompetente cuyo poder absoluto y despótico era visto como la causa principal de la ruina y expoliación del país a manos de los extranjeros. Casi al mismo tiempo que el zar, el sha tuvo que convocar a una asamblea constituyente en la que estuvieron representadas todas las fuerzas políticas del país: "príncipes, ulama, familia real, notables, terratenientes, mercaderes y gremios". Todos coincidían en que debía ponerse un freno institucional a la monarquía. A pesar de su escasa representatividad, la élite secularizada era la única que, en ese momento, podía ofrecer un proyecto alternativo al de la oligarquía absoluta; rebasando así el liderazgo tradicional hierocrático.

> El Occidente aportó nuevos conceptos y aspiraciones [y fueron] las clases educadas a la occidental las que [más rápidamente] habían cambiado su visión del mundo. Ya no hablaban del derecho divino de los reyes, sino de los derechos del hombre y del ciudadano; ya no de la monarquía sino del despotismo; ya no de la fe sino del nacionalismo. El eje de las lealtades cambió de la Sombra de Dios en la Tierra a la terna libertad, igualdad y fraternidad. Fue esta mezcla de ideas y conceptos nuevos

apoyados por el tradicional rechazo a la legitimidad del Estado secular (en el shiismo) lo que provocó la revolución constitucionalista.[25]

Años después, el eje de las lealtades cambiaría nuevamente enfocándose en el Islam shiita.

La Constitución iraní de 1906 se basaba en la Constitución belga y plasmaba predominantemente los ideales de los secularistas. No debe pensarse que el clero compartiera esa visión europea sino que carecía de la madurez política y del conocimiento adecuado para asumir la responsabilidad del gobierno. A pesar de ello, se discutieron ampliamente los fundamentos teóricos y las implicaciones políticas que había tras el constitucionalismo. Se delinearon claramente dos facciones del clero shiita. Por un lado quedaron los que abogaban por una versión participativa del clero y una concepción politizada e integrista del Islam que culminaría con Khomeini; por el otro quedó la facción tradicionalista y quietista del clero que culminaría con el ayatollah Shariatmadari.

En el debate constitucionalista de 1906 destaca la figura del sheikh Naini (m. 1936) quien defendió la postura participativa del clero y la política del Islam. Para él la pregunta fundamental que deben hacerse los *mujtahids* de este tiempo es:

> ¿Acaso en la era de la Ocultación [del Imam] en que la comunidad [de creyentes] está lejos de ser pura, fuera del alcance de la supervisión del Imam o sus diputados, hay razón para cambiar un gobierno tiránico por otro constitucionalista y participativo en que la autoridad del gobernante esté debidamente limitada?[26]

Naini responde afirmativamente aduciendo tres argumentos en favor del régimen constitucionalista: *a*) el despotismo es una usurpación de la voluntad divina (expresada en el Corán); *b*) es una usurpación de las funciones y autoridad del Imam (el único gobernante legítimo sobre la tierra), y *c*) es una afrenta a los creyentes que se ven sometidos a un régimen de injusticia y desigualdad. Naini es un antecesor de Khomeini, pero todavía no aboga por el establecimiento del gobierno hierocrático, sino que confía en la Constitución y en el Parlamento así como en la supervisión indirecta de los *mujtahids* por vía del consejo de vigilancia.

En sentido contrario argumenta el sheikh Nuri (m. 1909). Él llama a la Constitución "libro de errores". Esencialmente la rechaza por considerar intolerable la existencia de una ley alternativa al Co-

---

[25] Abrahamian, *op. cit.*, pp. 50-51.
[26] Yann Richard, *Le Shi'sme en Iran*, París, LAO, 1980, pp. 56-57.

rán y, en segundo lugar, rechaza la idea de igualitarismo secular afirmando que son insoslayables las diferencias sociales y la diferencia entre el *mujtahid* y el creyente. Él defiende la dualidad de la autoridad monarquía-clero:

> Las dos autoridades son complementarias y suplementarias una de la otra; los cimientos del Islam descansan (necesariamente) sobre ambos pilares: el de la fe y el de la monarquía. La monarquía es el poder ejecutivo del Islam... Esta Ley [la Constitución] es [además] un atentado contra las prerrogativas del *Faquí*, el único que puede interpretar la Ley y resolver las cuestiones nuevas que se presenten.[27]

Otra discusión importante giró en torno al concepto de soberanía. El clero argumentaba que la soberanía había sido delegada por Dios única y exclusivamente en el Imam. Tras su ocultamiento, correspondía a los *mujtahids* velar —no ejercer— el cumplimiento de la Ley Divina. De ahí que el famoso artículo 2 reconocía a los *mujtahids* un poder, teórico al menos, de veto ya que cualquier ley aprobada por la Asamblea debía ser primero sancionado por los jurisconsultos para evitar que contraviniera a la *sharia*. La fórmula que se alcanzó, perfectamente ambigua, consideraba que la soberanía estaba depositada en el pueblo (como un don divino) y éste la delegaba en los diputados y en el rey. Para conciliar al clero, además del artículo 2, la Constitución proclamaba al shiismo como religión del Estado y reconocía todas las instituciones religiosas tradicionales. Proclamaba que sólo un shiita duodecimano podía aspirar al trono, a ser ministro o juez. El artículo 18 daba la educación al Estado pero ajustándose a la vigilancia de los *mujtahids*.[28]

La Constitución permitió ajustar y hacer explícita la correlación de fuerzas en Irán.[29] Pero, sobre todo, reconoció un poder potencial supremo, de arbitraje, a la hierocracia shiita, mismo que no se haría efectivo sino hasta la Revolución de 1979.

LOS PAHLEVI Y EL SHIISMO:
MODERNIZACIÓN Y DICTADURA

El sha quiso destruir el Parlamento y el movimiento constitucionalista; con ello se hizo acreedor de intentos de asesinato y prácticamente desató una guerra civil entre 1907 y 1911. El constitucionalismo triunfó debido

---

[27] Nuri Shaykn, "Refutation of the Idea of Constitutionalism", en *Middle Eastern Studies*, vol. 13, núm. 3 (octubre de 1977), pp. 327-391.
[28] Dilip Hiro, *op. cit.*, p. 20.
[29] Véase análisis del texto constitucional en el capítulo 3.

a que el sha quedó completamente alienado del resto de la sociedad. En este sentido, cabe destacar el papel que jugaron las tribus en la defensa del constitucionalismo, precipitando la caída de los Qayar. Los terratenientes y jefes de tribus constituían la clase feudal y su poder era aún enorme a principios del siglo. En las elecciones de 1912 obtienen 50 de los 104 escaños.[30] Los gremios y comerciantes del bazar son la otra fuerza mayoritaria pero, notablemente, eligen a los ulama como sus representantes ante el parlamento donde, generalmente, serán la fuerza predominante (sobre todo en los últimos años de los Qayar). Cabe destacar que la masa campesina carece, de hecho, de representación, si bien se identifica con los ulama.[31]

El alto clero pronto se decepcionó de la Constitución y apoyó la posición conservadora del sheikh Nuri quien representaba el *establishment*. Nuri logró el apoyo de los bazaaris y finalmente del propio sha quien, en esta ocasión, actuaba en defensa de una institución tradicional como lo era la monarquía. Entonces el sha decidió dar un "golpe de Estado" al parlamento en 1908. Sin embargo, la restauración autocrática fracasó y Nuri fue colgado por los constitucionalistas. Su sucesor, Yazdi, aconsejó al clero retirarse de la política, como muchos siglos antes lo recomendara al sexto Imam, Jaffar. El clero volvió a su posición quietista, prácticamente hasta 1953, cuando el ayatollah Kashanil dio su respaldo al movimiento antimonárquico del premier Mossadeq.

Reza Sha

Durante la Primera Guerra Mundial creció la importancia estratégica de Irán. Para arreglar sus diferencias centenarias, Rusia e Inglaterra firmaron un tratado "secreto" en 1907, en el que dividieron a Irán en tres zonas de influencia: una británica, al sur y al occidente; una rusa, al norte, y una zona neutral. En 1914 se crea la APOC (Anglo-Persian Oil Company) para la explotación petrolera.[32] Terminada la guerra, tras la Revolución Rusa y la desintegración del Imperio Otomano, resurgen las rivalidades entre Gran Bretaña y la URSS sobre Irán. Los británicos, conscientes de lo ineficaz y peligroso que resultaba seguir apoyando a una monarquía como la Qayar, sustentada en una frágil base feudal-tribal y profundamente deslegitimada, deciden

---

[30] Behrang, *Irán: un eslabón débil del equilibrio mundial*, México, Siglo XXI, 1980, p. 20.
[31] *Ibid.*
[32] Amin Saikal, *The Rise and Fall of the Sha*, Princeton, Princeton University Press, 1980, p. 14.

alentar un cambio en favor de un régimen dictatorial firme. El comandante de la Brigada Cosaca, Reza Khan, parecía el más idóneo.[33]

Reza Khan contó con el apoyo británico y estuvo lejos de ser un títere como sus antecesores los Pahlevi de raíces tribales aristocráticas. Ello explica, en gran parte, que Reza Khan tardara cuatro años en derrocar al Sha Qayar, asumiendo sucesivamente los cargos de ministro de Guerra, primer ministro y sha. Como ministro de Guerra reformó al ejército centralizándolo y modernizándolo para destruir el poder tribal. Como primer ministro, viajó en dos ocasiones a Iraq para pedir a los máximos líderes shiitas su apoyo y su anuencia para derrocar a los Qayar. Como sha, uno de sus primeros actos de gobierno fue prohibir el alcohol y las apuestas, bajar los precios del pan y prometer la aplicación de las leyes del Islam.[34] Sin embargo, contrario de lo que se podía esperar, Reza Sha puede considerarse como el primer monarca secularista, modernizador y nacionalista de Irán.

Una de sus metas fue liberar a Irán de la influencia soviético-británica. Abrogó el Tratado Anglo-Iraní de 1919 que convertía a su país en un protectorado británico; firmó un pacto de no agresión con Iraq, Turquía y Afganistán para formar un bloque regional frente a las potencias europeas (el Pacto de Saladabad). Años después el tratado se haría realidad dentro del esquema de la guerra fría.

Procuró acercarse a Estados Unidos y Alemania y romper la excesiva dependencia de Gran Bretaña. Su nacionalismo se refleja en el plano económico; cambió los términos de la concesión petrolera británica en favor de Irán (1935), nacionalizó la banca y canceló las odiosas capitulaciones, herencia de los Qayar.[35] Estas medidas resultaron muy populares, pues le permitirían aislar de la población al clero, principal obstáculo de la secularización social y cultural. Reza Khan tomó como modelo al líder turco Mustafá Kemal Ataturq, quien quiso destruir los obstáculos religiosos para la modernización de Turquía. Sin embargo, existía una diferencia fundamental entre ambos, mientras que Mustafá Kemal contaba con una legitimidad propia de héroe nacional, Reza Khan no era más que un usurpador aventurero que se enfrentaba a los prestigiosos ulama, shiitas, encarnación de la identidad nacional iraní. Por ello a pesar de su nacionalismo (secular), la revolución modernizadora y occidentalizadora de Reza Khan provocó profundos resentimientos en la sociedad iraní al grado en que vio amenazada su identidad islámica.

Algunas medidas en este sentido fueron: proclamar el zoroastrismo como la segunda religión de Estado; utilizar el calendario persa,

---

[33] Dilip Hiro, *op. cit.*, p. 22.
[34] *Ibid.*, p. 24.
[35] Amin Saikal, *op. cit.*, p. 202.

cambiar el enfoque de los libros de texto para dar mayor énfasis al pasado preislámico, sobre todo, a la falsa idea de una "ininterrumpida" monarquía de 2 500 años de antigüedad que pretendía ser anterior al Islam. Otras medidas fueron especialmente agresivas como la Ley del Vestido (1928) que requería que todos los varones utilizaran el traje occidental con sombrero. Esta orden buscaba eliminar los vestidos regionales que identificaban a las diversas etnias iraníes. En 1935, fue abolido el *chador* para las mujeres. La oposición radical de los ulama a estas leyes llevó a una masacre de fieles, por parte de las tropas reales, en el recinto del Santuario del Imam Reza en la ciudad de Mashad. Este hecho, sin precedentes, se repetiría en los años siguientes. Más aún, en su obsesión occidentalizadora y antirreligiosa, el sha prohibió la peregrinación a la Meca y restringió las festividades shiitas.[36] Para poner en vigor estas medidas, el sha había logrado controlar al Parlamento mediante fraudes electorales, al grado de que la onceava legislatura (1936-1938) no contó con ningún clérigo notable.[37]

De mayor trascendencia fue la secularización del sistema judicial y educativo con lo cual Reza Sha invadió el ámbito reservado a la hierocracia. En efecto, el monarca adoptó los códigos de leyes europeos y estableció cortes seculares. Para ejercer el cargo de juez se requería de un título de abogado de la universidad de Teherán —establecida por el propio sha—, la cual rechazaba a los estudiantes de las *madrasas* (la escuela tradicional islámica), y que asimismo prohibió a los ulama que dieran fe notarial y registraran documentos. Paralelamente estableció un sistema de escuelas laicas, conforme a la Constitución, pero sin respetar la opinión de los ulama y procurando romper su monopolio tradicional en materia educativa. Al crear un ejército moderno, mediante la conscripción forzada, afectó a los "seminaristas", y sólo una serie de protestas masivas, encabezadas por los ulama (1927) y apoyadas por los bazaaris, frenaron la ley.[38]

La Segunda Guerra Mundial

Al estallar el conflicto bélico en Europa, la situación en el interior de Irán era sumamente tensa. Reza Sha se declaró neutral aunque su objetivo era acercarse a Alemania en contra de Gran Bretaña y la URSS. Churchill propuso a Stalin la ocupación de Irán, de acuerdo con los términos del Tratado de 1907. Soviéticos y británicos protegían así sus intereses petroleros, unos en el Cáucaso y los otros en el Golfo,

---

[36] Dilip Hiro, *op. cit.*, p. 28.
[37] *Ibid.*
[38] Shaul Bakhash, *The Reign of the Ayatollahs*, Londres, Basic Books, 1986, p. 22.

sobre todo, se garantizaba el abastecimiento occidental a la URSS desde Irán. La humillación que sufrió Irán fue aún peor que cualquiera de las provocadas por los Qayar. En unos meses, Reza Sha vio su política nacionalista venirse abajo y tuvo que abdicar en favor de su hijo Mohamed Reza Pahlevi. Durante la ocupación, los soviéticos, contraviniendo los términos del acuerdo, decidieron fomentar el separatismo en su zona —el Azerbaiján y el Kurdistán— fortaleciendo al partido comunista iraní: el Tudeh. Ante la negativa soviética de retirarse, terminado el conflicto, crecieron las tensiones entre Gran Bretaña y Estados Unidos frente a los soviéticos. Truman declaró que las actividades de la URSS en Irán constituían una amenaza a la paz mundial y que "si los soviéticos controlaban el petróleo iraní directa o indirectamente, el balance de recursos materiales del mundo sufriría un grave daño en perjuicio de Occidente".[39]

Las consecuencias de la Segunda Guerra Mundial para Irán se pueden resumir en la aparición de un nuevo poder occidental en sus asuntos internos, el de Estados Unidos, el cual, rápidamente, fue remplazando a los británicos y generando un resentimiento muy grande contra las potencias y contra la monarquía. Asimismo, es un hecho que, durante muchos años, la URSS mantendría una notable influencia entre las fuerzas de izquierda que tendrían una importante participación en la nacionalización del petróleo de tal modo que afectaría los intereses occidentales ocho años después.

MOHAMED REZA PAHLEVI. PRIMERA ETAPA: 1945-1953

El nuevo sha siguió, al menos al principio, el patrón de los monarcas que le habían precedido. Ascendió al trono fuertemente deslegitimado y, al igual que su padre, fue acusado de ser un agente británico y estadunidense. En este sentido, no deja de llamar la atención cómo, al igual que su padre, buscó un apoyo legitimador frente a la sociedad en el único lugar donde podía hallarlo: en los ulama y en el shiismo. Precisamente sus primeros actos de gobierno estuvieron encaminados a dar marcha atrás a las medidas secularizadoras de su padre (restableció el peregrinaje a la Meca, la celebración de los rituales shiitas y el vestido tradicional, sobre todo, para las mujeres).[40] Su política conciliadora le permitió obtener un apoyo tácito de la alta hierocracia. En 1949 el *Marja e Taqlid*, ayatollah Borujerdi, proscribió las actividades políticas de los ulama, tal disposición fue en general acepta-

---

[39] Amin Saikal, *op. cit.* p. 33.
[40] Dilip Hiro, *op. cit.*, p. 30.

da, salvo por un grupo de radicales, los *Fidaiyyin e Islam*, bajo el liderazgo del ayatollah Kashani.[41]

En 1951 Muhammed Mossadeq se convirtió en primer ministro, encabezando una coalición de diputados conocida como Frente Nacional, cuya bandera de lucha era, al igual que la de los Fidaiyyin, restaurar el honor nacional centrándose en la cuestión petrolera.[42] Pocos meses después de llegar al poder, Mossadeq nacionalizó la AIOC (Anglo Iranian Oil Co.). El ayatollah Kashani, en ese momento líder del parlamento, lanzó un decreto apoyando la nacionalización y argumentando que sólo seguía los pasos del ayatollah Shirazi cuando éste intervino en la cuestión del tabaco.[43] Mohamed Reza, a diferencia de su padre, no había podido someter al Parlamento. Mossadeq había llegado al poder contraviniendo sus deseos; de la misma manera, no pudo impedir la nacionalización del petróleo. Ante las presiones y amenazas de las superpotencias que habían bloqueado a Irán, Mossadeq obtuvo poderes de emergencia con los que pudo enajenar las vastas tierras de la Corona y cortar el presupuesto de la Corte. Finalmente, asumió el cargo de ministro de Guerra con lo que prácticamente depuso al sha. Éste abandonó el país por primera vez.[44]

Mossadeq había encabezado una revolución parlamentaria contra la monarquía, sin embargo, no supo conservar la poderosa alianza con los ulama a través de Kashani. Sólo los grupos radicales de izquierda, particularmente el Tudeh —apoyado por la Unión Soviética— continuaron respaldando al primer ministro. Su asociación con el Tudeh y con la URSS le alienó el apoyo de la sociedad iraní que lo veía como un "agente al servicio de Moscú". En plena guerra fría, Irán fue víctima de una especie de *red scare* alimentada por los acontecimientos de la Segunda Guerra.[45] En este contexto, se explica la relativa facilidad con la que el coronel Zahedi, fiel a los Pahlevi, apoyado por la CIA y por los sectores tradicionales, pudo derrocar el gobierno de Mossadeq (17 de agosto de 1953).

[41] En 1949, el sha fue objeto de un atentado que se atribuyó a fuerzas musulmanas radicales y, principalmente, a comunistas. Fue a raíz de este hecho y de la represión desatada, que la gran mayoría de los ulama decide abstenerse de participar en la política acatando la disposición del Gran Ayatollah Borujerdi, quien por lo demás, guardaba una muy estrecha relación con el sha. *Ibid.*, p. 32.
[42] El grupo fue fundado en 1945 por Nawab Safavi (lugarteniente de los Safavidas) quien pretendía actuar en nombre de éstos. Su bandera de lucha era la cuestión del petróleo. Había estudiado en Najaf, Iraq, y trabajó algún tiempo en la AIOC. Fue gracias a los Fidaiyyin, ideológicamente muy cercanos a los fundamentalistas de la Hermandad Musulmana de Egipto, que Mossadeq ascendió al poder luego de que este grupo asesinara al primer ministro, general Razmara, en 1951. Véase Edward Mortiner, *op. cit.*, p. 312.
[43] Dilip Hiro, *op. cit.*, p. 32.
[44] *Ibid.*, p. 34.
[45] Ervand Abrahamian, *op. cit.*, pp. 276-280.

MOHAMED REZA PAHLEVI. SEGUNDA ETAPA: 1953-1973

El golpe de 1953 sentó las bases de la dictadura de Mohamed Reza y cerró las posibilidades de una democracia parlamentaria. A su regreso, el sha desató una represión brutal contra la *intelligentsia* secularista y nacionalista que costó 5 000 vidas y 50 000 exiliados políticos. Este hecho marcó el fin del liderazgo político que este pequeño sector había venido ejerciendo sobre la sociedad iraní desde la Revolución Constitucionalista de 1905-1906. Paralelamente, el sha restablecía la cooperación con el clero que le había apoyado bajo el liderazgo del *marja e taqlid* Borujerdi. En este sentido fue notable que los *marja e taqlid* se abstuvieran de criticar al sha por los nuevos acuerdos petroleros de 1954 que restituían la concesión a un consorcio de ocho compañías británicas y estadunidenses, por un periodo de 25 años, dividiendo las ganancias entre el consorcio y el gobierno.[46]

El temor, tanto de Irán como de las potencias occidentales, de que se repitieran acontecimientos revolucionarios como el de Mossadeq con la posibilidad de infiltración soviética condujeron, casi simultáneamente, a la creación de la SAVAK* y del Pacto de Bagdad como instrumentos de seguridad interna y externa.[47] La SAVAK no hizo sino sistematizar la represión. Sus funciones eran: "reunir información necesaria para proteger la seguridad nacional, prevenir la actividad de grupos cuya ideología sea contraria a la constitución y prevenir complots que vayan contra la seguridad nacional". Las víctimas favoritas de la SAVAK fueron el Tudeh, el Frente Nacional y los Fidaiyyin. El Pacto de Bagdad fue originalmente auspiciado por Gran Bretaña, pero, de hecho, a partir de la crisis de Suez (1956) Estados Unidos pasó a ocupar las responsabilidades de defensa de esta área. La doctrina Eisenhower, de enero de 1957, que prometía ayuda a los gobiernos de la región en su lucha contra el comunismo internacional, así como la creación del CENTO remplazando al Pacto de Bagdad, bajo la dirección estadunidense, marcan esta transición.[48]

La Revolución Blanca

La cooperación entre el clero y la monarquía se mantuvo prácticamente hasta 1959 e incluso esta época recuerda el tipo de relación que prevalecía en tiempos de los Qayar. Al igual que en el siglo XIX, los

---
[46] Dilip Hiro, *op. cit.*, p. 36.
* Policía militar secreta al servicio del sha.
[47] Santiago Quintana Pali, *Irán: Islam y nacionalismo*, México, UNAM, 1986, p. 14.
[48] Peter Mansfield, *The Middle East: A Political and Economic Survey*, Oxford, Oxford University Press, 1973, pp. 27-28.

ulama aprovecharon su influencia en la corte para promover una campaña antibahai. El sha accedió a ello pues fue una forma de canalizar el fervor popular antimperialista contra supuestos enemigos internos. Al igual que su padre, una vez que se sintió afianzado en el poder, Mohamed Reza decidió embarcar al país en un proceso de modernización que la Segunda Guerra Mundial había interrumpido y, desde luego, esto implicó romper su alianza con los ulama. En 1959 el sha lanzó su proyecto de reforma agraria que afectaba especialmente a las clases tradicionales. Sin embargo, el proceso se aceleró a partir de 1961 por las presiones de la administración Kennedy que extendía el esquema de la "Alianza para el Progreso" de América Latina a Irán.[49] La llamada Revolución Blanca incluía un conjunto de reformas económicas y sociales centradas en seis aspectos: *1*) reforma agraria; *2*) venta de fábricas estatales para financiar las indemnizaciones; *3*) nacionalización de bosques y aguas; *4*) mejorar el nivel de vida de los obreros; *5*) una nueva ley electoral que concediera el voto a la mujer, y *6*) formación de grupos juveniles, de inspiración maoísta, para la alfabetización del medio rural. Al menos tres de las reformas provocaron una violenta reacción en los ulama.

Uno de los objetivos de fondo de la reforma agraria era expropiar las tierras ociosas de los grandes terratenientes y del clero, no para destruir el poder de los primeros, sino para que, con el fruto de las indemnizaciones, se modernizaran y se transformaran en empresarios al invertir en las industrias. En el nivel político, la reforma tuvo la importancia de eliminar el poder tribal-feudal que aún prevalecía y que mantenía al medio rural separado del poder central. En ese sentido, destaca el enorme éxodo de campesinos hacia las urbes donde se convertían en una masa de desheredados aferrados a su fe religiosa. Con respecto al clero, la reforma no tenía precedentes en cuanto a la magnitud del daño que causaba a la tradicional independencia financiera de los ulama, misma que tenía sus orígenes en la época Safavida.

La oposición del clero

El ayatollah Borujerdi era el *marja e taqlid* en Qum desde 1947 y había cooperado ampliamente con el sha. Sin embargo, rompió su silencio ante la reforma; su oposición al programa del sha marca el fin de la cooperación entre los Pahlevi y el clero.[50] Además del aspecto agrario, Mohamed Reza intensificó el proceso de secularización de la educación; 59 universidades estadunidenses participaron en un programa para modernizar y asesorar a las universidades y escuelas ira-

---

[49] Fred Halliday, *Irán: dictadura y desarrollo*, México, FCE, 981 p. 37.
[50] Asaf Hussain, *op. cit.*, p. 47.

níes. Asimismo, colaboraron en proyectos de modernización de las técnicas agrícolas, junto con empresas estadunidenses, lo cual provocó resentimientos en la población.[51] La propuesta de otorgar el voto a la mujer y la creación de cuerpos juveniles para penetrar el medio rural, por medio de la educación laica, rompiendo el tradicional monopolio del clero en este medio, desataron las protestas de los ulama. Sin embargo, una serie de factores impidió que la reacción del clero alcanzara las dimensiones que pudo haber obtenido.

En 1961 murió el ayatollah Borujerdi, el *marja e taqlid*, que era el más indicado para dirigir la protesta. El cargo recayó en un árabe iraquí, el ayatollah Hakim Najafi, cuya situación le impedía, lógicamente, identificarse con los problemas de Irán. De esta forma, los ulama se dividieron en tres facciones: conservadores, radicales y de centro. Los conservadores, guiados por Shariatmadari y Golpaygani, veían la reforma agraria como un ataque a la propiedad privada sancionada por el Corán y a la institución de las tierras *waqf* (fideicomisos de tierras cuyos recursos servían para sostener los edificios religiosos). Sin embargo, ellos no buscaban la movilización política sino como último recurso. Los centristas abogaban por una defensa activa de las instituciones shiitas, sobre todo, en el ámbito de la educación. Sus "líderes" eran los ayatollahs Mottaheri y Beheshti. Finalmente, los radicales buscaban una gran movilización política contra el sha para desmantelar su Revolución Blanca. Sus dirigentes eran Taleqani y Khomeini.[52] No obstante sus diferencias en cuanto a las medidas que debían tomarse, el clero en general se opuso a la Revolución Blanca. Sin embargo, puesto que las reformas gozaban de gran popularidad, los ulama no podían lograr una movilización efectiva de la población. Así, atacaron al sha en otro ámbito más vulnerable para su gobierno: la política exterior. Con una retórica que llevaría hasta sus últimas consecuencias años después, Khomeini criticó los vínculos del sha con Israel y Estados Unidos y, ante todo, el rompimiento con Nasser.[53] En particular, el ayatollah Khomeini crítico al sha en el ámbito interno por haber gobernado dictatorialmente por decreto (de 1961 a 1963) pasando por encima del Parlamento para imponer sus arbitrarias reformas. Khomeini publicó sus ataques en el libro *Administración local a la manera islámica*. Al mismo tiempo, el clero dirigió sus protestas en las ciudades más importantes de tradición religiosa: Qum, Teherán, Shiraz, Mashad y Tabriz. La SAVAK y las tropas paramilitares atacaron las escuelas teológicas (madrasas) y Khomeini

---

[51] W. Forbis, *Fall of the Peacock Throne*, Nueva York, Harper and Row, 1980, p. 197.
[52] Dilip Hiro, *op. cit.*, p. 52.
[53] Amir Taheri, *op. cit.*, p. 139.

fue arrestado. El sha ordenó, además, la conscripción forzada de los estudiantes de teología.[54]

La Revolución Blanca, en su dimensión política, debe verse como un intento del sha de crear un consenso en torno a su gobierno provocando una movilización masiva, a partir de reformas socioeconómicas de corte occidentalizador y modernizador, que le permitieran ejercer un liderazgo incuestionable en el interior del país para sentar así las bases de su régimen dictatorial. Ante las protestas de los ulama el sha dijo:

> especialmente en un país como el mío, con tan venerables tradiciones, el cambio rápido provoca tensiones y conflictos. Éste es el precio que se debe pagar por la modernización y la occidentalización. Pero no intento que abandonemos [esta] herencia, al contrario, creo que se la puede enriquecer. . .[55]

Liberado Khomeini, "venerable tradición", y de regreso en Qum, dirigió un famoso discurso en la Faiziyeh, aprovechando la procesión del Ashura (el momento culminante, en el décimo día de las festividades, en el que los creyentes lloran por el martirio de Hussain). El momento no podía ser más idóneo para transformar —en un mecanismo que se utilizaría nuevamente años después— la procesión religiosa en una manifestación política antisha. Khomeini habló del "régimen tiránico del sha" que por sus "cobardes ataques" contra los ulama y los creyentes trataba de desviar la atención de la población contra su verdadera lucha: "la lucha contra la opresión y la tiranía, el despotismo, la violación de la ley y la injusticia social."[56] Khomeini fue nuevamente arrestado. Esta vez hubo levantamientos en varias ciudades. Se declaró la ley marcial y se estima que la represión abierta causó unos 10 000 muertos. El "martirio" masivo de los "indefensos shiitas" se convirtió en una nueva Kerbala, en una segunda Ashura. A partir de ese trágico mes de junio de 1963, la población iraní no sólo haría duelo, en el mes de *muharram*, por Hussain sino por sí misma, por el propio pueblo martirizado por el moderno Yazid, Mohamed Reza Pahlevi.

La dictadura del sha y la modernización

Un año después, cuando se había logrado someter a la oposición y el Parlamento había sido restablecido, el sha dio una serie de inmunidades —que en mucho recordaban las odiosas capitulaciones otorga-

---

[55] Mohamed Reza Pahlevi, *Misión para mi país*, Buenos Aires, Goyanarte, 1961, p. 158.
[56] Marvin Zonis, *The Political Elite Iran*, Princeton, Princeton University Press, 1971, p. 63.

das por los Qayar— a un grupo de técnicos estadunidenses que llegaron a Irán como parte del programa de modernización. Khomeini, ya libre, aprovechó la ocasión para declarar que: "Cocineros norteamericanos, mecánicos, técnicos y administradores con sus familias han de gozar inmunidades legales; pero, los ulama del Islam... han de vivir en prisión."[57] Khomeini fue arrestado pero, esta vez, se exiliaría en Turquía.

Diez años después de haber sido depuesto por una revolución parlamentaria, Mohamed Reza había invertido totalmente su situación. Ahora podía actuar como monarca absoluto. Había exterminado a la oposición Tudeh, al Frente Nacional y, al menos aparentemente, a los ulama, sus antiguos aliados. Su triunfo culminó con la muerte del radical ayatollah Kashani y la expulsión de Khomeini. Los acontecimientos de 1961-1964 pueden considerarse como la revolución del clero contra la monarquía. Sin embargo, ésta, al igual que la intentada por la *intelligentsia* nacionalista y secular en 1953, no logró permear a la sociedad en su conjunto ni formar un consenso transideológico similar al que se dio en la Revolución Constitucionalista de 1906. El clero se vio aislado, a pesar de su enorme poder de convocatoria, en la defensa de sus intereses frente a la Revolución Blanca del sha y fue Khomeini, no Mohamed Reza, el que tuvo que salir del país. A partir de su triunfo, el sha recuperó la tradición monárquica persa e islámica de centralización del poder y así lo reconoció:

> Para que las cosas se hagan en Persia uno debe recompensar y castigar. Mi padre se apoyó más en el castigo... La psicología oriental en estos asuntos difiere de aquella de Occidente y los métodos de mi padre para lograr que las cosas se hicieran son evidencia de un realismo y pragmatismo notables a la luz de nuestra tradición autoritaria. Pero, en los años recientes [creo] que al hacerse nuestra sociedad más "democrática" otros métodos para motivar a la población (la Revolución Blanca) parecen tener buenos resultados.[58]

El sha se consideraba a sí mismo:

> un creyente de la pluralidad de canales administrativos de [información]... Yo no empleo asesores... Hacer esto es peligroso para cualquier jefe de Estado. Uno de los pocos errores de mi padre fue confiar en un pequeño círculo de asesores, yo obtengo la información de varias fuentes y de ahí trato de obtener un balance para decidir en bien del interés público...[59]

---

[57] *Ibid.*, p. 65.
[58] M. Pahlevi *op. cit.*, p. 47.
[59] *Ibid.*, p. 313.

Dentro de su concepto de modernización no había, evidentemente, planes para modernizar el sistema político.

Entre 1964 y 1973, el sha pudo ejercer una dictadura férrea, prácticamente incuestionada, apoyándose en la centralización del poder y en un desempeño adecuado de la economía. Paradójicamente, la reforma agraria logró desviar recursos hacia la industrialización, mientras que la agricultura mostró rendimientos decrecientes, provocando un gran éxodo de campesinos a las ciudades. El gobierno sólo se preocuparía de apoyar a los grandes propietarios y a los experimentos de *agrobussines* de inspiración estadunidense.[60]

En cambio, la industria crecía a un ritmo sorprendente del 20%. Puesto que el motor del crecimiento económico iraní era la renta petrolera, el sha otorgó concesiones a las compañías petroleras con el fin de que incrementaran la producción. Este hecho provocó el asesinato del primer ministro en 1965 y un atentado contra el propio monarca. En ese año ocupa el cargo de primer ministro el bahai Hoveida, líder del llamado Nuevo Partido de Irán (creación del propio Mohamed Reza). A Hoveida le correspondió administrar ese periodo de crecimiento económico acelerado de los dos exitosos planes quinquenales de la década.

---

[60] La agricultura iraní, como la de la gran mayoría de los países de la región, encara numerosas dificultades. El 55% de la superficie del país (165 000 000 de hectáreas) es inutilizable. Se calcula que sólo un 12 a 15% es cultivable. De esto, sólo 5% (7 a 8 000 000 de hectáreas) se cultiva, 5 000 000 permanecen en barbecho, 3 000 000 se consideran baldías y 7 000 000 se usan para pastoreo. Antes de la reforma la propiedad rural se dividía en tierras de la corona, tierras de las fundaciones religiosas y tierras de los señores feudales. Las aldeas rurales pertenecían a los propietarios de la tierra.

La legislación concerniente a la reforma agraria se extenderá desde 1962 hasta 1968 con muchas vicisitudes. La primera legislación relativa a la desamortización de las tierras religiosas se decretó en enero de 1963. Las tierras de las fundaciones, consideradas inalienables e indivisibles, debían ser arrendadas a los campesinos (arriendo enfitéutico). Esta ley estuvo directamente relacionada con la insurrección que dirigió el clero en junio de ese año. La aplicación efectiva de esta legislación ocurriría hasta 1971. Para 1974, la superficie cultivable era de 16 000 000 de hectáreas de las cuales, según Behrang, se puede decir que sólo la mitad o menos estaba efectivamente en manos de los campesinos. En conjunto se calcula que sólo 1.6 millones de familias se habían convertido en propietarias, lo que es menos de la mitad de las familias rurales de Irán. El 68% de los "beneficiados" recibieron parcelas de menos de cinco hectáreas cuando el mínimo indispensable, en promedio, era de siete hectáreas. Ante la imposibilidad de que aumentaran la productividad, el gobierno iraní a mediados de la década de los setenta, comenzó a dar marcha atrás tratando de desplazar a los pequeños propietarios que nada tenían que ver con el *farmer* ideal estadunidense. Se empezó entonces a crear agroindustrias con capital privado, gubernamental y extranjero. Sin embargo, el problema no se resolvió. Antes de 1973 la producción agrícola tenía un crecimiento anual de 3%, y para 1978 era de 2%. Véase Ervand Abrahamian, *op. cit.*, p. 430.

El excedente financiero permitió incrementar el presupuesto militar de 170 a 1 915 millones de dólares anuales, lo que significó un fuerte desvío de recursos productivos. El sistema de gobierno de Reza Pahlevi se basó en la creación de un complejo conjunto de jerarquías burocráticas contrapuestas pero dependientes todas del monarca. El empeño de crear múltiples canales de información centralizados en su persona garantizaba una comunicación vertical, pero no horizontal, entre las burocracias, lo que permitía mantener a esta clase dividida y, a la vez, subordinada al sha.[61] La manera en que fue organizado el ejército ilustra claramente este sistema. Así, las fuerzas militares estaban divididas no sólo en fuerza aérea, ejército y fuerzas navales, sino en cuatro grandes cuerpos diferenciados por su origen. Estaba el ejército de conscriptos, cuya distribución cuadriculaba el territorio y era herencia de Reza Sha. El ejército moderno, creado por los estadunidenses a partir de los años sesenta; el ejército formado por la Guardia Imperial, heredera de la Brigada Cosaca, que estaba concentrada en Teherán y las fuerzas paramilitares y de gendarmería, además de la SAVAK. El primer ejército tiene un arraigo popular y está más ligado a las tradiciones religiosas. Los demás son cuerpos profesionales resultado de la occidentalización. Sin embargo, sólo los altos mandos —comandantes y generales— forman, de hecho, un cuerpo coherente y homogéneo. El sha, hábilmente, se reservó el derecho de nombrar estos altos mandos a partir del grado de teniente-coronel.[62] En este sentido, es importante observar cómo, en general, los rangos inferiores del ejército —no entrenados en el extranjero— se rehusarían a disparar contra la población en las acciones represivas de 1963 y, posteriormente, en 1978-1979. Sobre todo, serían la Guardia Imperial y la SAVAK las encargadas de efectuar las labores represivas contra la población.

Al igual que otras dictaduras, la de Mohamed Reza estableció una fuerte censura intelectual. En 1966 se estableció la censura de los libros. Se calcula que la mitad de las obras en circulación eran de tipo religioso, por lo que la SAVAK efectuaba frecuentes *razzias* en las mezquitas. Esta situación sólo estimuló la labor clandestina de la oposición de los ulama que se sentían cada vez más perseguidos por el sha. Sin embargo, Khomeini, aún en el exilio, mantuvo su liderazgo ideológico. Procuraba el contacto con la población iraní y los ulama por medio de casetes y aprovechaba las frecuentes peregrinaciones a los santuarios shiitas de Iraq (Najaf y Kerbala) y a la Meca.[63]

---

[61] Lawrence Frank, "Two Responses to the Oil Noom: Iranian and Nigerian Politics after 1973", en *Comparative Politics*, vol. 16, núm. 3 (abril de 1984), p. 306.
[62] Behrang, *op. cit.*, pp. 70-75.
[63] Algar Hamid, *op. cit.*, pp. 250-252.

A lo largo de la década de los sesenta, la *intelligentsia* iraní se había dividido en dos grandes sectores. Uno cosmopolita promonárquico y otro nacionalista modernizador pero, al mismo tiempo, identificado con el Islam. El ejemplo más claro al respecto fue el escritor Alí Ahmad en su obra *Gharbzadegi* [Occidentalis] escrita en 1969. Intelectuales como él constituyeron un vínculo con la oposición integrista shiita que, en Irán, estaba representada por el ayatollah Taleghani, el doctor Shariati y el ingeniero Bazargán.[64] Producto de este movimiento fue la fundación, en 1965, de la Husayniyah Irshad. Éste fue un centro intelectual propagandístico patrocinado por ulama y miembros de la *intelligentsia* nacionalista preocupados por la creciente occidentalización y pérdida de identidad de la juventud iraní. Shariati, educado en Francia, impuso el modelo de libertad de cátedra y discusión abierta al estilo de la universidad occidental. Se trataba, ante todo, de resocializar a las juventudes dentro del Islam. A partir del modelo de la Husayniyah, que atrajo a las clases medias tradicional (bazaaris) y moderna (burocracia), se reprodujeron instituciones similares en todo el país. Se les llamó "Asociaciones Islámicas" o hayats y operaban a un nivel semiclandestino. A través de ellas se difundieron las obras censuradas por los ulama y de los pensadores más radicales. A principios de los sesenta tan sólo en Teherán había 12 300 de estos "círculos intelectuales"; estas organizaciones jugarían un papel fundamental en mantener viva la oposición al sha y, sobre todo, en las movilizaciones masivas de 1978-1979 dirigidas por Khomeini desde su exilio en París.[65]

En 1970, murió el *marja e taqlid*, Hakim Najafi, en Iraq. Khomeini, exiliado en Najaf, recibió las condolencias de los más altos *mujtahids* de Irán, con lo que, de hecho, se le reconocía como el supremo *marja e taqlid*. Justo en esos meses, el sha iniciaba los preparativos para la celebración, el Persépolis, de los 2 500 años de monarquía iraní. Khomeini, por su parte, hizo saber a la población iraní que "Quien quiera que participe en las festividades es un traidor al Islam y a la nación iraní".[66] Con estos festejos culminaba el tenaz esfuerzo de los Pahlevi por forjar una identidad cultural basada, no en las tradiciones shiitas, sino en la "especificidad" aria de Irán. Los libros de texto de las escuelas hacían hincapié en el pasado preislámico de Irán exaltando a los héroes legendarios persas y sobre todo, a la monarquía preislámica. Asimismo, cabe recordar que el zoroastrismo había sido elevado al rango de segunda religión de Estado y, paralelamente, fue revivida una serie de festividades asociadas con el pa-

---

[64] Edward Mortimer, *op. cit.*, p. 231.
[65] Asaf Hussain, *op. cit.*, p. 64.
[66] Algar Hamid, *op. cit.*, p. 252.

sado preislámico. Causó gran irritación entre los ulama el intento del sha por purgar el idioma persa de vocablos árabes (la lengua del Corán) que lo "contaminaban".[67]

En 1971, el sha hizo un intento por dividir al clero. Creó cuerpos religiosos integrados por estudiantes de teología de la universidad, a los que llamó "*mullahs* de la modernización", que buscaban infiltrarse en los medios más tradicionales de la sociedad —el medio rural y el de bazaar— con el objeto de atraerse la lealtad que esta numerosa población les tenía. Sin embargo, la estrategia fracasó estrepitosamente.[68] Prueba de ello es que los propios "falsos *mullahs*" rehusaron introducirse al medio rural debido a las actitudes tan agresivas de la población y, por otra parte, la religiosidad tradicional iraní se incrementó de manera muy notable. Por ejemplo, en 1964 el santuario del Imam Reza, en Mashad, recibió 220 000 peregrinos y, 3 200 000 en 1974.[69]

El proceso de enfrentamiento entre la monarquía y el clero, iniciado en 1959, culminaba con el triunfo aparente de la primera en las festividades de Persépolis, donde el sha trataba de demostrar, ante Irán y ante el mundo, la fuerza de la legitimidad monárquica frente al Islam shiita.

El sha había usurpado el poder temporal y pretendería usurpar, a partir de ese momento, el poder divino del que los ulama se consideraban los legítimos representantes. En entrevista con Oriana Falaci, en 1973, dijo: "Creo en Dios y creo que he sido elegido por Dios para realizar mi tarea. Mi reinado ha salvado al país y lo he hecho porque Dios está de mi lado".[70] Por su parte, Khomeini le "contesta" en su obra *Vilayet e Fagih* [El gobierno del jurisconsulto, 1969], en la que no sólo ataca a la monarquía como ilegítima sino que da un giro en la doctrina tradicional del shiismo y declara abiertamente que no debe seguirse esperando pasivamente la vuelta del Imam sino que debe procurarse la caída del régimen corrupto y tiránico para remplazarlo por un gobierno islámico justo:

> La tradición señala que el Profeta dijo que el título de Rey de Reyes ostentado [actualmente] por los monarcas de Irán es el más odioso de los títulos a los ojos de Dios... El Islam se opone a la noción de monarquía... La monarquía es una de las más vergonzosas manifestaciones reaccionarias.[71]

[67] Mangol, "Islam in Pahlevi...", *op. cit.*, p. 97.
[68] Edward Mortimer, *op. cit.*, p. 319.
[69] Dilip Hiro, *op. cit.*, p. 58.
[70] *Ibid.*
[71] Y. Henry, *Penseés politiques de l'Ayatollah Khomeyni*, París, Editions ADPF, 1980, pp. 33, 34, 45, 46, 66.

Por otra parte, justifica plenamente un gobierno islámico:

> El gobierno islámico no es ni despótico ni arbitrario, sino constitucional. . . constitucional en el sentido de que aquellos que gobiernan están obligados. . . a un conjunto de disposiciones que son definidas en el Corán y la tradición del Profeta. . . El gobierno islámico es el gobierno de la Ley. La soberanía es de Dios y las leyes son la ordenanza de Dios. . . Los Imames y los jurisconsultos [*faqui*] tienen la obligación de, a través del aparato gubernamental, aplicar las prescripciones diversas establecidas por un régimen [islámico] justo y que sirva al pueblo.[72]

---

[72] *Ibid.*

II. EL COLAPSO DE LA GRAN CIVILIZACIÓN: EL SURGIMIENTO DEL MOVIMIENTO REVOLUCIONARIO

El periodo 1973-1977

El *boom* petrolero

En la década de los setenta Irán fue una especie de laboratorio donde los teóricos de Occidente intentaron probar la teoría de la modernización, gracias al petróleo, la "variable" de la "restricción del capital", principal obstáculo a la modernización económica, súbitamente dada. Durante algunos años el optimismo ante el éxito del experimento iraní convirtió al país en modelo a seguir por los demás miembros del Tercer Mundo. Sin embargo, en un breve lapso y para sorpresa de todos los atentos observadores, Irán mostró la fragilidad de su éxito. Como señala Michael Fisher, los mismos teóricos de la modernización comenzaron a hablar de una variable no prevista, la llamada "paradoja del despotismo oriental". En efecto, ahí radica en forma simplificada la razón principal del fracaso del proyecto de la Gran Civilización, es decir, la incompatibilidad de un sistema político tradicional, monárquico, con una economía pujante y en rápida transformación. Este cambio modernizador es impulsado por ese régimen, pero sin tomar en cuenta la sensibilidad de la sociedad sobre la que están operando estas transformaciones.

Es un hecho que el aumento de la renta petrolera permitió al régimen dictatorial del sha independizarse totalmente de la sociedad que gobernaba e imponer a ésta su proyecto modernizador. El sha había logrado una concentración del poder extraordinaria y pretendió forzar a la sociedad iraní a prestar un apoyo activo a la Gran Civilización. Considero que fue principalmente la falta de sensibilidad del Estado, reflejo del grado de alienación alcanzado por el régimen Pahlevi —expresado en los planes de modernización acelerada— lo que se tradujo en una situación anómica para el sector tradicional, el mayoritario, de la sociedad iraní. Dicho sector, de por sí marginado del modernizador, vio a sus estructuras y valores amenazados ante un proyecto de cambio que no concedía tiempo para una adaptación gradual ni permitía excepciones a su política totalizadora. En esta forma se explica, a mi modo de ver, el surgimiento de una oposición que tomó por sorpresa a Occidente al articularse en torno al discurso tradicional, valorativo esencialmente, de Khomeini.

Conforme con lo anterior, no debe resultar exagerado suponer que el propio sha, tras cuatro años de administración de la renta petrolera, fue el verdadero autor de su caída. En lo que él mismo consideró la recta final de la carrera iraní hacia la modernización, se vio la posibilidad de "acelerar" la llegada a la meta final (alcanzar a Francia o Alemania) utilizando los recursos petroleros. Las explicaciones sobre lo ocurrido en esos años se centran en el aspecto técnico-económico, es decir, en la incapacidad de la estructura económica, creada por los Pahlevi en las décadas anteriores al *boom*, para resistir una inyección masiva de recursos. Si bien este aspecto de la explicación es importante no aclara el surgimiento de un movimiento revolucionario de las características del iraní. En mi opinión, la débil legitimidad de la estructura política fue lo que provocó las fallas en el modelo económico modernizador y lo que en realidad ocasionó la Revolución de 1979.*

El Estado rentista

A partir del *boom* petrolero la renta del Estado iraní, como la de muchos otros países petroleros, creció formidablemente, pero en el caso particular de Irán la respuesta del régimen fue buscar con estos medios la hipercentralización política y económica. El Estado Pahlevi tradicionalmente había permanecido suspendido sobre la sociedad; su principal forma de relación era el gasto público distribuido en tres áreas: proyectos de desarrollo, subsidios al consumo social, y gasto familiar y control interno mediante un marco ideológico legitimador: el proyecto de la Gran Civilización, el proyecto modernizador.[1]

Las rentas petroleras aumentaron aceleradamente a partir de la década de los cincuenta —desde 45 000 000 a 1.1 billones en 1970 y 20.5 billones en 1976.** Desde 1970, el gobierno iraní comenzó a

---

* Los estudios de Fred Halliday: *Irán, dictadura y desarrollo* y de Behran: *Irán, un eslabón débil del equilibrio mundial*, ambos en traducción al español y escritos poco antes de la revolución, hacen un cuidadoso análisis del modelo de desarrollo iraní bajo los Pahlevi. Pero, en ningún momento llegan a insinuar siquiera que las fallas en el mismo puedan ser origen de un movimiento social revolucionario de las características del iraní.

[1] Theda Skocpol, "Rentier State and Shi'a Islam in the Iranian Revolution", en *Theory and Society*, núm. 11, 1982, pp. 269-270.

** Un billón de dólares equivale a mil millones.

ejercer un control creciente sobre las compañías petroleras tanto en producción como en precios. En la llamada Conferencia de Teherán (1970) el sha obtuvo la cuarta parte de las acciones de las compañías y, junto con los demás miembros de la OPEP, rompió el monopolio en la fijación de precios de las compañías occidentales.[2] En 1973, Irán firmó un nuevo acuerdo con el consorcio petrolero, que le permitió el control de la producción mientras las compañías quedaron limitadas a ser las compradoras del petróleo y proveedoras de los principales servicios técnicos.[3]

Pero como señala Fred Halliday, el petróleo tiene un efecto principal que es el de convertirse en una renta para el Estado.[4] Lo demás depende de cómo se administre dicha renta de acuerdo con criterios políticos, sociales, económicos o incluso militares. La inyección de ese flujo de recursos está determinada por la capacidad de absorción de la infraestructura económica, pero, a su vez, ese flujo de dinero propicia obstáculos por medio de la inflación, pues empeora la distribución y le permite al gobierno subsidiar una industria nacional poco competitiva.

La participación del petróleo en el PNB iraní pasó de 17% en 1967, a 33% en 1978; en 1977 representó 77% del ingreso gubernamental y 87% del ingreso de divisas. (Los ingresos del gobierno pasaron de 817 000 000 de dólares, en 1968, a 2 250 millones, en 1973, y 20 000 millones en 1975-1976. Los planes de desarrollo se inflaron proporcionalmente: el primer plan (1948-1956) tuvo un presupuesto de 350 000 000 de dólares; el cuarto plan (1968-1972) tuvo un presupuesto de 5 284 millones, y el quinto plan (1972-1978) pasó de un presupuesto original de 36 000 millones a uno de 69 000. El PNB creció a un ritmo de 8% anual en la década de los sesenta; 14.2% en 1972-1973; 30.3% en 1973-1974, y 42% en 1974-1975; para desplomarse a 17% en 1976-1977, un periodo crítico en el deterioro de la situación política de Irán. (En cifras, el PNB iraní pasó de 17 300 millones de dólares, en 1972, a 54 600 millones, en 1978.) El PNB *per capita* pasó de 450 dólares, en 1972, a 2 400 dólares, en 1978, lo cual determinó

---

[2] Fred Halliday, "The Iranian Revolution: Uneven Development and Religious Populism", en *Journal of International Affairs*, vol. 36, núm. 2 (otoño-invierno de 1982-1983), p. 193.

[3] A raíz de la "nacionalización" del consorcio petrolero en marzo de 1973, Estados Unidos y Europa Occidental iniciaron una guerra comercial contra Irán triplicando, en promedio, los precios de sus exportaciones. Un técnico militar estadunidense cobraba a los iraníes 100 000 dólares al año. En cierta ocasión, el general Toufanian arrancó una manija de un helicóptero estadunidense y dijo "esta pieza nos cuesta un barril de petróleo". Véase Fred Halliday, *Irán, dictadura y desarrollo*, México, FCE, 1981, p. 189.

[4] *Ibid.*, p. 183.

un notable incremento en la capacidad de consumo de la sociedad.[5] En el periodo 1972-1975 el volumen de dinero en circulación creció 580% y el desempleo cayó a 1%. Esto se logró con una expansión notable del sector servicios (el cual pasó de representar 31.5% del PIB, en 1959, a 39.5%, en 1974, mientras la industria representó en ese año 16% del PIB).[6] Además de lo anterior, los impuestos se redujeron como porcentaje del ingreso estatal. En 1972, representaron 32.9% de la recaudación total, y en 1974 el 11%.[7] Todos estos factores determinaron un aumento inusitado en la capacidad de consumo de la sociedad que se tradujo en una creciente demanda de importaciones; esto se reflejó claramente en el sector alimentario.[8] Irán se convirtió en un importador neto de alimentos no por una caída en la producción agropecuaria sino por el aumento de la demanda. De esta forma se explica el crecimiento de las importaciones en este rubro de 852 000 000 de dólares, en 1974-1975, a 1 555 millones de dólares en el año siguiente. Al mismo tiempo se estima que en esos años se perdía de 20 a 30% de la producción agropecuaria nacional por falta de almacenes, sistemas de conservación y transporte.* En 1978 se importaba comida con un valor igual a 20 veces las exportaciones no petroleras o 10% del ingreso petrolero.[9]

Las exportaciones no petroleras disminuyeron en 10% su volumen relativo entre 1971 y 1976. El sector tradicional aportó alrededor de 70% de esas exportaciones mientras el nuevo sector industrial aportaba sólo 28%. En 1975 las exportaciones no petroleras eran de 700 000 000 de dólares, mientras que las importaciones alcanzaban 19 000 millones de dólares; en 1976-1977 las importaciones aumentaron 42%, mientras que las exportaciones no petroleras crecieron 6%.[10] Huelga decir que Irán enfrentaba numerosos "cuellos de botella", desde la falta de personal capacitado para manejar la maquinaria importada o el equipo militar sofisticado, hasta la falta de vías de comunicación y la insuficiencia portuaria.

Por otra parte, es muy importante destacar el efecto psicosocial

---

[5] Asaf Hussain, *Islamic Iran*, Nueva York, St. Martin's Press, 1985, pp. 181-182.

[6] Fred Halliday, "Desarrollo socioeconómico en Irán", en *Estudios de Asia y África*, colec. 15, núm. 1 (enero-marzo de 1980), p. 86.

[7] Hossein Bashiriyeh, *The State and Revolution in Iran: 1962-1982*, Nueva York, St. Martin's Press, 1984, p. 83.

[8] En 1985 los barcos esperaron hasta tres meses en los puertos para desembarcar. Sobre la producción interna de automóviles se tuvieron que importar otras 65 000 unidades. Sobre la producción interna de acero se tuvieron que importar 3.5 millones de toneladas. Véase, F. Halliday, "Desarrollo socio. . .", *loc. cit.*, p. 90.

* Ver la obra de Fred Halliday, *Irán, dictadura y desarrrollo* (1981).

[9] Fred Halliday, *Irán: dictadura. . .*, *loc. cit.*, p. 212.

[10] *Ibid.*

que produjo la vinculación petróleo-planes quinquenales e importaciones de Estados Unidos, especialmente de equipo militar. Al respecto, cabe recordar que el Primer Plan fue formulado íntegramente por la firma estadunidense Morrison Max Thornburg; en los cincuenta y sesenta el Harvard Advisory Group era el núcleo del Buró Económico de Planeación de Irán.

Se crearon, igualmente, estrechos nexos entre la Corte y la élite empresarial con las compañías estadunidenses, con lo que se generaron grandes fortunas.[11]

El sha convirtió a Irán en un mercado cautivo para las exportaciones militares estadunidenses. En palabras del general Ellis Williamson, Irán se convirtió, en la década de los setenta en "el sueño de cualquier vendedor". En 1976, había en el país 24 000 asesores civiles y militares estadunidenses, y se calcula que para 1980 llegarían a sumar 60 000. Al mismo tiempo, crecían los escándalos de corrupción involucrando a compañías estadunidenses y a miembros de la familia real, al ejército y a altos funcionarios gubernamentales.[12] En el sistema bancario iraní la cabeza visible de la penetración occidental era, también, Estados Unidos que contaba con 12 bancos cuyas ganancias sumaban más de 700 000 000 de dólares anuales.[13]

El tratado Estados Unidos-Irán de 1976 estipulaba que el comercio aumentaría de 14 000 millones (1975-1976) a 40 000 millones entre 1976 y 1980, y el militar de 10 000 millones (1973-1976) a 15 000 millones entre 1976 y 1980.[14] Se estimaba que el ejército iraní, para 1978, llegaría a tener el doble de soldados y armamentos que el británico. La entrega de aviones programada para 1978 llevaría a la fuerza aérea iraní a ser la cuarta en el mundo, y la tercera en lo que respecta a lo avanzado de su equipo. El general George Brown observaba: "Al examinar los programas militares del sha nos preguntamos si no tendrá ilusiones de reconstruir algún día el antiguo Imperio Persa." Sin embargo, cabe destacar que se estimaba que el ejército iraní tendría un déficit de personal de 70 000 hombres mientras en la fuerza aérea sería de 7 000.[15] A pesar de la advertencia de sus asesores, el sha duplicó el presupuesto del V Plan; el resultado fue el gigantesco des-

---

[11] Asaf Hussain, *op. cit.*, p. 49.

[12] El propio senado estadunidense denunciaría a compañías como Northrop, Grumman, y Textron por las grandes sumas empleadas en sobornos a funcionarios iraníes que oscilaban entre 24 y 3 000 000 de dólares. Véase, Barry Rubin, *Paved with Good Intentions: The American Experience in Iran*, Nueva York, Penguin, 1981, pp. 135 y 165.

[13] *Ibid.*

[14] Amin Saikal, *Rise and Fall of the Sha*, Princeton, Princeton University Press, 1980, p. 206.

[15] Fred Halliday, *Irán: dictadura...*, *loc. cit.*, pp. 125-127.

equilibrio que se refleja, al menos en términos generales, en las cifras anteriores.

No deja de ser significativo cómo el v Plan distribuía el presupuesto concediendo 21% a los programas sociales, 34% a proyectos de industrialización y 31.5% a la defensa. Como señala Norriss todos habían ganado en términos materiales en los años de auge de 1973 a 1978, pero muchos se percibían a sí mismos en situación peor con relación a los de más altos ingresos.

La estructura social

En efecto, la estratificación socioeconómica se acentuó notablemente en este periodo por una mala distribución del ingreso. De esta forma, el 20% más alto de la población vio aumentar sus ingresos de 57 a 63% del total nacional; el sector medio, 40% de la población, vio sus ingresos disminuir de 31% a 26%. En 1976, el 10% de la población que constituía el decil más alto absorbía un tercio del consumo nacional, mientras que el 10% más pobre consumía entre 2 y 3%.[16] Teherán se había convertido en la Meca de los que buscaban mejorar su situación, principalmente el campesinado. La capital de Irán, al igual que las de otros países del Tercer Mundo, concentraba la riqueza: 30% de los establecimientos industriales del país, 36% de la población industrial y 82.7% de todas las compañías. Al mismo tiempo, Teherán era el ejemplo más evidente de la desigual distribución de la riqueza.[17] De igual forma, Teherán junto con algunas de las principales ciudades, reflejaba claramente el efecto de la obra modernizadora y occidentalizadora del sha que contrastaba groseramente con el Irán tradicional. Al respecto, no puede ser más elocuente la descripción que hace Ahmed Taheri:

> Los ministerios del sha, los centros urbanos modernos, los supermercados, cines, casinos, óperas, clubes, salones de baile, hoteles al estilo norteamericano, universidades y el Parlamento parecían importados de otro planeta. El veradero Irán permanecía en los estrechos callejones con sus mezquitas, bazaares y madrasas donde los ulama enseñaban el Corán. Las mujeres vestidas con minifalda, manejando autos *sport*, los jóvenes con cabello largo y con *jeans*, las señoras con abrigos de piel y joyas (imitando el prototipo de la emperatriz), los caballeros con trajes de Cardin y Dior y los intelectuales argumentando en los cafés de Teherán, al estilo de los de París, si Camus o Sartre tenían la razón; la oposición de izquierda ofreciendo nuevas interpretaciones a Trotsky o Gramsci; ri-

[16] Norriss Hethrington, "Industrialization and Revolution in Iran", en *Middle East Journal*, vol. 36, núm. 3 (verano de 1982), p. 106.
[17] Asaf Hussain, *op. cit.*, p. 50.

cos empresarios jugando en los casinos y los tecnócratas discutiendo los problemas económicos con su "esotérico" lenguaje, eran todos manifestación de la Gran Civilización que el sha se empeñaba en imponer a Irán. Este Irán "moderno" ni siquiera hablaba el persa pues frecuentemente los memoranda y demás documentos eran intercambiados en inglés o francés. Había un canal de TV y dos estaciones de radio en inglés y los hijos de las familias pudientes eran enviados a estudiar al extranjero. En Francia, Gran Bretaña, Estados Unidos o Canadá era creciente el número de casas y villas iraníes...[18]

Respecto a la "Gran Civilización" diría Khomeini:

¿Por qué hemos de querer una civilización que se comporta peor que las bestias salvajes propiciando la lucha de unos contra otros? La puerta de la "civilización" que el sha nos proponía abrir implicaba someternos a los poderes extranjeros que robarían nuestra riqueza y nos darían a cambio sólo algunos juguetes. ¿Qué puede interesarnos esa gran civilización; es eso una civilización?[19]

En la década de los setenta era claro que la sociedad iraní se había dividido entre aquellos que se habían incorporado al desarrollo modernizador de la Gran Civilización y los que habían quedado al margen. Políticamente el sha confiaba precisamente en que su régimen contara con el apoyo activo de las clases incorporadas: la clase aristocrática, la clase media moderna y los trabajadores, con los que el Estado mantenía una relación clientelista. El sector tradicional constituido por el núcleo del bazar y el clero, se resistía a la incorporación y sus relaciones con la monarquía, al igual que en el pasado, eran tensas.

En medio quedaba la enorme masa de los desposeídos o *mustazafín*, no considerados en el esquema político del sha y que, de hecho, constituían la clientela del sector tradicional.[20]

Puede considerarse que ésta era la trama fundamental en la que el sha y sus asesores diseñaban la acción del Estado sobre la sociedad.

---

[18] Amir Taheri, *The Spirit of Allah*, Bethesda, Adler & Adler, 1986, pp. 192-193.

[19] Lawrence Frank, "Two Responses to the Oil Boom", en *Comparative Politics*, vol. 16, núm. 3 (abril de 1984), p. 301.

[20] El escritor Dilip Hiro considera que la "clase media tradicional" estaba formada por cerca de un millón de familias que vivía del comercio centrado en el bazar. El clero sumaba alrededor de 100 000 personas entre predicadores, estudiantes y *mujtahids* (doctores de la ley). 2.5 millones de familias constituían la clase trabajadora (900 000 obreros en fábricas de menos de 10 personas) y 400 000 en el sector servicios (36% de la fuerza laboral). Finalmente, 1.5 millones de familias, en Teherán y otras grandes ciudades, formaban el lumpenproletariado, desposeídos o *mustazafín*, representando 23% de la fuerza laboral. Véase Dilip Hiro, *Iran under the Ayatollahs*, Londres, Routledge & Kegan Paul, 1985, p. 61.

Pero, como ya se mencionó, tan sólo los sectores sociales modernos eran considerados en el diseño de las políticas. Ello explica que, a partir del *boom* petrolero, el sha se preocupa por afianzar los lazos clientelísticos con estos sectores pero que, en realidad, no lograra sino acentuar sus diferencias, provocar el desconcierto y, finalmente, la alienación de todas ellas. Uno de los principales problemas en este sentido fue la inflación y, más aún, las medidas tomadas para contrarrestarla. Así se establece un patrón de creciente politización de las medidas económicas que explica el curso errático de las mismas, unas veces de corte populista, destinadas fundamentalmente al sector obrero, y otras veces destinadas a favorecer al gran capital fomentando la liberalización económica y política con ánimo, esta última, de atraer a la clase media. Al no poder completar ninguna de sus medidas, por lo adverso de las circunstancias internas y externas, el régimen perdió la poca credibilidad que tenía. Un factor personal muy importante, que señala Fred Halliday, fue el hecho de que el sha sabía, desde 1974, que tenía cáncer y que seguramente esto influyó, junto con la enorme concentración de poder que había logrado, para llevarlo a implementar una serie de medidas precipitadas que sólo obraron en contra de su régimen.

La inflación acumulada en Irán de 1973 a 1976 fue de 200%. En el área de los alimentos y de las rentas se registraron los mayores incrementos afectando a buena parte de la población. Para los estándares iraníes estas cifras eran demasiado altas. (Tan sólo en Teherán, un tercio de la población vivía en casas arrendadas.) La Corte, alarmada, inició una política populista destinada, principalmente, a tratar de frenar la creciente desigualdad en la distribución del ingreso. El sha diría: "Siempre estamos varios pasos adelante en la satisfacción de las demandas campesinas y obreras. . ., Ésta es una 'revolución' que se adelanta a los hechos del futuro."[21] Así pues, ordenó por decreto imperial la venta, en un plazo de tres años, de 97% de las acciones de empresas del gobierno y 49% de las acciones de empresas privadas pensando en favorecer al sector obrero dándole un "sentido de participación". En otra medida inusitada fijó la tasa de ganancia para productores y comerciantes en 15% y procedió a arrestar a algunos de los industriales más poderosos del país. Además, presionó fuertemente para que se elevaran los salarios.

Al mismo tiempo, el gobierno ejercía un rígido control sobre los sindicatos. (La Ley Laboral de 1959 les impedía la asociación por ramas y desconocía el derecho a la huelga.)[22] Su acción se extendió más allá, pues en las inversiones extranjeras fijó como máximo a los

---

[21] Hossein Bashiriyeh, *op. cit.*, p. 86.
[22] F. Halliday, *Irán: dictadura. . .*, *op. cit.*, p. 270.

accionistas extranjeros un 25%, con el cual provocó el retiro de importantes inversionistas, entre ellos, las firmas Goodrich y Rockefeller.

Mientras, *The Teheran Economist* alude a las críticas crecientes del sector empresarial por la constante interferencia estatal fijando precios, salarios, tasa de gancia, etc. El sha insistía en decir que "estamos determinados a eliminar todas las contradicciones de clase en Irán".[23] Así pues, a pesar del ataque aparente al sector empresarial moderno, el verdadero objetivo del sha fue el sector tradicional del bazaar al que convirtió en el chivo expiatorio acusándolo de ser el principal causante de la inflación. Fue contra este sector que se dirigió la campaña antilucrativa de 1975. En dos semanas, 7 750 comerciantes fueron arrestados, 100 000 más fueron multados y 600 establecimientos clausurados. En ese año se reunió un cuarto de millón de rials en multas, y al final de la campaña el saldo era: 180 000 comerciantes multados y/o arrestados y 23 000 expulsados del bazaar. Esto quiere decir que gran parte de los bazaaris habían sufrido el ataque frontal del gobierno. Por si esto fuera poco, el régimen lanzó una gran campaña publicitaria para arrasar la bazaares en varias ciudades, y que proponía construir carreteras y remplazar las tiendas por supermercados.[24] Mientras a los empresarios modernos se les daban créditos bancarios al 12%, a los bazaaris se les cobraba de 25% a 100% de interés. Lógicamente se creó un gran resentimiento hacia el régimen Pahlevi en el sector tradicional, pero lo más grave fue que las medicas tomadas no tuvieron éxito.

El fin del boom *petrolero*

En 1976 comenzaron a presentarse los primeros síntomas de una crisis fiscal debida a fluctuaciones en los precios del petróleo, además, la inflación en los bienes de consumo básico llegaba a una tasa de 30%, mientras que los salarios sólo habían aumentado 25%.[25] El gobierno tuvo que pedir un préstamo a la banca internacional por 2 000 millones de dólares, pero aún así, el déficit para el año 1977 alcanzaba ya 4 500 millones de dólares. Se tuvo que imponer una política de ajuste con recortes en el gasto social y en el crédito. Varias fábricas tuvieron que cerrar y el desempleo llegó a 9% en 1977. En 1978 el gobierno se vio forzado a aumentar los impuestos, que habían llegado a representar sólo 11% de su ingreso entre 1974 y 1977, hasta

---

[23] Hossein Bashiriyeh, *op. cit.*, p. 87.
[24] Para eliminar el intermediarismo del bazar se creó en 1976 un gran supermercado en Teherán sobre la base del Covent Garden de Londres. Véase Dilip Hiro, *op. cit.*, p. 62.
[25] Hossein Bashiriyeh, *op. cit.*, p. 87.

alcanzar 30% en 1978-1979.[26] De esta forma el régimen enfrentó simultáneamente la inflación, la recesión económica y la crisis fiscal. Más grave aún, el sha perseguía objetivos simultáneamente contradictorios. Por una parte quería controlar la inflación para evitar el descontento popular y por la otra quería recuperar la confianza del sector empresarial para aumentar la producción y frenar el desempleo; el sha decía: "Estamos determinados a aumentar la producción y llevar al país a la prosperidad de la Gran Civilización si es necesario por la fuerza." Justamente en el bienio de 1975-1976 salieron de Irán 2 000 millones de dólares "por falta de oportunidades de inversión".

Ante la debacle económica el sha cambió su gabinete. Introdujo a varios industriales reconocidos encabezados por Jamshid Amuzegar, tecnócrata entrenado en Estados Unidos. Su misión fue reducir la inflación a toda costa para lo cual introdujo una serie de medidas recesivas entre las que destacan el recorte del crétido, el retiro de varios planes de inversión y la congelación de salarios. Efectivamente, la inflación fue reducida de 30% en 1977 a 7% en 1978; sin embargo, el costo fue muy alto. En 1978 el crecimiento económico cayó de 14% a 2%; abruptamente, casi por decreto, terminaban 15 años de pujanza y prosperidad que habían caracterizado al gobierno de Hovedia. En ese periodo el ingreso real *per capita* se había quintuplicado, pasando de 200 (1963) a 1 000 dólares (1977). El salario mínimo entre 1973 y 1977 pasó de 80 a 210 rials diarios.[27]

La protesta obrera se hizo patente a partir de junio de 1978 y en Mashad, uno de los principales centros religiosos, las marchas obreras se mezclaron con las procesiones fúnebres dirigidas por los ulama. Al ser reprimidas por la policía, se iniciaba, o tal vez sólo se continuaba, la "puesta en escena" del Paradigma de Kerbala iniciado en 1963 en la que toda la sociedad iraní participaría.

En suma, los factores económicos que crearon un fuerte malestar en distintos sectores de la sociedad iraní y que explican el surgimiento de una oposición al régimen, mas no la revolución en sí, pueden resumirse en los siguientes aspectos: *a*) el aumento súbito del ingreso del Estado que inyectó recursos en la sociedad con efectos inflacionarios; *b*) el gigantismo de los proyectos que se reflejó en la necesidad de importar personal calificado y aun no calificado (se calcula que entre 1974 y 1978 llegaron a Irán 300 000 trabajadores de diferentes niveles, lo que provocó un fuerte resentimiento); *c*) otro problema grave fue la baja productividad de la agricultura y la industria que obligó a costosas importaciones; *d*) también se debe considerar la "petrolización" de la economía y, especialmente, la vulnerabilidad del Esta-

---

[26] *Ibid.*, pp. 327-339.
[27] Dilip, Hiro, *op. cit.*, pp. 73-74.

do frente a las fluctuaciones internacionales del precio del crudo; *e)* sumamente oneroso para la economía iraní fue el enorme gasto militar que el sha se empeñaba en sostener como parte de un proyecto de mejoramiento de la defensa, pero que en términos reales, era improductivo; *f)* en esencia, sin embargo, el error más grave fue la toma de decisiones en la política económica. La enorme concentración de poder alcanzada por el sha le permitió, de manera cada vez más perjudicial, politizar las cuestiones económicas y contribuir así a deslegitimar su propio régimen cayendo en contradicciones insuperables frente a la sociedad iraní.

La sociedad iraní y la modernización

El bazaar

Las medidas tomadas por el sha para la administración de la riqueza petrolera durante los cuatro años que duró el primer boom petrolero terminaron por afectar a todos los sectores de la sociedad ya que dichas medidas estaban encaminadas, en gran parte, a fortalecer un proyecto político que tenía como eje la legitimación definitiva de la monarquía considerada como "instrumento indispensable" para la modernización del país. Lógicamente, en este esquema, no había cabida para los "lastres" sociales y culturales representados por el sector tradicional. La Gran Civilización había pasado de largo, literalmente, al sector tradicional representado por el núcleo urbano del bazaar, el casco antiguo de las ciudades iraníes, que permanecía en una especie de estado de sitio cultural y económico. Con el súbito aumento de la riqueza petrolera y la decisión de Mohamed Reza Pahlevi de acelerar su proyecto de modernización del país, el núcleo cultural tradicional saltó entre el Estado iraní como una amenaza y un obstáculo, sobre todo porque había demostrado su decisión de resistir la integración económica y cultural y porque dos tercios de la población del país se refugiaban allí.

En términos económicos el bazaar constituía 15% del comercio privado total y controlaba 30% de las importaciones. La exportación de manufacturas tradicionales, principalmente textiles y fruta seca, era —y sigue siendo con mucho— la principal fuente de divisas para el país, excluyendo el petróleo. Lo que es más importante, se calcula que el bazaar aportaba alrededor de 80% de los fondos para los ulama. Esta transferencia de recursos quedaba prácticamente fuera del control del Estado y aun del espionaje de la SAVAK, y hacía del sector tradicional virtualmente un estado dentro del Estado moderno.[28]

[28] Asaf Hussain, *op. cit.*, p. 185.

Con los fondos que reunían, los ulama podían sostener los diveros establecimientos religiosos, cuyo principal objetivo era precisamente mantener viva la cultura islámica tradicional y, de paso, una estructura cuasieclesiástica financieramente independiente y políticamente autónoma. El sha lanzó varias embestidas en contra de este sector tradicional, las cuales no pudieron concretarse debido a la rapidez con que se precipitó la crisis económica y política. En primer lugar destaca la ya mencionada campaña encabezada por el premier Hoveida, la campaña "antilucrativa", que tuvo como principal objetivo a los bazaaris.

El sucesor de Amuzegar, el premier Sharif Emami, intentó establecer un sistema de seguridad social para los trabajadores del bazaar. Los comerciantes se verían obligados a reportar el número de trabajadores empleados y a pagar las respectivas cuotas de seguridad social. Lógicamente, el Estado podría entonces establecer un control fiscal y tendría pretexto suficiente para aumentar su presencia en el bazaar.[29] Pero este apoyo tampoco se concretó.

Los desposeídos

La Revolución Blanca y el proceso de industrialización habían provocado un aumento acelerado de la población urbana. Entre 1966 y 1976 las ciudades con más de 100 000 habitantes pasaron de 21% a 29%. Una gran cantidad de campesinos y nómadas se trasladaron del medio rural al urbano. En los setenta, como parte de la estrategia para controlar la inflación, se redujeron los precios de los alimentos a costa de los ingresos del campesinado; el efecto negativo de esta medida se vio acentuado por la política de importaciones masivas de alimentos, en vez de que se estimulara la inversión en el campo. Los grupos rurales desplazados a las ciudades crearon cinturones de miseria ya que su mano de obra no podía ser absorbida salvo por el bazaar donde encontraban algún medio de subsistencia. La carencia de un sistema de seguridad social que les diera un mínimo de protección determinó que fuera el clero el que, con su sistema de fundaciones piadosas, atrajera a este importante sector de la sociedad. El clero supo encauzar el enorme arraigo religioso de los marginados a través de las asociaciones llamadas *hayats*. Estos grupos de trabajo se encargaban de organizar a los desposeídos con base en su origen étnico o regional, para movilizarlos constantemente de acuerdo con el calendario saturado de festividades del shiismo.[30] De hecho, como señala Assaf

---

[29] *Ibid.*, p. 115.
[30] Michael Fisher, *Iran: From Religious Dispute to Revolution*, Cambridge, Harvard University Press, 1980, p. 189.

Hussain, este grupo se convirtió en el ejército del clero que lucharía en contra del sha y, posteriormente, en contra de Iraq. Siendo el Islam el único alivio a su situación, su fidelidad al clero shiita es incuestionable. Ello explica que Khomeini en un discurso de abril de 1981, recordara su deuda para con ellos:

> ustedes han salvado a la nación de las superpotencias. Ustedes se enfrentan a los tanques y ametralladoras... Las mujeres y hombres de entre ustedes se han ofrendado como mártires... Esta sublime Revolución Islámica está endeudada con los esfuerzos de esta clase —los desheredados— la clase que llevó este movimiento a su culminación sin esperar nada a cambio... sin poseer nada salvo la fe en el Islam...[31]

El clero

Puede considerarse que uno de los incidentes que marcó la ruptura de la alianza —el Concordato terminó con los Qayar— entre el clero y la monarquía fue la profanación del santuario del imán Reza en Mashad, ordenada por Reza Sha,[32] misma que culminó en una masacre de los fieles. Incidentes de este tipo volverían a aparecer en lo sucesivo tanto bajo Reza Sha como bajo el reinado de su hijo Mohamed Reza provocando un enorme resentimiento en el clero y en la población. Si bien, como se señaló en el capítulo anterior, hubo algunos momentos en que se restableció la alianza, ésta fue efímera y obligada por circunstancias excepcionales. En cambio, desde finales del siglo pasado, durante el reinado de los últimos Qayar, se observa una clara tendencia del clero a politizarse, y de la población a manifestar su descontento con el régimen a través del discurso religioso que permitía aglutinar a los diferentes sectores de la sociedad. Este proceso culminó con la Revolución Constitucionalista de 1906-1911 y, posteriormente, tuvo otro momento de gran significado durante la Revolución Blanca del sha en 1963.

A pesar de la represión del régimen en contra del clero a raíz de la expulsión de Khomeini en 1965, un grupo de intelectuales y líderes religiosos —incluyendo a los que serían importantes figuras del movi-

---

[31] Asaf Hussain, *op. cit.*, p. 112.

[32] Desde 1928, el sha había lanzado su Ley sobre el Vestido, obligando a los iraníes a adoptar el traje occidental y a la mujer a descubrirse. En 1935 la policía comenzó a forzar a las mujeres a acatar la ley. En 1936, Reza Sha, al igual que el emperador Meiji años antes, se presentó con su esposa e hija en público vestidas a la usanza occidental ofreciendo un discurso sobre la necesidad de emancipar a la mujer iraní. Ésta fue una de las razones por las que el clero llamó a la población a rebelarse y la protesta culminó con la masacre que el sha ordenó en Mashad, mientras la gente cantaba "Husayn, sálvanos de este sha". Véase M. Fisher, *op. cit.*, p. 98.

miento de 1978-1979, tales como Mehdi Bazargán y Mahmud Taleqani— comenzó a discutir en los sesenta la urgente necesidad de revitalizar al clero sacándolo de su escolasticismo tradicional y proponiendo una interpretación "moderna", más politizada, del Islam.[33]

De alguna forma, Khomeini y Shariati representan la culminación de dos diferentes propuestas de politizar al Islam, una que se pretende más auténtica e integrista y la otra que es modernista y reformista.

En todo caso, ambas formas de pensamiento permitieron al clero prepararse para asumir el liderazgo en la revolución de 1978. Khomeini, tras su exilio, se convirtió en un símbolo viviente de la resistencia a la dictadura Pahlevi, pero sobre todo, se convirtió en un paradigma de la auténtica cultura e identidad iraníes frente a la anomía provocada por el proceso de occidentalización. Una serie de acontecimientos, verdaderos desafíos al clero, permitió a Khomeini iniciar su larga lucha desde el exilio contra los Pahlevi. El primero fue la coronación de Farah Diba (1969) como emperatriz de Irán, siendo la primera mujer elevada a tal rango;[34] el segundo fue la celebración de los 2 500 años de monarquía iraní. El edicto de Khomeini calificando de traidores al Islam, a los que se unieran a tales festejos no sólo encontró eco en la población en general sino en los grupos guerrilleros. Prácticamente Khomeini estaba probando la legitimidad de la monarquía frente al Islam y, por ende, la lealtad de la población. Posteriormente, en 1975, un predicador fue torturado y muerto. Este acto coincide con la fundación del partido único del sha, el Rastakhiz. Estos hechos provocaron las mayores protestas político-religiosas desde 1963. El sha volvió a mostrar su falta de tacto o su prepotencia frente al clero cuando decidió imponer, en 1976, el calendario aqueménida como oficial. A través de los medios masivos de comunicación, el régimen desató una campaña para secularizar la mentalidad iraní tratando de reducir al mínimo las celebraciones religiosas callejeras o denigrándolas a una dimensión de espectáculo folklórico. Mientras crecían las manifestaciones de "occidentalitis" en la población, el clero radicalizaba su protesta desde temas puramente rituales, como el oponerse a que los hombres se cortaran la barba, la cuestión del *chador* y del vestido en las mujeres, la guerra contra las vinaterías, la oposición a las escuelas laicas, al voto de la mujer, o la difusión de películas y programas occidentales; hasta las cuestiones políticas que constituían el tema favorito del clero militante: la dominación extranjera, el despotismo y la injusticia del régimen.[35]

---

[33] *Ibid.*, p. 32.
[34] *Ibid.*, p. 98.
[35] Eric Rouleau, "Khomeini's Irán", en *Foreign Affairs*, vol. 59, núm. 3 (otoño de 1980), p. 3.

Además de esta serie de afrentas, el Estado iraní se había empeñado en eliminar sistemáticamente al clero de las funciones públicas que tradicionalmente había desempeñado. En particular fueron afectadas tres áreas vitales para el shiismo: *a)* la educación; *b)* la administración de justicia, y *c)* la administración de los fideicomisos religiosos. El área más sensible sin duda fue la de la educación sobre la que el clero había ejercido un virtual monopolio. Las innovaciones en la educación elemental fueron introducidas por las escuelas extranjeras, principalmente las pertenecientes a misioneros protestantes y católicos (como en Egipto, Siria y Líbano) y las minorías religiosas: bahais, cristianos y judíos. En 1898 el gobierno estableció formalmente una red de escuelas oficiales de todos los niveles. En 1910, el *majlis* creó el Ministerio de Educación, Fundaciones Religiosas y Bellas Artes, bajo cuya responsabilidad quedó la impartición de toda la educación. En 1911 los ulama lograron revertir parcialmente la medida e introdujeron el estudio obligatorio del "catecismo" shiita en la primaria y la secundaria.

En este punto, cabe hacer una breve referencia a la escuela tradicional islámica, la *madrasa*, que se vería cada vez más desplazada:

1) La educación tradicional. Ésta estaba apoyada en un esquema muy general basado en el de Jacques Derrida (1967), en él pueden identificarse tres medios fundamentales de transmisión y socialización de una cultura: *a)* el oral místico-poético; *b)* el escritural, y *c)* el postliterario, esencialmente electrónico, que se está desarrollando en el siglo XX. En Irán estas tres formas de transmisión cultural corresponderían al zoroastrismo, a la tradición escolástica de la *madrasa* islámica y a la educación secular y masiva bajo los Pahleví. La *madrasa* surge hacia el siglo XI y tiene su contraparte en la *Yeshiva* judía y en el *studium* cristiano. Mientras que la *madrasa* tuvo un gran auge intelectual durante la Edad Media, desde el siglo XIV comenzó a perder dinamismo y creatividad al tiempo en que el *studium* cristiano evolucionaría para dar paso a las universidades europeas que florecieron en el Renacimiento. La decadencia de la *madrasa* se explica en gran parte como consecuencia de una creciente intolerancia a la crítica y diversidad de opinión por parte de los Estados Otomano y Safavida, que buscaban así evitar la disidencia en favor del shiismo, por parte de los otomanos, y del sunnismo, por parte de los Safavidas. En ambos imperios las *madrasas* continuaron siendo patrocinadas por los gobernantes; gran parte de las viejas *madrasas* concentradas en Qum, por ejemplo, fueron obra de los Safavidas. Sin embargo, en el shiismo iraní, los líderes religiosos lograron mantener el control de la administración, evitando así la intervención estatal. En este punto, el desarrollo de la institución difiere radicalmente del que se observa en el Islam sunnita donde la *madrasa* se integra a la estructura burocrática estatal. Si bien, como ya se señaló, en ambos imperios hubo un evidente estancamiento intelectual que se refleja en la ritualización excesiva y la sacralización de los textos de autores medievales, en Irán permaneció latente la independencia ideológica y la posibilidad crítica del clero.

En los siglos XVIII y XIX Europa vivió una verdadera revolución educativa. En primer término se dio un *Kulturkampf* que culminó con la liberación de la educación de manos de la Iglesia; en segundo término se pudo reorientar la educación para servir a las necesidades burocráticas y científicas del Estado moderno industrial y, en tercer término, el Estado secularizado pasa a asumir el control de la educación que empieza a hacerse masiva. Irán, a principios del siglo XX, al igual que otros países trata de reproducir, conscientemente, este fenómeno sin contar con las condiciones que lo habían originado en Europa.[36].

En realidad, la monarquía iraní parece más interesada en el aspecto colateral, que es la centralización del poder en el Estado y la supresión de áreas autónomas de la sociedad. Lo que resulta de primordial interés es destacar la pugna entre las formas de educación tradicionales y las modernas. Gradualmente, los estudiantes de la *madrasa* se convirtieron en una minoría no reconocida socialmente y con una enseñanza "inútil" para las necesidades de la "vida moderna", al grado que muchos *talabeghs* (estudiantes tradicionales) debían hacer una carrera universitaria o técnica para poder emplearse y subsistir.[37] ¿Cómo funciona la *madrasa*? Los estudiantes comienzan en la *maktab*, la escuela de párvulos local, en ocasiones dirigida por mujeres. De allí proceden a la escuela provincial. Más tarde llegan a los niveles superiores, propiamente la *madrasa*, situada en las grandes ciudades. Los estudiantes gozan de una beca, "la parte del Imam" (la mitad del impuesto religioso llamado *Khum*). Al final del ciclo de enseñanza impartida por los *mujtahids*, los estudiantes son licenciados mediante la expedición de una *ijaza* o carta en la que se les reconoce la capacidad de enseñanza en diferentes áreas[38] y que los convierte a su vez en *mujtahids*.

En el aspecto pedagógico, la *madrasa* contrasta con el sistema occidental. No hay calificaciones puesto que los alumnos estudian vo-

---

[36] M. Fisher, *op. cit.*, p. 33.

[37] En 1811 los primeros estudiantes iraníes fueron enviados al extranjero. En 1851 se estableció una "Academia de Artes" para entrenar a futuros funcionarios del gobierno. Posteriormente se abrió una escuela de idiomas (1873), dos colegios militares (1883-1886), la Escuela de Agricultura (1900) y la Escuela de Ciencias Políticas (1901). Finalmente, en 1935, se inauguró la Universidad de Teherán seguida por otras en las principales ciudades. Véase M. Fisher, *op. cit.*, 59.

[38] *Ibid.*, pp. 41-42.

luntariamente buscando el conocimiento en sí. Los que no lo hacen no son reprobados o expulsados, sin embargo, tampoco pueden ascender por medio de sobornos o por el simple favoritismo. Los estudiantes escogen a sus profesores que actúan más bien en calidad de gurús. El método de enseñanza se basa en el estímulo a la argumentación y contrargumentación dentro de un estricto respeto al profesor. Las materias que se enseñan son: el *fikh*, las leyes religiosas, árabe, literatura árabe y persa, lógica y filosofía, estudio del Corán y estudio del *hadith*, la tradición que habla de los hechos del Profeta y las de los Imames (Akhbars). Existen, además, materias complementarias no religiosas en sentido estricto.

Habitualmente los cursos en la *madrasa* duran cinco años y están divididos en tres niveles, el acceso a los cuales depende de un examen.[39]

El régimen del sha Mohamed Reza hizo un gran esfuerzo por crear suficiente capacidad en las universidades y, en términos relativos, lo logró ya que para 1976 había 30 000 estudiantes de primer ingreso en el sistema universitario mientras que, en la *madrasa*, había 11 000 estudiantes en todos los niveles. La amenaza al eje cultural del Irán tradicional sin duda parecía demasiado grave para la élite religiosa a mediados de los setenta. Baste recordar que una de las primeras represalias del sha contra Khomeini fue la clausura de la *madrasa* Faiziyeh de Qum, donde este último había impartido clases durante muchos años. También debe recordarse que, en los planes de urbanización del sha, se incluyó la destrucción física de numerosas *madrasas*. La dislocación, pues, del sistema educativo tradicional debe considerarse como un factor fundamental de la oposición del clero. En este sentido, una de las últimas medidas que el sha intentó tomar, pero que quedó sin efecto, fue la de la formulación del currículum de las *madrasas* con lo que hubiera asestado un golpe definitivo al clero shiita.

2) Los fideicomisos religiosos. Un fideicomiso religioso o *waqf* es una forma de propiedad, generalmente tierras, destinada al mantenimiento de alguna institución religiosa, ya sea una mezquita, una *madrasa*, un santuario o un hospital o asilo; el administrador tiene derecho al 10% de la renta anual. Idealmente, el Estado supervisaría estas donaciones pero, en la realidad, los ulama fueron apropiándose de estas tierras y administrándolas. Continuamente el Estado interponía demandas para que tales fideicomisos pasaran a ser propiedad privada; finalmente, los Pahlevi crearon la Oficina de Donaciones (1964) bajo el control del primer ministro y de un consejo. Mientras la Oficina propugnaba por volver rentables estas propiedades, los ulama se

---

[39] *Ibid.*, pp. 247-248.

oponían por temor a perder el control total del presupuesto y de la administración. De hecho estas donaciones habían caído, la gran mayoría, en el abandono, pues el régimen Pahlevi, a diferencia de sus antecesores, no tenía interés en transferir recursos a instituciones administradas por el clero.[40]

3) El sistema judicial. El tercer punto de conflicto fue la secularización del sistema legislativo y judicial. Como se recordará, la Constitución de 1906 preveía la existencia de un consejo de guardianes integrado por distinguidos miembros de los ulama que debían revisar toda la legislación votada por el Parlamento. Sin embargo, con la llegada de la dictadura de los Pahlevi, la monarquía neutralizó al Parlamento y no permitió la injerencia del clero. Un Estado moderno o que pretende serlo, en la concepción de Carl Schmitt, debería ser esencialmente un Estado administrativo y no legislativo; terminar con las "discusiones sin fin" que caracterizan al parlamentarismo y remplazar la Ley por el Plan.[41]

Como en el caso de la educación, el sistema judicial comienza a ser modernizado y occidentalizado por los Qayar, pero es bajo los Pahlevi que las reformas alcanzan su verdadero efecto. En 1871 se crea el Ministerio de Justicia, pero sus funciones se limitan a controlar los tribunales de "costumbres" (*urf*) que eran tradicionalmente administrados por el Estado, mientras que los de *sharia* correspondían a los ulama. Sin embargo, en 1907, el *majlis* constitucionalista decreta la separación de poderes y la secularización de la justicia aunque subsisten los tribunales de la *sharia*. En 1911 se crean un código civil y uno de comercio que se traslapan con los religiosos. En 1928, Reza Sha comienza a hacer efectiva la legislación anterior imponiendo un nuevo código civil, copia fiel del francés, desplazando a los ulama y a la *sharia*.

En 1936, el *Majlis* aprueba una ley respecto a títulos de propiedad que exigía el registro de los mismos ante las cortes estatales; se desplaza así a las religiosas y se priva a los ulama de sus lucrativas funciones notariales. Un año después se impone la norma de que los únicos jueces reconocidos serán aquellos que posean títulos expedidos por la Facultad de Leyes de la Universidad de Teherán, secularizando así la administración de justicia y reduciendo a los ulama a funciones meramente simbólicas en actos cívicos.

Esta lista de agravios que resintió el clero debe entenderse que se dio en una sociedad que, aún en la década de los setenta, era esencialmente tradicional. En las sociedades tradicionales las acciones socia-

---

[40] *Ibid.*, p. 120.
[41] Hans Kelsen, *Sociedad y Estado*, México, Siglo XXI, 1982, p. 67.

les se legitiman no sobre una base contractual sino sobre la base de normas sagradas. El comportamiento personal se considera parte de un "orden natural" en el que no se distinguen actitudes diferenciadas en las esferas económica, familiar o política, pues todo es parte de un orden divino. En una sociedad en cambio, frente a la amenaza de situaciones novedosas, se espera que ciertas instituciones o líderes reinterpreten los patrones de conducta o creen algunos nuevos para propiciar una adaptación de la sociedad. Estas instituciones poseen la autoridad legítima para movilizar a la sociedad en uno u otro sentido. Como diría Weber refiriéndose al liderazgo tradicional: "la obediencia no es hacia las reglas establecidas sino a la persona que ocupa una posición de autoridad por tradición". La lealtad personal que se debe a este líder es esencialmente ilimitada y allí radica su enorme poder para propiciar un cambio social. De hecho, a lo largo de la historia, muchos *mujtahids* la han empleado.[42] En el caso bien conocido de Japón fue el dios-emperador el que propició el cambio de la sociedad, modernizándola; sin embargo, en Irán, como en otros países musulmanes, la autoridad monárquica carecía de la autoridad suficiente para legitimar el cambio. En sí, la monarquía Pahlevi fue una dictadura disfrazada, pues no poseía la autoridad reconocida para dirigir la modernización. En última instancia, Mohamed Reza quiso hacer de la modernización misma su fuente de legitimidad alternativa frente a la tradicional-religiosa del clero.

El medio rural

En 1976, 53% de la población era rural y cerca de la mitad eran jornaleros sin tierra. Sin embargo, no hubo resistencia frente al Estado o frente a los terratenientes, ni antes de la Revolución Blanca ni después de ella. En este sentido sorprende, a primera vista, la ausencia de movimientos campesinos importantes a lo largo del siglo XX. Generalmente, cuando los hubo, estuvieron motivados por factores étnicos o regionalistas. Esta circunstancia se explica por una gran fragmentación geográfica y por un aislamiento cultural propiciado por el propio Estado que mantiene al campo alejado de las corrientes políticas. No ha existido una disputa campesina que busque, como en otros países, una restructuración de la propiedad de la tierra sencillamente porque una gran parte de la población rural, hasta fechas muy

---

[42] En la protesta contra el monopolio del tabaco, 1892, el *marja e taqlid* Hassan Shirazi, aprovechó su autoridad tradicional para dirigir una gran protesta contra la monarquía, siendo éste un antecesor directo de Khomeini. Véase, Asghar Fathi, "Role of the Traditional Leader in the Modernization of Iran: 1890-1910", en *International Journal of Middle Eastern Studies*, vol. 11, núm. 1 (febrero de 1980), p. 88.

recientes, permaneció nómada. La principal reivindicación de estos grupos frente al Estado central era básicamente la de mantener su autonomía respecto al grupo persa mayoritario. (De acuerdo con estadísticas de Estados Unidos, en 1963 casi la mitad de la población hablaba un idioma distinto del persa.)[43] El régimen Pahlevi siguió una política sistemática de control sobre las tribus, ya propiciando su sedentarización o su eliminación. En 1880, 50% de la población era nómada y constituía un factor político de primordial importancia. Baste recordar que los Qayar, de origen tribal, mantenían su poder basados en una coalición de tribus. Asimismo, las tribus Bakhtiar jugaron un papel fundamental en el movimiento constitucionalista de 1906-1911, y Reza Sha, sin tener un arraigo tribal, movilizó a las tribus durante su consolidación en el poder. No obstante, el último levantamiento significativo ocurrió en 1963 y fue fácilmente sofocado.[44] En los setenta las estadísticas oficiales consideraban que la población nómada representaba sólo 5% del total.

Aunque subsiste una gran fragmentación étnica hay que recordar que precisamente el factor de unidad ha sido el religioso, ya que 90% de los iraníes pertenecen al shiismo duodecimano. Este hecho, junto con la política represiva y de discriminación seguida por el régimen Pahlevi, explica la lealtad de las minorías al clero. Paradójicamente, sin embargo, contrario a lo que se puede pensar, la presencia del clero en el medio rural fue mínima por lo menos hasta antes de la Revolución. Al respecto, debe recordarse que el clero shiita no está jerárquicamente organizado y, por ende, no hay una política central de "evangelización" como ocurre en el catolicismo. Sorprendentemente, de un total estimado de 70 000 aldeas (con un máximo de 5 000 habitantes) tan sólo 6 000 de ellas pueden considerarse que contaran con un *mullah* residente el cual, generalmente, vivía a la sombra de los grandes terratenientes y era considerado, por los sectores más pobres, como una figura poco respetable. De hecho, de acuerdo con los estudios de Eric Hooglund sobre el medio rural iraní, puede considerarse que había un gran cinismo hacia la institución religiosa y se practicaba una forma de Islam más autónoma.[45]

En realidad, como ya se señaló, fue a raíz de la Revolución Blanca que se produjo un gran éxodo de población rural hacia las ciudades provocando, entre otras cosas, una notable escasez de mano de obra y una baja en la producción agrícola al grado de que el régimen

---

[43] Marvin Zonis, *The Political Elite of Iran*, Princeton, Princeton University Press, 1971, pp. 178-179.
[44] Fred Halliday, *Irán: dictadura...*, loc. cit., p. 286.
[45] Eric Hooglund, "Rural Iran and the Clerics", MERIP, vol. 12, núm. 3 (marzo-abril de 1982), pp. 23-24.

revolucionario tendría que enfrentar fuertes presiones en favor de una reforma agraria mínima que contuviera a la población rural, siendo que la actitud del clero fue siempre contraria a modificar en lo más mínino el *statu quo* de la propiedad. Pero la consecuencia política más importante de ese éxodo de población fue precisamente que facilitó el contacto entre la población rural, que se convertiría en el lumperproletariado de las ciudades, y las instituciones religiosas. Hábilmente, el clero supo atraerse a los desposeídos tomándolos, en cierta forma, bajo su protección y haciendo de ellos, posteriormente, los guardianes de la Revolución.

La clase media

Si bien el sector tradicional urbano fue el más afectado por el régimen Pahlevi, la clase media moderna o "nueva clase" no era, como se hubiera esperado, una fuente de apoyo activo al sha. En su caso, la principal causa de descontento era la falta de apertura política y, en segundo término, la ineficiencia de la política económica. Paradójicamente, el sha logró, al centralizar el poder, atraer a su persona todas las críticas y frustraciones de este sector y, en general, de todos los demás sectores de la sociedad.

El populismo de la Corte, a principios de los setenta, terminó por ser una forma de humillación y, lo más grave, sembró la desconfianza en este sector. La incapacidad del régimen para solucionar rápidamente la crisis económica y, al mismo tiempo, su negativa a permitir la participación política llevaron a la clase media a la certeza de que el régimen estaba pronto a desmoronarse. Para 1976, 20 000 iraníes tenían casas en el extranjero y la fuga de capitales no cesó hasta la caída del régimen.[46] El sha consideraba que los iraníes aún no estaban listos para la democracia, que requerían un largo proceso de educación cívica, que la sociedad necesitaba ser transformada en sus condiciones y valores antes de darse un cambio político que, además, no necesariamente debía apuntar hacia la democracia. "Los persas requieren una figura paternal (como la mía) puesto que ésta es un elemento (esencial) de la cultura nacional."[47]

Precisamente la cuestión de una identidad cultural nacional era, en el fondo, uno de los más serios problemas de legitimidad para los Pahlevi. El sector "secularizado" de la sociedad iraní del que supuestamente se esperaba lealtad estaba dividido por no decir desorientado. El sha pretendía a la vez identificarse con la tradición persa-

---

[46] Sharif Arani, "Iran: From the Sha's Dictatorship to Khomeini's Demagogic Theocracy", en *Dissent*, vol. 27, núm. 1 (invierno de 1980), p. 18.
[47] M. Fisher, *op. cit.*, pp 156.

preislámica, aparecer junto con su esposa como un hombre moderno, occidental, y ser un defensor del Islam. La clase media, por su parte, asimilaba en las escuelas laicas una cierta dosis de "nacionalismo persa", pero ideológicamente, estaba más interesada en las formas políticas de participación occidental: liberalismo, socialismo, comunismo, etc., o se identificaba con un sincretismo del tipo propuesto por Alí Shariati: un nacionalismo islámico progresista. No obstante la diversidad de pensamientos, había consenso en cuanto al rechazo al gobierno dictatorial del sha y a propugnar por una payor participación.[48] Sin embargo, es importante anotar que ninguna de las clases modernas, clase media y obreros, había producido líderes destacados, salvo aquellos supervivientes de tiempos de Mossadeq. En el momento de la Revolución, por tanto, no podrán presentar alternativa a Khomeini.

Dentro de la clase media uno de los sectores que tuvo mayor participación en el movimiento revolucionario fue el de los estudiantes. En 1977, a pesar de los esfuerzos del sha por crear una educación de masas moderna, la capacidad de las universidades era mínima; de 290 000 aspirantes en ese año sólo 60 000 pudieron ingresar (en los setenta dos tercios de la población era menor de 30 años). El enorme sector estudiantil quedó marginado y constituyó una bomba de tiempo sobre todo por la creciente inestabilidad política que favorecía el activismo de los jóvenes.

Hay que recordar que a lo largo de la década de los sesenta habían crecido los "círculos de estudio del Islam" atrayendo a la juventud iraní. Fueron principalmente jóvenes estudiantes los que participarían en la formación de los *Komitehs* revolucionarios y de las Guardias revolucionarias.[49] Refiriéndose a los estudiantes, Khomeini dijo: "Sus acciones tienen valor en el sentido de que se han levantado por el Islam... No nos hemos rebelado por nuestros estómagos, lo hicimos por el Islam en la misma forma que lo hizo el Profeta."[50]

Ciertamente, uno de los factores que provocó la alienación de la clase media fue la actuación de la SAVAK que creó, sobre todo a raíz de la aparición de grupos guerrilleros, un régimen de terror e inseguridad en la población. Fundada en 1957, la SAVAK podía considerarse como la versión degenerada de los antiguos sistemas de seguridad de la Persia preislámica.[51] "La amplia labor de intimidación de la SAVAK, la certeza de su eficiencia, eran una constante humillación psicológica para el pueblo iraní. La consecuencia última fue un profundo deseo

---

[48] A. Hussain, *op. cit.*, p. 116.
[49] Sh. Arani, *op. cit.*, p. 13.
[50] A. Hussain, *op. cit.*, p. 117.
[51] A. Saikal, *op. cit.*, p. 191.

por parte de los súbditos del sha de tomar venganza contra el régimen."⁵² No es posible estimar el número de arrestos y torturas por delitos políticos, sin embargo, en 1977 el propio sha admitió la existencia de 3 100 presos, mientras que los observadores extranjeros hablaban de 25 000 a 100 000 presos. De acuerdo con el informe de Amnistía Internacional: "ningún país del mundo tiene una historia peor que la de Irán en materia de violación a los derechos humanos".⁵³ Se ha escrito mucho sobre las atrocidades cometidas por la SAVAK. Lo importante es recordar que dicha institución había logrado su cometido fundamental, es decir, atemorizar a la sociedad iraní, desde los más altos funcionarios hasta los habitantes de las zonas marginadas. Pero, sobre todo, la población llegó a creer que la SAVAK y el sha eran capaces de cualquier brutalidad, como lo demostró la reacción de la población iraní frente al incendio del cine Rex en Abadán donde murieron 400 personas, principalmente obreros.⁵⁴

Los obreros

La SAVAK tuvo un papel especialmente destacado en la lucha del régimen contra el sindicalismo. Además de la ya mencionada Ley del Trabajo que prohibía las huelgas y la sindicalización por ramas, el sha había propiciado la formación de sindicatos blancos. En realidad, el sector obrero industrial era muy pequeño y, por ende, se confiaba en la posibilidad de mantenerlo controlado. Sólo 7% de la fuerza laboral trabajaba en industrias mayores de 10 personas. Las grandes industrias estaban concentradas en el sector petrolero, la construcción y las manufacturas. Mohamed Reza Pahlevi mantenía una política de estricto control sobre los sindicatos debido, sobre todo, a que éstos habían sido importantes aliados de Mossadeq. Por ello, es significativo que en la industria petrolera existieran 26 sindicatos distintos. A pesar de esta fragmentación y de la política populista seguida por el sha a principios de los setenta —que llevó a un alza considerable del salario real— el régimen no logró comprar la lealtad de este sector. Aunque era poco numeroso, cualitativamente, tenía un peso definitivo en la economía, como quedó demostrado en la prolongada huelga de los trabajadores petroleros a finales de 1978, misma que determinó la paralización de la industria y dio el golpe de gracia al régimen al privarlo de su principal fuente de ingresos.⁵⁵

---

⁵² Barry Rubin, *op. cit.*, pp. 177-178.
⁵³ Fred Halliday, *Irán: dictadura...* *loc. cit.*, p. 111.
⁵⁴ L. Frank, *op. cit.*, p. 308.
⁵⁵ A. Hussain, *op. cit.*, p. 109.

El sha: intento de consolidar la dictadura

Consciente de la fragilidad de su régimen, el sha dependía, en última instancia, del "monopolio de la violencia" para mantenerse en el poder. Podría pensarse y, de hecho fue la hipótesis que muchos estudiosos de Irán postulaban antes de la caída del sha, que éste terminaría por ser víctima de su propio ejército. Pero como se ha explicado, el sha había fragmentado de tal forma el liderazgo en el ejército que era muy difícil que éste actuara coordinadamente. En algunos países del Medio Oriente como Egipto, Siria o Iraq la clase media ha mantenido fuertes vínculos con las fuerzas armadas, propiciando en ellas una visión nacionalista y progresista que las ha llevado a levantarse contra la monarquía.[56] Sin embargo, Irán, como señala Fred Halliday, vivía ya una dictadura militar con apariencia de monarquía, y el sha quedaba situado como comandante supremo sobre los demás generales. Al igual que en otras dictaduras, el sha pretendía ser un árbitro entre las clases sin representar a ninguna y, por ende, sin el apoyo de ninguna.

Señala Theda Scokpol que es difícil sostener la hipótesis de que la modernización es causa de una revolución debido a las dislocaciones y tensiones sociales que produce. Lo que sí es definitivo, dice, es que inevitablemente se genera una creciente demanda de participación que, en el caso del régimen monárquico-dictatorial de Irán, no podía satisfacerse. Ésta es una de las contradicciones más interesantes del régimen del sha que como ya se señaló se describe como "la paradoja del despotismo oriental". Por una parte, el Estado acusaba al sector tradicional de "reacción negra", "obstáculo fundamental al progreso y la modernización del país",[57] pero no se percataba de que su propio tradicionalismo autocrático y despótico era de hecho lo que impedía una modernización indispensable en la esfera política.

La única forma de participación política era a través de las elecciones parlamentarias. Sin embargo, éstas eran controladas por el régimen a través de los dos únicos partidos reconocidos oficialmente. Uno jugaba el papel de partido monárquico y el otro de partido de oposición.

Curiosamente el sha había manifestado en 1960 que la existencia de un partido único equivaldría a una dictadura y que nunca permitiría tal situación en Irán. Pero en 1975 cambió de parecer. Ante la creciente

---

[56] A. Taheri, *op. cit.*, p. 193

[57] Uno de los característicos ataques anticlericales de la prensa oficial decía: "la corrupción en Irán es culpa del clero. Por tanto todas las prácticas religiosas deben ser suspendidas. No será difícil... Se les debe combatir con la educación y la acción. Una sociedad francmasona puede ser de gran ayuda. La mejor forma de erradicarlos es destruyendo sus medios de subsistencia, quitarles las tieras *waqf* y repartirlas a los pobres que no se opondrán a recibirlas...". Véase Amin Banani, citado en Dilip Hiro, *op. cit.*, p. 69.

presión de la clase media para participar decidió fusionar los dos "partidos" existentes en uno solo, llamado el Rastakhiz o Partido del Resurgimiento Nacional. Hizo un llamado a todos los iraníes a participar activamente en el nuevo partido, en sus alas de derecha e izquierda, ya que de no hacerlo se les consideraría antipatriotas. El sha visualizó al Rastakhiz como el vínculo ideal entre él y la nación, vínculo que de hecho se había roto. Llamó a "todos los iraníes que crean en la Constitución, la monarquía y la Revolución Blanca" a unirse a él.[58] Hay que señalar que el sha funda su partido en un momento en que el acelerado desarrollo había acentuado la estratificación social. Al igual que en los sesenta con la Revolución Blanca, pretendió una gran movilización en favor de su régimen; buscaba la legitimación de la que carecía.

La creación del Rastakhiz marca el punto culminante del proceso de centralización política y económica pero, al mismo tiempo, es el inicio de la oposición abierta de casi todos los sectores de la sociedad iraní hacia la monarquía Pahlevi. Siendo un partido de corte fascista tenía fuertes rasgos totalitarios. El sha pretendió de la noche a la mañana encuadrar a la población y adoctrinarla, quiso eliminar toda forma de oposición. A través del Ministerio de Cultura se incrementó notablemente la censura. La publicación de libros cayó de 4 200, en 1974, a 1 300, en 1975. La Asociación de Escritores fue "saneada" con la consiguiente eliminación de varios escritores notables, lo que provocó irritación en la clase media. En particular, el nuevo partido quiso absorber a los jóvenes, los cuales fueron utilizados en la campaña antilucrativa en calidad de inspectores en el bazar. La Oficina de Donaciones, igualmente, empleó a jóvenes afiliados al partido en los "cuerpos religiosos" encargados de penetrar el medio rural realizando obras de alfabetización y sanitarias.[59]

Desde su refugio en Najaf, Khomeini atacó al nuevo partido. A través de decretos religiosos él y otros *mujtahids* prohibieron a los fieles shiitas afiliarse. En represalia, el sha clausuró el seminario de la Faiziyeh en Qum donde los estudiantes habían sido especialmente activos en su protesta contra el Rastakhiz. Además, algunos ayatollahs, entre los que se contaban destacados futuros líderes de la revolución fueron arrestados: Montazeri, Beheshti y Khomeini.

Las organizaciones de la oposición secular

A través de distintas agrupaciones, los diferentes sectores de la sociedad se organizaron para manifestar su oposición al régimen. El espec-

[58] A. Saikal, *op. cit.*, p. 191.
[59] D. Hiro, *op. cit.*, p. 63.

tro político que dichas organizaciones representan es muy amplio. Sin embargo, como la mayoría de ellas tuvo una trayectoria efímera, me limitaré a dar tan sólo una breve descripción de ellas. La clase media, principalmente los intelectuales y estudiantes, se organizó en torno a grupos guerrilleros que buscaban un cambio revolucionario, o en partidos políticos que constituían una oposición real al sistema.

a) Entre los grupos guerrilleros destacan dos: los Mujahiddín e Khalq y los Fedaiyyín e Khalq. El primero fue originalmente formado por nueve estudiantes de la Universidad de Teherán que pertenecieron al Frente Nacional Mossadequista e iniciaron sus actividades hacia 1971, atacando las oficinas de la Shell British Petroleum y las de El Al israelí, asesinando posteriormente a varios asesores estadunidenses. La SAVAK fue muy eficiente en la persecución y logró precipitar una división ideológica entre los miembros que tenían una clara vocación marxista y los que buscaban una síntesis al estilo libio de Islam y marxismo. Esta última fue la que sobrevivió, mientras que la primera quedó absorbida en el Partido Comunista Tudeh.

Los Fedaiyyín e Khalq se formaron como estudiantes de las universidades de Teherán, Tabriz y Mashad. Iniciaron sus actividades en 1970 con células guerrilleras y rurales. Al igual que los Mujahiddín e Khalq sufrieron de divisiones ideológicas y no lograron con sus acciones violentas contra el régimen "despertar la conciencia de las masas". Hacia 1977 parecían prácticamente exterminados.

b) Entre los grupos políticos destaca el Frente Nacional, de tendencia nacionalista, liberal y constitucionalista, formado por antiguos mossadequistas. Reunía a importantes figuras como Sanjabi, Bakhtiar y Foruhar. En 1963 llegaron a reconocer que "es el liderazgo religioso y no el de los partidos políticos el que moviliza a las masas".[60] Este partido agrupaba principalmente a profesionistas, pero tuvo escasa presencia hasta mediados de los setenta, cuando la oposición al régimen comenzó a radicalizarse. Protestó particularmente contra la formación del Rastakhiz y diversos grupos de abogados denunciaron la constante violación a los derechos humanos.

c) Entre los movimientos que se identificaban como islámicos estaban el Movimiento Islámico del Pueblo Iraní, formado por profesionistas que posteriormente se integraron al gabinete del gobierno de transición de Mehdi Bazargán, el movimiento de los Musulmanes Militantes, el Consejo de la Organización Islámica y el Partido Liberal Islámico, que no eran reconocidos por el clero debido a su heterodoxia ideológica. Sólo dos grupos contaban con el apoyo del clero: el Grupo Amal, afiliado al de Líbano, y la Organización de las Masas

[60] A. Hussain, *op. cit.*, pp. 118-123.

de la República Islámica, grupos de extremistas que participarían activamente en los diferentes órganos revolucionarios.[61]

La oposición religiosa

Es importante destacar la falta de consenso en la clase media sobre el proyecto político que se consideraba adecuado para Irán. La facción liberal democrática quería una monarquía constitucional en la que el sha se limitara a "cortar listones y besar bebés frente a las cámaras",[62] dejando el poder en manos de un parlamento multipartidista de corte europeo. Las facciones radicales querían un régimen socialista-islámico al estilo de Libia, o uno comunista, según lo proponía el Partido Tudeh de clara filiación soviética. Por tanto, quedaba sin respuesta la gran pregunta de cómo enfrentar el poder del sha, y el único que parecía tener una solución práctica era Khomeini. Él sabía del enorme carisma con el que contaba el clero y, sobre todo, de la tradición de liderazgo político que se había forjado desde tiempos de los Qayar. Para derribar al sha se tenía que movilizar a la nación entera; sin embargo, las "masas" no estaban dispuestas a morir por los ideales de Lenin o Mao y sí en cambio por los del Imam Hussayn y el Islam. Ciertamente, la opción guerrillera había fracasado y, desde luego, la opción institucional estaba bloqueada por el propio sha.[63]

Paradójicamente, Mohamed Reza y sus servicios de inteligencia no supieron identificar el potencial de la oposición religiosa y, mucho menos, detectar su compleja organización sino cuando fue demasiado tarde. El sha consideraba a Khomeini como un enemigo importante y éste, desde su refugio en Iraq, se refería a los Pahlevi en términos insultantes y soeces con el objeto de demostrar a la población iraní que el "Rey de Reyes" no merecía ningún respeto. El sha, sin embargo, no dejó de considerar las protestas de Khomeini como algo aislado, sin darse cuenta de la eficiente organización política que en Irán aguardaba el regreso del ayatollah. El sha mismo era víctima de la ilusoria separación de religión y política propugnada por los teóricos de la modernización.

Ni Khomeini ni su principal lugarteniente en Irán, el ayatollah Mottaheri, consideraban factible tomar el poder por medios violentos. Intentar una insurrección armada contra la enorme maquinaria militar de la monarquía era suicida. Se requería, por el contrario, una gran desmovilización que demostrara la ausencia de bases de legitimidad del régimen. La oposición religiosa era pues la menos visible pero la de bases sociales más amplias y la mejor organizada. Incluía el

---

[62] A. Tahri, *op. cit.*, p. 193.
[63] *Ibid.*, p. 194.

cuerpo religioso, el bazaar, los grupos islámicos reformistas y las masas de desheredados de origen rural principalmente.[64] Un indicador claro del apoyo popular a las instituciones religiosas lo constituye el número de peregrinos a los santuarios. Mientras en 1964 el santuario de Mashad recibía 220 000 peregrinos, en 1974 eran 3 200 000.[65]*

El Tratado de Paz firmado con Iraq en 1975 incluía el permiso a 130 000 visitantes para acudir a los lugares santos en Iraq. El principal beneficiario fue Khomeini que pudo así restablecer un contacto directo con sus fieles.

Dentro de Irán el ayatollah Mottaheri se encargaba de organizar los innumerables *hayats*, grupos o círculos religiosos de estudio. Dichos grupos predominaban en los cinturones de miseria de las ciudades, los bazaares y aldeas encargados de mantener movilizada a la población en torno a las grandes festividades del shiismo. Además, la presencia religiosa en la vida cotidiana era constante: en la mezquita, por medio de las oraciones, la *rawda* o sermón con fuerte contenido emocional recordando pasajes del martirio de Hussayn; en las reuniones teológicas; en los *taiziyeh* o representaciones dramatizadas de la tragedia de Kerbala; en las peregrinaciones de los lugares sagrados para conmemorar el nacimiento o la muerte de alguno de los imames; en los festejos para celebrar la muerte del Califa Omar —el cual era representado por medio de efigies grotescas hechas para ser quemadas—; en la *siyarat* o visita semanal a los cementerios; en bodas o en ocasiones luctuosas, etc. En todos estos actos los ulama participaban de forma directa o indirecta.[66]

Otro de los lugartenientes de Khomeini, el ayatollah Montazeri y su hijo, se encargaban de reclutar en los *hayats* a los jóvenes prospectos para recibir entrenamiento guerrillero.** Yasser Arafat, líder de la

[64] *Ibid.*, p. 190.
[65] D. Hiro, *op. cit.*, p. 64.
* El libro llamado *Las llaves del Paraíso* que el modernista Alí Shariati había señalado como portento de fanatismo retrógrado del shiismo vendió casi medio millón de copias en 1973 y quedó sólo abajo del *best-seller* por excelencia, el Corán, que vendió 700 000 ejemplares. En tercer lugar estuvo el *Libro de rituales*, una serie de manuales religiosos escritos por los grandes ayatollahs del momento que vendió en conjunto 400 000 copias en un país donde los libros no vendían más allá de unos miles de ejemplares (Najafi, 1976). Véase también, S. Arjomand, "Traditionalism in Twentieth Century Iran".
[66] En 1968 Mottahari escribía: "En los años recientes, nuestros jóvenes educados, luego de pasar por un periodo de rechazo a la religión, comienzan a poner mayor atención en ella. La *Hosayniyeeh Irshad*... sabe que su tarea es responder a los requerimientos de nuestros jóvenes (inquietos) e introducir en ellos la ideología islámica." Véase S. Arjomand y E. Gellner, *From Nationalism to Revolutionary Islam*, Albany, State University Press, 1984; M. Fisher, *op. cit.*, pp. 136-137.
** Aunque estas unidades sólo actuarían en casos excepcionales, principalmente actos de sabotaje.

OLP, mantenía estrechas relaciones de amistad con Khomeini y con los hijos de éste, y existía un convenio para ofrecer a los jóvenes iraníes entrenamiento guerrillero en los campos libaneses. Allí habían sido entrenados Ahmad y Mustafá, hijos de Khomeini. Para 1977, había ya 700 graduados que, a su vez, debían instruir a sus compatriotas en Irán. A pesar de que la SAVAK mantenía una estrecha vigilancia sobre los *hayats*, éstos lograron mantener su apariencia puramente religiosa.

Ibrahim Yazdi operaba en Estados Unidos como enviado de Khomeini. Fue él quien, al observar el cambio de administración en la Casa Blanca,[67] aconsejó a Khomeini, a la llegada de Carter, aprovechar el previsible endurecimiento de la política estadunidense hacia los Pahlevi para iniciar el movimiento revolucionario.[68]

El periodo 1977-1979

La caída del sha

En noviembre de 1976, al resultar electo Carter como presidente de Estados Unidos, Ibrahim Yazdi mandó un mensaje a Khomeini diciéndole: "Los amigos del sha en Washington están fuera... es tiempo de actuar."[69] Es evidente que tanto el sha como sus opositores sobrestimaron la influencia de la política estadunidense en Irán, contribuyendo así a crear un clima de profecía que se autocumplió. El sha estaba convencido de que Carter le retiraría su apoyo tarde o temprano. Ya durante su campaña en el otoño de 1976, el futuro presidente demócrata había señalado a Irán como uno de los países en que Estados Unidos se comprometería a promover la defensa de los derechos humanos. Al igual que en vísperas de la llegada de Kennedy al poder, el sha quiso adelantarse a las demandas del triunfador inminente en las elecciones estadunidenses. Como gesto de buena voluntad lanzó una propuesta de liberalización de su régimen concediendo

---

[67] El sha contribuyó generosamente a la campaña de Nixon en 1968. Habían sido buenos amigos desde la presidencia de Eisenhower. Firmó un acuerdo con Nixon en el que el sha permitió a la CIA poner puestos de monitoreo en la frontera con la Unión Soviética a cambio de que la Casa Blanca le permitiera a la SAVAK operar en Estados Unidos. El embajador de Nixon en Irán era un ex director de la CIA. Los vínculos eran tan estrechos que el sha se reunía todos los sábados con los agentes de la CIA en Teherán para recibir informes. En 1975, el subsecretario de Estado describía la relación con Irán como "una relación muy especial". Véase, Dilip Hiro, *op. cit.*, p. 306.

[68] Fred Halliday, "The Iranian Revolution: Uneven Development and Religious Populism", en *Journal of International Affairs*, vol. 36, núm. 2 (otoño-invierno de 1982-1983), p. 136.

[69] A. Taheri, *op. cit.*, p. 209.

la libertad a 357 presos políticos en febrero de 1977. Al mismo tiempo, remplazó a Abbas Hoveida, asociado a la crisis económica de 1976 y a la política represiva del régimen, pretendiendo así que sería suficiente un cambio de fachada para recuperar la confianza interna y, sobre todo, la externa.

De hecho, los cambios de ministros se volverían una práctica frecuente durante los dos últimos años del reinado de Mohamed Reza, que pretendía de esta forma disociarse de los errores de su gobierno. La sustitución de Hoveida no pudo ser más inoportuna ya que conocía perfectamente los problemas que aquejaban al país gracias a su experiencia de 17 años como primer ministro. Fue remplazado por Jamshid Amuzegar, ingeniero formado en Estados Unidos y de quien el sha pensó que agradaría a Carter. Es significativo que el nuevo primer ministro se concentrara en combatir la inflación adoptando la receta de los consejeros de Carter del *zero base budgeting*, sumiendo al país en pocos meses en una profunda recesión.[70]

No obstante estas acciones, las relaciones entre Carter y Mohamed Reza estuvieron dominadas por la desconfianza mutua. La publicación del libro de Carter *Why Not the Best?*, y la difusión de un informe de Cyrus Vance que criticaba la violación de los derechos humanos en Irán, así como la inesperada manifestación en contra del sha a su llegada a Washington —misma que, al ser televisada en Irán, causó un gran efecto entre la población— fueron considerados por el sha como actos premeditados de Carter para desprestigiarlo.[71]

La política de liberalización del sha, diseñada para consumo externo, resultó altamente contraproducente. Diversos grupos de profesionistas lo consideraron como un gesto de apertura democrática y comenzaron a enviar cartas abiertas al sha pidiendo la democratización del régimen y denunciando innumerables casos de violación a los derechos humanos.

La lucha contra el tirano

Diversos acontecimientos violentos pueden tomarse como el chispazo inicial que encendió el movimiento revolucionario. Algunos autores señalan el asesinato de un predicador, en 1975, por la SAVAK, junto con la creación del Rastakhiz en ese año; otros, señalan la destrucción en Teherán de las barracas situadas en los cinturones de miseria (agosto de 1977); otros, la muerte de Alí Shariati en Londres, poco después de su exilio (1975), pero, sobre todo, la muerte del hijo de Khomeini (octubre de 1977) que provocó grandes procesiones fúne-

---

[70] D. Hiro, *ibid.*, p. 66.
[71] A. Taheri, *op. cit.*, p. 209.

bres y fuertes protestas contra la SAVAK, a quien se le atribuía esa muerte. De cualquier forma, lo cierto es que los dos años que preceden a la caída del sha están plagados de incidentes sangrientos e inestabilidad política y social que hicieron fracasar todos los intentos tardíos de reforma del régimen. Lo que queda claro es que el movimiento revolucionario pasaría por dos fases. En la primera, 1976-1977, la clase media lleva el liderazgo pero, aparentemente, su proyecto no va más allá de lograr establecer una monarquía parlamentaria; en todo caso, se pide la implementación adecuada de la Constitución de 1906. En ese momento, el Frente Nacional, dirigido por Karim Sanjabi, y el Movimiento Islámico del Pueblo Iraní, de Mehdi Bazargán —ambas agrupaciones de origen mossadequista— parecen poder aglutinar a la oposición.

Sin embargo, luego de la muerte del hijo de Khomeini y de la llegada de Carter al poder, además de la radicalización de la población frente a la crisis económica, es el clero el que asume el control de la situación. Este hecho queda simbolizado por la publicación en los diarios de Teherán de un decreto firmado por Khomeini en diciembre de 1977. Dicho decreto comenzaba utilizando uno de los 99 nombres menos comunes de Allah, "El que castiga a los tiranos". Aún más sorprendente resultó el hecho de que Khomeini empleara para sí el título de Imam, reservado, en el shiismo, a los descendientes de Alí, con lo cual se colocaba por encima de los demás *mujtahids*. En el decreto referido decía que "ejerciendo mi autoridad religiosa. . . he depuesto al sha y he abrogado la Constititución [de 1906]". Ordenaba a los fieles no pagar impuestos y no obedecer las leyes "promulgadas por el usurpador"; ordenaba, igualmente, a los estudiantes no acudir a clases sino "para demostrar su odio al tirano" y a sus "políticas corruptas". Se refería al sha como *Taghoot* o rebelde, uno de los títulos de Satanás. Khomeini no sólo se ponía al frente de la revolución, sino que contaba para ello con todo el carisma que le daba el peso de la tradición shiita. A lo largo de la lucha revolucionaria Khomeini sabría emplear en su favor una enorme gama de factores psicoculturales, como el bien arraigado maniqueísmo iraní con el cual transformó al sha en la encarnación misma del Mal y en causa de todos los males del país, mientras que él mismo se convertiría en el Imam, el Mesías esperado[72] (representación de la justicia y el bien que viene a redimir a los iraníes de sus sufrimientos, lo que da al movimiento un cariz mesiánico).

El sha había reaccionado con furia ante el atrevimiento de Khomeini. Sin embargo, resulta curioso cómo consideró el hecho, pues lo atribuyó a un complot occidental, encabezado por Carter, que buscaba su caída y que se valía para ello de todos los medios, incluida

---

[72] *Ibid.*, p. 172.

la manipulación del clero. Casi hasta los últimos momentos el sha se aferraría a esta tesis sin querer reconocer la existencia de una oposición real y autónoma encabezada por el clero. Por ello no resulta sorprendente que, en momentos en que se hacía inminente la crisis del régimen, el sha siguiera dando especial atención a su política exterior, convencido de que estaba predestinado a remodelar el mundo como lo habían hecho los monarcas aqueménidas.[73]

Señala al respecto Fred Halliday que: "Ningún país del Tercer Mundo tiene una historia de intervenciones fuera de sus fronteras comparable a la de Irán bajo Mohamed Reza." Uno de los conflictos más graves que desató, a largo plazo, fue sin duda la disputa con Iraq.[74]

En los primeros meses de 1978, el sha intentó un acercamiento al clero como tal y como él y su padre lo habían hecho en momentos de debilidad del gobierno buscando así la legitimación de la que carecía. Sorprendentemente volvió a abrir el seminario de la Faiziyeh de Qum, lanzó una campaña de moralización prohibiendo toda clase de "pornografía occidental", cesó su hostigamiento al bazaar y buscó el apoyo del ayatollah Shariatmadari, uno de los *marja e taqlid* reconocido como moderado. Parte del clero se oponía a las tácticas de Khomeini y decidió cooperar con el gobierno para tratar de frenar el movimiento revolucionario. A principios de agosto, durante el Ramadán, el sha parecía estar recuperando el control e incluso ofreció "elecciones 100% libres para el año siguiente". Sin embargo, el incendio del cine Rex en Abadán y la muerte de 400 trabajadores petroleros volvió a desatar una oleada incontenible de protestas que Khomeini supo aprovechar para llevar el movimiento a su culminación pocos meses después. Ante la gravedad de la crisis el sha volvió a cambiar de fachada sustituyendo a Amuzegar en el cargo de primer ministro por Sharif Emami, en septiembre de 1978. Khomeini acusó al sha y a la SAVAK de ser los autores del incendio, mientras que el sha acusaba a los guerrilleros. En un intento por conciliar las posiciones, Emami disolvió el Rastakhiz e incluso inició contactos secretos

---

[73] En 1977 ordenó a uno de sus ministros que organizara un *Thinktank* que, bajo su dirección, se reuniría periódicamente para buscar soluciones a los problemas mundiales. En la lista de invitados se hallaban el inevitable Kissinger, Edward Heath, Raymond Aaron, David Rockefeller, George Schultz, entre otros. Por otra parte, no hay que olvidar el auge que tuvo el intervencionismo iraní hasta mediados de los setenta como parte de una pretendida política de hegemonismo regional de Irán. Véase A Taheri, *op. cit.*, p. 357.

[74] En los años setenta, Irán estuvo involucrado en Omán ayudando a combatir a la guerrilla, en Yemen del Norte, en la ocupación que realizó arbitrariamente de las islas del Golfo frente a los Emiratos Árabes Unidos, ayudando a Paquistán en su disputa con la India, intervino en Afganistán y mandó asistencia militar a Vietnam del Sur, Marruecos, Jordania, Zaire y Somalia. Véase Fred Halliday, *Irán: dictadura...*, *loc. cit.*, p. 359.

con Khomeini a quien invitaba a volver a Irán. Sin embargo, Khomeini había decidido dar el golpe final al régimen. Atendiendo a sus llamados se sucedieron manifestaciones cada vez más impresionantes; el 7 de septiembre medio millón de personas desfiló en Teherán pidiendo la salida del sha. Éste respondió encargando al general Oveissi la imposición de la ley marcial por seis meses. El general Oveissi había sido el responsable de la masacre de junio de 1963 cuando la población, incitada por Khomeini, se había manifestado contra la Revolución Blanca. En esta ocasión el general volvió a actuar de la misma manera intentando amedrentar a la población con otra masacre.[75] Sin embargo, el resultado fue desastroso y sólo provocó nuevas manifestaciones que Khomeini incitó apelando a la vocación de martirio de los fieles shiitas. A pesar de que la ley marcial fue suspendida, Khomeini decretó una serie de huelgas escalonadas; la más significativa fue sin duda la del sector petrolero que se mantuvo desde el 31 de octubre hasta la caída del sha, provocando el colapso de la economía con una pérdida de 74 000 000 de dólares diarios.

Las clases altas también asestaron un duro golpe al régimen. Entre octubre de 1978 y enero de 1979 salieron 100 000 personas de Irán con 2.6 billones de dólares. Particularmente escandalosa fue la revelación en la prensa de los nombres de 177 altos funcionarios que, en conjunto, habían sacado del país dos billones de dólares. Entre ellos se encontraba el general Oveissi, el primer ministro Emami y miembros de la familia real. Mientras, el ejército, con 50% de conscriptos que ganaban un dólar diario se desmoralizó.

La élite estaba dividida por la manera de enfrentar la crisis y es significativo el hecho de que el sha, en los últimos meses y debido a lo avanzado de su enfermedad, había perdido la capacidad de dirigir y sólo podía trabajar de dos a tres horas diarias, mismas que perdía en juntas inútiles con los representantes extranjeros de los que buscaba el respaldo. Por su parte, la emperatriz junto con Emami quería establecer un diálogo con los líderes religiosos. Amir Zahedi, embajador en Washington, el general Oveissi y Brzezinsky, además de los monarcas de Jordania y Arabia Saudita, asesoraban la represión a toda costa. Cyrus Vance, por su parte, asesoraba la negociación, mientras que Carter se mostraba perplejo e indeciso.[76]

---

[75] En septiembre de 1978 un reporte de la CIA concluía que el sha permanecería en el poder los próximos 10 años. Este reporte fue hecho incluso tras la masacre de septiembre. Para ese entonces la CIA no tenía una sola copia de las obras de Khomeini ni de sus cintas grabadas. Véase Dilip Hiro, *op. cit.*, p. 12.

[76] Cuando Brzezinsky recomendó al sha reprimir la rebelión, el embajador Sullivan le informó que: "El sha me ha dicho que si usara la fuerza podría detener la revolución tanto como él viviera. Dado que está desahuciado cree firmemente que las fuerzas de oposición reprimidas tarde o temprano se levantarían en contra de su hijo". Véase *ibid*.

En noviembre, Emami fue depuesto y remplazado por el general Azhari que representaba el ala moderada de los militares. En un último intento el sha se dirigió a la nación y dijo que "como sha de Irán y como ciudadano iraní no podía sino aprobar la Revolución".[77] Procedió entonces a exculparse y arrestó a 132 altos funcionarios, incluido Hoveida, acusados de corrupción y represión, con lo que sólo logró alienarse de su propia burocracia.[78]

No bien había tomado estas medidas como gesto de buena voluntad cuando, incomprensiblemente, el 21 de noviembre, el ejército —en un episodio similar al perpetuado por Reza Sha en 1935— provocó una gran masacre en el recinto sagrado de Mashad. Con este acto el régimen firmó su sentencia. No sólo Khomeini condenó al gobierno militar como contrario a la *sharia* sino que hubo deserciones masivas en el ejército y se presentaron gigantescas manifestaciones de 1.5 millones de personas en Mashad, y 2 000 000 en Teherán.[79].

Desde el 18 de noviembre Brezhnev advirtió a Estados Unidos que no interviniera, pues ello obligaría a la Unión Soviética a poner en efecto el Tratado de 1921 que fue la base legal de la intervención soviética durante la Segunda Guerra Mundial. El secretario de Estado, Cyrus Vance, se vio obligado a declarar que Estados Unidos no tenía intenciones de intervenir.[80]

A partir del mes de diciembre lo único que pretendían el sha y el gobierno de Carter era lograr que se estableciera un gobierno moderado. Fue hasta ese momento que Mohamed Reza buscó un diálogo con el Frente Nacional. Sin embargo, los líderes de la clase media habían llegado ya a un acuerdo con Khomeini, quien se hallaba en París. El único miembro de la oposición que se prestó a formar un nuevo gobierno fue Shapour Bakhtiar sin tomar en cuenta la advertencia de Khomeini de que cualquier gobierno ligado a los Pahlevi sería considerado ilegítimo.[81] Por su parte, la Casa Blanca había enviado a Teherán al general Huyser con la misión de disuadir a los generales del ejército de dar un golpe de Estado.[82] El gobierno de Bakhtiar fue efímero, pero le hizo creer al sha que podía abandonar Irán con la esperanza de que volvería, como lo había hecho en 1953, apoyado por los estadunidenses y por su ejército que quedaba virtualmente intacto.

El 13 de enero, Khomeini anunció la creación del Consejo Revolucionario Islámico encargado de convocar a una asamblea constitu-

---

[77] Shaul Bakhash, *The Reign of the Ayatollahs*, Londres, Basic Books, 1986, pp. 16-17.
[78] A. Taheri, *op. cit.*, p. 235.
[79] Cheryl Bernard y Zalmay Khalizad, *Iran's Islamic Republic*, Nueva York, Columbia University Press, 1984, p. 235.
[80] D. Hiro, *op. cit.*, p. 82.
[81] *Ibid.*, p. 80.
[82] *Ibid.*, p. 97.

yente mediante elecciones libres. Al parecer, Khomeini y el Consejo entablaron pláticas con los militares empleando la mediación de Huyser para evitar un intento de golpe militar.[83]

El 1o. de febrero el imam Khomeini llegó a Teherán. Como escribe Mohamed Heikal:

> Si el Imam oculto hubiera realmente aparecido después de once siglos de ocultamiento el fervor popular difícilmente hubiera sido mayor. Alrededor de tres millones de personas se alinearon en las calles de la capital gritando: "El alma de Hussayn ha vuelto", "las puertas del Paraíso se han abierto".[84]

El liderazgo de Khomeini

Tras esta breve reseña de los acontecimientos que condujeron al derrocamiento del sha, cabe analizar los factores que determinaron el liderazgo de Khomeini como representante de la tradición shiita. Para los observadores occidentales resultó sorprendente el comportamiento de la clase media laica, que fue incapaz de asumir la responsabilidad del cambio revolucionario. Uno a uno los diferentes partidos (liberales, nacionalistas, comunistas, maoístas) se fueron entregando a Khomeini y aceptando su liderazgo.[85]

La clase media que en el pasado tanto desconfió y despreció al clero fue la que encendió el movimiento revolucionario. Fueron los grupos de intelectuales y profesionistas los que iniciaron la crítica contra el régimen; los burócratas contribuyeron a paralizarlo. Sin embargo, el sha se rehusó a entablar negociaciones con este sector al que consideró siempre como demasiado débil. En efecto, no sólo había un grave faccionalismo ideológico, como ya se ha señalado, sino que las ideologías que ostentaban los diferentes grupos eran producto de la occidentalización del país y, por tanto, eran discursos ajenos a la comprensión de la gran mayoría de la población.

En cambio, Khomeini supo esgrimir con gran sencillez los argumentos que justificaban el derrocamiento de la monarquía empleando para ello un lenguaje popular del shiismo. En gran medida los iraníes percibieron a la revolución como una lucha contra la dominación externa y, al igual que en ocasiones anteriores, afloró un fuerte sentimiento xenófobo. Como señala Ervand Abrahamian, existe en la cultura política de Irán una muy arraigada idea de que los acontecimientos internos son manipulados desde el exterior en perjucio del

---

[83] *Ibid.*, p. 87.
[84] *Ibid.*, p. 90.
[85] Sh. Arani, *op. cit.*, p. 14.

país. Aun el sha, casi hasta el último momento, acusó a Carter, a Gran Bretaña y a la Unión Soviética de ser los autores intelectuales de la revolución. La oposición, por su parte, acusaba al sha de ser un "títere" en manos de Estados Unidos, instalado en el trono por los estadunidenses y trabajando para ellos, entregándoles las riquezas del país. Al respecto, debe recordarse que si bien Irán no llegó a ser formalmente una colonia fue objeto de las constantes disputas imperialistas de las potencias occidentales del siglo XIX y sufrió continuas intervenciones y humillaciones. Nunca pasó por un proceso formal de "independencia nacional", como otros tantos países del Tercer Mundo, que le significara una emancipación, al menos psicológica, del enemigo externo que permanecía "invisible" y siempre al acecho.[86] Gran parte de la retórica de Khomeini estuvo dirigida precisamente a exacerbar estos sentimientos y enfocarlos contra el sha, contra Estados Unidos, Israel y, posteriormente, contra Iraq.

Otro aspecto fundamental para comprender el carisma de Khomeini fue su propia imagen pública.[87] Su vida de disciplina espartana, su austeridad y su negativa a establecer el más mínimo compromiso desde que, a la muerte de los ayatollahs Borujerdi y Kashani, a principios de los sesenta, se convirtiera en el principal crítico de la monarquía. "En un periodo notorio por la presencia de políticos oportunistas, cínicos, corruptos y traicioneros la fe inquebrantable de Khomeini aparecía como lo único consistente y digno de ser tomado en serio.[88]

Así pues, Khomeini tuvo la sagacidad y el carisma para unir a todas las fuerzas sociales que el propio sha se había encargado de alienar de su régimen y que buscaban derrocarlo. Supo convertirse en "campeón de todas las causas" ya que mantuvo un prudente silencio en torno a los principales y más controvertidos temas políticos y sociales: la democracia, la reforma agraria, la mujer, el papel del clero en la política. De esta forma, el bazaar lo apoyaba por los tradicionales vínculos que lo unían con el clero y porque Khomeini defendía los valores islámicos entre los que se encontraba el respeto a la propiedad privada. La clase media moderna lo consideró un nacionalista romántico y, ante todo, un hombre sin intereses propios o de grupo.

---

[86] Ervand Abrahamian, *Iran between two Revolutions*, Princeton, Princeton University Press, 1982, p. 533.

[87] Su preocupación por mantener su imagen de austeridad llegaba al extremo de que una de sus primeras órdenes, a su regreso a Teherán, fue que sólo se difundieran las fotos que él mismo aprobara; rechazó dos particularmente: una lo mostraba con anteojos —lo que le daba una apariencia de frágil— y la otra lo mostraba sonriente: "La tradición islámica dice que Mahoma nunca sonrió y despreciaba a los que lo hacían por considerarlos disolutos." Véase A. Taheri, *op. cit.*, p. 242.

[88] E. Abrahamian, *op. cit.*, pp. 531-532.

Pero al igual que el sha, la clase media moderna no pudo concebir la política y el Islam sino como cosas separadas y distintas. Los trabajadores consideraron a Khomeini como un defensor de la justicia social y los desheradados como un redentor.[89]

Pero Khomeini hizo algo más que reunir o permitir que la oposición al régimen se aglutinara en torno a él. Supo dirigirla y encauzarla contra el sha, valiéndose de una serie de tácticas cuidadosamente seleccionadas por él.

¿Cuáles fueron las más importantes de estas tácticas?

Las tácticas de Khomeini

En primer lugar destaca la habilidad para politizar los acontecimientos religiosos, algo esencial en la visión integrista del Islam. Khomeini logra encauzar las reivindicaciones políticas, los agravios sociales y económicos a través del discurso religioso, y enfrenta a la población con el régimen exaltando los profundos sentimientos de martirio que el shiismo, a lo largo de siglos, había imbuido a la población.

El ritual dramático central en el shiismo (la conmemoración de la Tragedia de Kerbala) dura prácticamente todo el año. Esto es más claro en el mes de ramadán[90] que a diferencia del festejo sunnita se dedica principalmente a conmemorar a Alí, cuarto califa, y a exaltar el modelo paradigmático de la "Sagrada Familia" del Profeta.[91] Este énfasis del shiismo en la conmemoración casi obsesiva de Kerbala se debe, paradójicamente, a los monarcas Safavidas que, de esta forma, trataron de imbuir a la población iraní de un fuerte resentimiento hacia la institución del califato sunnita, representada por sus enemigos los turcos otomanos. Sin embargo, como se explicó en el primer capítulo, el "entreguismo" de los Qayar a las potencias europeas y su consecuente deslegitimación de la institución monárquica llevaron a los ulama a enfocar internamente la crítica política del shiismo y esto se acentuó mucho más bajo los Pahlevi con su clara tendencia secularizadora.

De esta forma el "drama social" de 1977-1979 de hecho había tenido ya varios ensayos, si bien parciales, pues en él no estuvieron representados todos los actores como en el final. Así, recordamos los movimientos de 1906 a 1911, el de 1951-1953 y el de 1961-1963. A lo largo del proceso revolucionario se invocaría la Constitución de 1906

---

[89] D. Hiro, p. 98.

[90] Noveno mes del año lunar que, por ende, cae en diferentes estaciones. Durante este mes se celebra la primera revelación del Corán a Mahoma y se observa un riguroso ayuno que culmina con la fiesta del rompimiento del ayuno.

[91] M. Fisher, p. 172.

que los Pahlevi habían reducido a letra muerta, se reivindicaron los ideales democráticos y nacionalistas de Mossadeq y se impugnaron las masacres de 1963. Pero como señala Michael Fisher, en última instancia, se revivió el Paradigma de Kerbala después de más de un milenio. Los shiitas, bajo la dirección de Khomeini, pasaron de una conmemoración pasiva, ritualizada y, ante todo, derrotista y fatalista de la muerte a traición de Hussayn a manos del califa Yazid y de una espera melancólica y resignada de la vuelta salvadora del doceavo Imam, a una actitud agresiva, vengativa contra el nuevo Yazid, el sha Mohamed Reza Pahlevi y a la aclamación del nuevo Imam, Khomeini. Este cambio de actitud de una sociedad hacia sus propias tradiciones es característico de los movimientos mesiánicos.[92]

Durante los meses que duró el proceso de la revolución culminó la politización del shiismo que los ulama habían fomentado por más de un siglo manteniendo viva en la población la conciencia de la ilegitimidad de la monarquía y denunciando sus afrentas al Islam. Las procesiones religiosas se convertían en manifestaciones de protesta contra el régimen en las que se aglutinaban todos los sectores e ideologías de la sociedad iraní. Los manifestantes gritaban consignas en las que se empleaba el lenguaje del Islam (y no el del marxismo); frecuentemente iban vestidos de blanco y desarmados, demostrando así su voluntad de martirio. La desmoralización del ejército fue casi automática y, constantemente, la infantería se volvió contra los oficiales.[93] La mayor paradoja fue que aun siendo el sexto ejército del mundo no estaba preparado ni para pelear en las calles contra su propia población ni para desobedecer al Islam. Era un ejército para imponer la hegemonía iraní en la región y no una fuerza policiaca. (Ésta era realmente muy deficiente, contaba en sus archivos centrales con el registro oficial de sólo 5 000 huellas digitales para una población de 3 000 000 de personas.) Sorprendentemente, no había un arsenal antimotines, pues el régimen sólo contaba con una cantidad mínima de gas lacrimógeno, además tuvo que pedir a Gran Bretaña balas de plástico que llegaron cuando Khomeini ya estaba instalado en el poder.[94] Las unidades especiales de la policía, entrenadas en Taiwan y

---

[92] *Ibid.*, pp. 181-183.
[93] El aparato represivo del sha era tan vasto que parecía invencible. Las fuerzas armadas imperiales de las que él era el comandante supremo, sumaban cerca del medio millón con el equipo militar no nuclear más sofisticado del mundo. Había, además, la gendarmería rural de 75 000 hombres y, en las áreas urbanas, una fuerza policiaca de 65 000 hombres. Estaba también la SAVAK, presidida por el general Masiri y el Inspectorado Imperial dirigido por el general Fardoust. Se estimaba que la SAVAK contaba con medio millón de informantes y trabajadores de medio tiempo. Véase A. Taheri, *op. cit.*, p. 184.
[94] *Ibid.*, p. 236.

Corea del Sur eran reconocidas como un "club" para las artes marciales orientales, pero no estaban preparadas para luchar contra los *mullahs* en las calles de Qum.[95].

Khomeini, había dado órdenes terminantes a Mottaheri de evitar en lo posible el enfrentamiento armado con las fuerzas represivas, a pesar de que contaba con un importante contingente de guerrilleros entrenados en Libia, Líbano y Yemen del Sur.[96] Khomeini luchaba por ganar las mentes y los corazones de los iraníes apelando a los valores del Islam amenazados por el sha. En sus instrucciones a Mottaheri dejaba bien claro que el movimiento debía ser en nombre exclusivamente del Islam y delineaba su estrategia. El primer paso era destruir la escasa legitimidad del régimen. En gran parte, su ineficacia para administrar la riqueza petrolera y la misma crisis económica habían ganado para el imam buena parte del camino.

Era muy importante demostrar a la población que el sha era un monarca "extranjero" haciendo correr versiones de sus vínculos con los sionistas, "los adoradores de la cruz" y los bahais para presentarlo como traidor al Islam y al país. El sha, su familia y sus colaboradores eran acusados de los peores crímenes contra la moral musulmana. (El sha fue acusado de haberse convertido al judaísmo, su hermana de haberse convertido al catolicismo —lo cual era cierto—, su primer ministro era un bahai, y todo esto, sin contar las acusaciones de sumisión a Estados Unidos e Israel.) Los miembros del clero eran los encargados de esparcir estos rumores con la justificación de que "todos los medios son lícitos para el servicio de Allah".[97] Además de destruir la imagen religiosa, moral y política del régimen, Khomeini hizo uso de su poder como *marja e taqlid* (fuente de imitación para los fieles) ordenando la desobediencia civil, igual que otros líderes religiosos antes que él lo habían hecho. Así, los fieles debían sacar su dinero de los "bancos satánicos", no pagar impuestos, no entrar en el ejército, no asistir a clases, no acatar las leyes, etc. De estas disposiciones empezaron a emerger los comités ciudadanos que empezarían a asumir paralelamente las funciones del Estado. Asimismo, Khomeini ordenó la preparación de una nueva edición de su libro *Gobierno islámico* en el que se eliminaron todos aquellos puntos que pudieran herir susceptibilidades o antagonizar con algunos grupos políticos, especialmente de la clase media moderna la cual, sin embargo, no tomó en serio la ideología propuesta por el imam.[98] En todos predominaba la imagen de sí mismo que Khomeini se empeñaba en proyec-

---

[95] *Ibid.*
[96] *Ibid.*, p 196.
[97] *Ibid.*, p 194.
[98] *Ibid.*, p. 197.

tar. En sus propias palabras se presentaba como "un sirviente", "un don nadie", "un anciano en sus últimos días". El embajador estadunidense en Naciones Unidas, Andrew Young, lo describía como un santo del siglo XX.

En realidad, Khomeini y sus seguidores empleaban una serie de tácticas tradicionales en el liderazgo shiita, resultado de siglos de enfrentamiento y persecución por parte de los poderes terrenales. De estas prácticas, la principal es la del *Khod'eh*, es decir, engañar al enemigo sobre verdaderas intenciones de uno y su verdadera forma de pensar. Khomeini no decía mentiras, pero sí medias verdades o, sencillamente, no se pronunciaba sobre algunos temas. En 1984 aceptaría haberla empleado para engañar a los enemigos del Islam. Un ejemplo claro de esta actitud son las mujeres a las que, en repetidos discursos, prometió conservarles el *status* alcanzado en la sociedad; otro ejemplo, la promesa de mantener la libertad de prensa, o sus pronunciamientos ambiguos en torno al orden democrático.

La práctica del *taquieh* o disimulo fue frecuente entre los lugartenientes de Khomeini. Baste recordar que en 1977, Irán tenía alrededor de 85 000 *mullahs* y *talabehs* (estudiantes). De éstos, 20 000 estaban empleados por el Ministerio de Educación y, entre ellos, se encontraban Mottaheri, Beheshti y Bahonar quienes, además, colaboraban en la elaboración de los textos oficiales para el gobierno.

De entre los *mullahs* de alto rango bastaron 75 adictos a Khomeini para movilizar a la población, valiéndose de la gran cantidad de asociaciones de tipo gremial tradicionales que persistían en la sociedad iraní: gremios comerciales y de oficios, *dowrehs* o círculos de amigos, asociaciones regionales o étnicas, *sanduqs* o fondos comunitarios, sin contar los ya mencionados *hayats* y otras asociaciones religiosas. "Tomadas en conjunto, estas organizaciones tradicionales cubrían a casi toda la sociedad iraní. Sólo una parte mínima de la sociedad 'moderna' quedaba fuera, aislada (poniendo énfasis en el individualismo). En las ciudades y en la capital era virtualmente imposible para el individuo permanecer fuera de esta red de organizaciones. El Islam acentúa así la vida comunal a expensas del interés individual."[99] La red de asociaciones comunitarias giraba en torno de las religiosas: mezquitas, *hayats*, *mahdiehs* y *hosseiniehs*.[100] Al igual que las procesiones religiosas estos centros, aun bajo la vigilancia suspicaz de la SAVAK, podían transformarse en una red de cuarteles para la oposición política. La gran mayoría de ellos era controlada por Mottaheri y sus allegados.

[99] *Ibid.*, p. 192.
[100] Mahdiehs y hosseiniehs son edificios con un gran patio empleado para oraciones y como velatorio.

Gran parte de los líderes religiosos simulaba cooperar con el régimen, así, no debe sorprender que Mottaheri participara en la Academia Imperial de Filosofía de Farah Diba y, más tarde, participara en el Consejo de Regencia a petición del propio sha cuando éste se disponía a abandonar el país. Beheshti trabajaba para la SAVAK y Tabataba'i en el Ministerio de Asuntos Religiosos.[101] Con la misma táctica, Ibrahim Yazdi simuló compromisos con los estadunidenses, alemanes e israelíes poco antes de la caída del sha.

El propio Khomeini hizo de su exilio en París —luego de que el gobierno de Iraq, respondiendo a la petición del sha, lo obligara a abandonar su refugio de Najaf— algo sumamente provechoso. Aconsejado por sus asesores, Yazdi, Quetzabdeh y Beni Sadr, decidió que, a pesar de su repudio a Occidente, era necesario atraerse sus simpatías y comenzó a reducir sus ataques a Estados Unidos e Israel y a concentrarse en los Pahlevi. En cuatro meses el ayatollah ofreció 132 entrevistas y recibió a cerca de 10 000 iraníes. Giscard D'Estaing se convirtió en uno de sus admiradores e influyó en los aliados occidentales para que se decidieran en favor del cambio de régimen en Irán.[102]

Fue también desde París que el ayatollah, probablemente por sugerencia de Beheshti, logró una de las más espectaculares maniobras que por sí sola habla de la naturaleza de la Revolución Iraní. En un momento de crisis como el que vivía Irán, Khomeini supo exacerbar el profundo mesianismo arraigado en las creencias populares shiitas. A través de sus allegados esparció el rumor de que su rostro aparecería en la luna llena del 27 de noviembre. El fenómeno de histeria colectiva hizo víctima incluso al partido comunista Tudeh que comentó en su periódico la veracidad del hecho. Los grandes ayatollahs en Qum reaccionaron con furia ante la audacia de Khomeini que, con este acto, pretendía arrogarse la calidad de Imam esperado.[103] Ante todo, el hecho probó las dimensiones del carisma de Khomeini. Este acto confirmó el arrastre de Khomeini que ya había quedado de manifiesto un año antes cuando, a raíz de la muerte de su hijo Mustafá, se produjeron las primeras grandes manifestaciones con el pretexto de sus funerales. (En esta ocasión destacó, en particular, la solidaridad del alto clero con Khomeini, así como la de 150 líderes mossadequistas y los actos de repudio al régimen perpretados por la guerrilla.) Todos culpaban a la SAVAK y al sha de la muerte del hijo de Khomeini. Desde ese momento comenzó a delinearse claramente el patrón de la lucha que establecería el imam. La gente se reunía con motivo de la celebración de alguna de las numerosas festividades del shiismo o, so-

---

[101] *Ibid.*, pp. 229-230.
[102] *Ibid.*, p. 228.
[103] *Ibid.*, p. 238.

bre todo, en las ceremonias luctuosas que se repetían cada 40 días. Luego del festejo religioso la gente salía a las calles a atacar los "sitios de pecado" —cines, cafés, bancos, escuelas femeninas—, desafiaban a las fuerzas del orden, los bazaares eran cerrados en señal de duelo y, en los choques y enfrentamientos, generalmente se producían nuevas víctimas, nuevos mártires que mantenían en aumento la tensión mientras el régimen se veía orillado a actuar cada vez con más desesperación.[104] Lo más sorprendente, sin duda, fue que mientras Khomeini y sus lugartenientes dirigían el movimiento (el ayatollah se valía de cientos de casetes en los que incitaba a la rebelión y que enviaba desde Iraq a través de los peregrinos iraníes) el régimen se empeñaba en considerarlos como meros instrumentos en manos de los mossadequistas, los comunistas y los guerrilleros, al grado de que, durante 1978, de 10 000 personas arrestadas, incluido el septuagenario líder mossadequista Karim Sanjabi, por demostraciones y sabotajes, sólo dos eran *mullahs*. Como señala Taheri, fue hasta las últimas semanas, cuando era ya demasiado tarde, que la Corte llegó a establecer un consenso con respecto al verdadero liderazgo de Khomeini y a las dimensiones de su organización dentro de Irán.[105]

El pensamiento de Khomeini

Como se señaló, Khomeini logró aglutinar a todas las fuerzas de oposición pero, al menos durante el movimiento revolucionario, pocos se preocuparon por estudiar su pensamiento, y menos aún por tomarlo en serio. Sin embargo, Khomeini estaba lejos de ser un mero símbolo viviente. Tenía una estrategia definida para derribar a los Pahlevi y, más importante aún, tenía un proyecto alternativo que ofrecer a Irán y que iba más allá de un regicidio.

Khomeini nació el 24 de septiembre o el 9 de noviembre de 1902 en el pueblo de Khumayn. Estudió bajo la guía del ayatollah Shirazi, uno de los líderes de la Revuelta del Tabaco. En 1941 publicó algunas cartas en las que atacaba a Reza Sha por su política prooccidental y, dirigiéndose a los ulama, los prevenía contra el nuevo sha, Mohamed Reza, por considerar que continuaría la política de su padre atacando la institución religiosa. En particular criticaba a los reformistas islámicos como los más peligrosos. Su preocupación por mantener la ortodoxia y evitar que el Islam se contaminara con otras ideologías queda expresada en su primer libro *Los secretos expuestos*. De especial interés es su opinión, en esta obra, sobre el valor de la Ley islámica. Como *mujtahid*, Khomeini poseía licencia para practicar el *ijtihad*,

---
[104] *Ibid.*, p. 182.
[105] *Ibid.*, p. 198.

esto es, la interpretación del Corán. Haciendo uso de esta prerrogativa llama al establecimiento de un gobierno islámico en el que el régimen de derecho sea el del Corán bajo la vigilancia de los juristas religiosos (faquí). De hecho Khomeini recordaba la famosa cláusula de la Constitución de 1906 que preveía la existencia de un Consejo de Guardianes encargado de vigilar el carácter islámico de las leyes votadas en el Parlamento pero que prácticamente nunca se puso en efecto. Sin embargo, Khomeini no habla de derrocar a la monarquía —aunque este punto que cambiaría radicalmente años después así nos dice—: "Ningún jurista ha dicho, ni está escrito en ningún libro, que seamos (los *mujtahid*) reyes o que la soberanía nos corresponda por derecho."[106]

La amarga experiencia de la lucha contra la Revolución Blanca le hizo cambiar definitivamente su punto de vista sobre la legitimidad mínima que aún reconocía en la monarquía. Una serie de seminarios dictados en su exilio sobre "la custodia del jurista" se convertiría en su *Gobierno islámico*. El gobierno islámico, dice Khomeini, "es el gobierno del pueblo mediante la aplicación de la Ley Divina". Sólo Dios es el "Gran Legislador", el Único, así es que en lugar suyo habrá un "consejo de planeación" que coordinará a los ministerios. No obstante la cabeza del gobierno será un jurista (*faquí*, un experto en el conocimiento de la Ley Divina); "los juristas —dice un adagio— gobiernan sobre los sultanes". El jurista, o consejo de juristas, no usurpa el poder del Profeta ni el de los Imames pues no puede pretender poseer sus virtudes espirituales. No está exento de corrupción, no puede pretenderse por encima de otros juristas y no puede nombrar sucesor. Este retrato del jurista, sin embargo, no coincidirá con los poderes que le son atribuidos en la Constitución de 1979.[107] El otro punto revolucionario de su libro es el énfasis en demostrar el carácter político y social del Islam dejando a un lado su aspecto religioso y ritual.

> El Corán contiene muchos más versos relativos a los problemas sociales que a los aspectos devocionales. . . Nunca se diga que el Islam se compone de unos cuantos preceptos referentes a las relaciones entre Dios y su creación. ¡La mezquita no es la Iglesia!. . . [las leyes de Dios] regulan toda la vida del individuo desde su concepción hasta su muerte. . . ¡La Ley islámica es progresista, perfecta y universal![108]

De esta forma Khomeini pretende denunciar la conspiración occidental que se empeña no sólo en dividir políticamente a los musulmanes, sino en destruir el carácter integrista del Islam. Éste no basa su

---

[106] Edward Mortimer, *Faith and Power*, Londres, Faber & Faber, 1982, p. 325.
[107] *Ibid.*, p. 328.

concepción del gobierno en la tiranía, el republicanismo o el constitucionalismo, todos ellos surgidos de las mentes humanas, sino en la Ley Divina. Dicha ley es eterna y perfecta y tiene vigencia desde el momento de su revelación a Mahoma hasta el día del Juicio Final. El hombre sólo debe preocuparse por ver que se cumpla dicha ley. Por lo tanto, son perfectibles tanto la sociedad como el individuo.[109]

El otro argumento central en la obra de Khomeini se refiere al derecho del faquí a gobernar. El problema de la legitimidad de los gobiernos en el Islam deriva, en última instancia, de la muy controvertida sura coránica (Sura Nisa: 62) que dice: "Oh, ustedes que tengan fe, obedezcan a Dios, obedezcan al Profeta y a aquellos que dictan las órdenes." ¿Quiénes son estos últimos? Para el sunnismo se trata del califa o el sultán, el gobernante del momento, siempre que sea respetuoso del Corán; para los shiitas se refiere exclusivamente a los Imames. Si bien es cierto que el duodécimo Imam no designó un representante, antes de entrar definitivamente en ocultamiento dictó por algún tiempo disposiciones a través de cuatro expertos juristas, de donde deriva la tradición de que son los *mujtahids* los indicados para guiar a la comunidad shiita.[110] Ante todo, Khomeini retoma esta idea e introduce el concepto del imamato continuo a cargo de los *mujtahids*. En ausencia del Imam no debe dejar de observarse la Ley.

> Han pasado cientos de años desde su ocultamiento, y tal vez pasarán otros cientos de miles más antes de que reaparezca. ¿Qué será de las leyes islámicas durante todo ese tiempo? La sabiduría de Dios no puede limitarse a un tiempo y lugar determinados por lo tanto. Hasta el fin de los tiempos se requiere de un imam que mantenga el orden y la observancia de la Ley islámica.[111]

De la misma manera Khomeini se rebela contra ciertas visiones tradicionalmente apolíticas y quietistas del shiismo. Habla del Imam Husno como de un mártir, sino como de un rebelde heroico que supo enfrentarse a la tiranía e injusticia de un gobierno monárquico y dinástico usurpador. Para Khomeini todo acto ritual —desde la oración cotidiana hasta el peregrinaje a la Meca— son actos políticos. Es obligación de los ulama poner fin a la injusticia y buscar la felicidad de los fieles. Los ulama no sólo deben denunciar, deben dirigir a los fieles en la lucha contra el orden injusto.

La lucha debe ser violenta y no violenta. La primera se justifica porque "la muerte es mejor que una vida de humillaciones . . . no hay

---

[109] Assaf Hussein, *op. cit.*, p. 66.
[110] M. Fisher, p. 88.
[111] *Ibid.*, p. 151.

otro camino que el de la guerra y el martirio para lograr el honor y la gloria".[112] La lucha no violenta se refiere a la no cooperación con el régimen, creando además instituciones autónomas alternativas a las gubernamentales.

En la perspectiva de Khomeini el gobierno islámico no es sólo para los shiitas sino para todos los musulmanes. El abandono de la ley islámica ha afectado a la "nación musulmana" por entero, la ha hecho víctima del imperialismo y de los vicios decadentes de la occidentalización, es, por tanto, deber del gobierno islámico, dondequiera que se establezca, luchar por restaurar la unidad de la *umma*, de la comunidad musulmana.[113]

La tesis central de Khomeini es simple: todo el poder es de origen divino y conceptos tales como el de soberanía nacional son absurdos y heréticos. Allah sólo transmite su poder a los profetas que ponen en efecto la Ley Divina eterna. Allah ha enviado 124 000 profetas, de ellos, sólo algunos han tenido la misión de gobernar —Moisés, Salomón, David e incluso Jesús—, el último fue Mahoma y la serie de Imames. A falta de un enviado de Allah, el ejercicio del poder corresponde a un custodio, el faquí, quien sólo puede asumir ciertas funciones. El debate dentro del shiismo acerca del alcance del papel político de los *mullahs* se mantuvo latente por mucho tiempo, y los ayatollahs anteriores a Khomeini que lo abordaron mantuvieron una posición ambigua. Sin embargo, al menos un escritor medieval, Kashef al-Ghita, interpreta la custodia del faquí en el sentido de una función política de gobierno; mientras que el Sheikh Ansari, en el siglo XIX, restringe el concepto de custodia sólo para ser ejercido sobre los individuos incapacitados de una sociedad. Al llegar al poder Khomeini y plantear la cuestión del gobierno del faquí el debate volverá a suscitarse dividiendo al clero.[114]

En este sentido, otro concepto clave en el pensamiento político de Khomeini es el que toma de su amigo Musa Sadr, líder shiita y fundador del grupo Amal en Líbano. Tanto Sadr como Khomeini dividen a la sociedad musulmana en dos grandes grupos cuyos nombres pueden interpretarse como los del rebaño y los poderosos. Los primeros son la gran masa de iletrados que viven en la miseria, los desposeídos; los segundos, verdaderos representantes del mal, explotan a los miserables. De ahí se deduce que sólo el conocedor de la ley islámica puede remediar la situación actuando como custodio de los miserables. Khomeini, pues, propone un gobierno para el pueblo, pero no por el pueblo, que carece del divino conocimiento y de la soberanía para ha-

---

[112] E. Mortimer, *op. cit.*, p. 327.
[113] *Ibid.*
[114] A. Taheri, *op. cit.*, p. 163.

cerlo. El gobierno hierocrático de Khomeini es patriarcal. El faquí es el padre que guía a los niños. "Desde el punto de vista de sus obligaciones y posición, la custodia de la nación no es diferente de aquella que se impone a los menores de edad."[115] Según el propio Khomeini hay dos salvaguardias para evitar una custodia tiránica: una es la integridad moral y el conocimiento religiosos, características inherentes al faquí, y la otra es el hecho de que coexisten varios faquíes que no pueden ser designados ni removidos entre sí, ya que no hay un orden jerárquico. En la práctica hay muchas interrogantes, pues de acuerdo con el propio Khomeini, en asuntos religiosos, todos los faquíes son iguales, pero en asuntos de gobierno el que ejerce la custodia tiene la última palabra.[116]

La tríada de la Ley Divina, gobierno islámico y custodia del faquí se une para formar las bases de un gobierno ideal. No obstante, su propuesta no fue aceptada especialmente entre los altos miembros del clero. Una de las principales críticas proviene de M. Khawhad Maghniya (libanés) que goza de gran prestigio entre el clero shiita. Él rechaza la versión khomeinista del *vilayet-e-faquí* porque, en su opinión, confunde a un jurisconsulto, un hombre común y corriente, con el Imam infalible e iluminado. De acuerdo con el Corán, ningún hombre puede ejercer la custodia o vigilancia sobre otro, salvo en los casos indicados por el propio Corán. El faquí tan sólo está autorizado para estudiar el Corán y darlo a entender a los fieles aplicando sus leyes; en cambio, el Imam es un guía enviado por Dios con la función explícita de ejercer la custodia de la comunidad. Khomeini se anticipó a estas críticas, así como a las dudas sobre la competencia técnica de los ulama en atender los asuntos de la administración pública y del gobierno. Él parte de la interpretación de que los ulama son los únicos lugartenientes posibles del Imam tanto en el aspecto político como religioso. Refiriéndose a los gobernantes seculares dice:

> ¿Cuál de ellos está mejor calificado que cualquier persona ordinaria? Muchos no están siquiera educados. ¿Dónde se educó el gobernante de Hedjaz? [Arabia Saudita], Reza Khan era un analfabeto... Muchos gobernantes autocráticos carecían de competencia para administrar a la sociedad y guiar a la nación así como de conciencia o virtudes. Los faquíes, dice, saben administrar la justicia y en cuanto a los requerimientos científicos y técnicos pueden valerse de expertos en esos asuntos.[117]

---

[115] Hamid Enayat, "Iran: Khumayni's Concept of the Guardianship of Jurisconsultant" en J. Piscatori (ed.), *Islam in the Political Process*, Cambridge, Cambridge University Press, 1984, p. 170.

[116] *Ibid.*, p. 173.

[117] *Ibid.*, p. 170.

Para Khomeini el problema de la competencia es realmente secundario cuando el imperativo es salvar de las injusticias al Islam y a la comunidad. "Proteger al Islam es una obligación imperativa más que rezar y hacer ayunos." Hablando a los *mullahs* dice:

> Es esencial para ustedes enseñar los rituales pero, lo realmente importante, son los problemas políticos, económicos y legales del Islam. . . la oración comunitaria; el peregrinaje, por ejemplo, tiene implicaciones política, moral y doctrinal. El Islam diseñó estas reuniones para que los musulmanes [discutan] y encuentren soluciones a los problemas sociales y políticos que los aquejan.[118]

El abandono de la ley islámica es la causa de la corrupción de las sociedades musulmanas y de las afrentas y derrotas sufridas de manos de Israel. "Si los musulmanes hubieran aplicado la ley y si los gobiernos islámicos se hubieran preparado llamando a una gran movilización, los sionistas nunca se hubieran atrevido a ocupar nuestras tierras. . ."[119] Finalmente, Khomeini hace un llamado a la revolución contra la hegemonía imperialista y contra los gobiernos traidores al Islam. "Éste es un deber que todos los musulmanes tienen de crear una Revolución Islámica triunfante", éste es un *yihad*, una guerra santa, contra el infiel. El carácter militante que Khomeini imprime al Islam tiene su sustento último en el propio Corán.[120] Movimientos integristas anteriores al de Irán, como la Hermandad Musulmana de tiempos de Násser, frecuentemente sacan a relucir las suras: S 21:105, S 10:49, S 7:34, S 13:11, S 5:44, S 4:95, donde se encuentran pasajes como los siguientes:

> Dios ha prometido a cada uno una recompensa y Dios prefiere a los que luchan que a aquellos que se sientan en su casa a esperar (S 4:95); El que no gobierna guiado por lo que Dios ha revelado es un no creyente (S 5:44); Para cada nación hay un tiempo. Cuando el tiempo venga ellos no podrán ni retrasarlo ni adelantarlo. . . (S 10:49:34); No permitan que los creyentes tomen como amos a los no creyentes prefiriéndolos a los creyentes (S 5:44).

Los gobiernos musulmanes que pretenden modernizarse y occidentalizarse se han organizado con base en formas, leyes e institucio-

---

[118] *Ibid.*, p. 169.
[119] E. Mortimer, *op. cit.*, p.327.
[120] Ivonne Yazbeck, "The Quranic Justification for an Islamic Revolution: The View of Sayyic Qutb", en *Middle East Journal*, vol. 37, núm. 1 (invierno de 1983), p. 29.

nes ajenas al Islam: "Los gobiernos no entienden a sus pueblos. Las relaciones entre gobierno y nación son de enemigo a enemigo."[121] Por lo tanto, el gobierno alienado y corrrompido debe ser destruido y remplazado por uno guiado por el faquí que garantice la aplicación de la ley islámica. Los gobiernos no deben ser un fin en sí mismos, sino que deben constituirse para aplicar la sharia y enfrentar las necesidades de la comunidad. El gobierno islámico es constitucional en el sentido de que el Corán y la Sunna son la pauta para gobernar. El faquí asume tres funciones: *1)* salvaguardar el interés de los desheredados aplicando la ley; *2)* el faquí vigila las propiedades religiosas y dirige las cortes de sharia; *3)* el faquí guarda la armonía y los valores de la umma.

El libro y declaraciones de Khomeini dejan sin resolver muchos problemas que serán causa de debates y discusiones al triunfo de la revolución. En particular causarían una gran polémica en la redacción de la nueva Constitución el concepto de soberanía, los alcances del poder del faquí, la intervención directa de los mullah en el gobierno, la islamización de la economía, la educación y las costumbres.

Anexos

1. Donaciones en efectivo a los santuarios (millones de rials en precios corrientes)

Año	Consumo nacional (sector privado)	Índice	Santuario en Mashhad	Índice	Santuario en Abd al-'Azim (cerca de Teherán)	Índice
1347.89 (promedio) (Marzo 1968-Marzo 1971)	469 800	100	19.9	100	12.0	100
1350 (1971-1972)	554 800	118	24.4	123		
1351 (1972-1973)	663 700	141	34.5	174		
1352 (1973-1974)	818 500	174	79.4	400		
1353 (1974-1975)	1 127 700	240	105.5	531	48*	400*
1354 (1975-1976)			123.3	620		

* Promedio aproximado para los tres años; la cifra exacta no aparece en la fuente. Obsérvese que con la prosperidad la propensión a ofrecer donaciones en efectivo a los santuarios es dos veces mayor que la de otro tipo de gastos.

Fuentes: Najafi, 1976, pp. 156-157; *Salnameh-ye Amari*, 1353, 1976, p. 537.

[121] E. Hamid, *op. cit.*, p. 174.

2. Número de mezquitas

	Teherán			Total de pueblos iraníes		
Año	Mezquitas	Cines	Número de mezquitas por cada 10 000 construcciones	Mezquitas	Cines	Número de mezquitas por cada 10 000 construcciones
1340 (1961-1962)	293	—	—	—	—	—
1341 (1962-1963)	—	—	—	3 653	—	27.4*
[1349-1350 (1970-1972)]	—	[124]	—	—	—	—
1351 (1972-1973)	700	—	14.7	—	—	—
1352 (1973-1974)	909	122	18.6	5 389	424	29.5
1353 (1974-1975)	—	113	—	—	430	—
1354 (1975-1976)	1 140	—	22.6*	—	—	—

Basado en proyecciones del número total de unidades de construcción para el año, desde el anterior o para años posteriores.

Fuentes: Najafi; 1976, pp. 154-155; *Salnameh-ye Amari*, 1353, 1976, pp. 163-331; *Amar-e-Montakhab*, 1973, p. 60.

III. EL GOBIERNO ISLÁMICO

La Revolución Iraní es el ejemplo más dramático de la expresión política del Islam en los años recientes. La larga trayectoria de oposición del clero shiita a la monarquía y su gradual politización giran en torno de un argumento central que es la violación de la sharia, del ordenamiento divino; el clero se levanta en defensa de la sharia y clama por el establecimiento de un régimen acorde con las disposiciones del sistema.

El Islam, juega un triple papel simultáneo: es a la vez ideología de lucha, religión y directriz para el establecimiento de una utopía social conforme a un orden divino prestablecido.

En este sentido, cabe dar una breve explicación de esta triple dimensión del Islam integrista.

a) El Islam como ideología: en cuanto a la preocupación por definir al Islam como ideología, nos dice Manuel Ruiz, no parece haber acuerdo ni entre los mismos musulmanes ni entre los estudiosos del Islam. Un número mayor se inclina más bien por negar tal identificación. Ideología es un concepto relativamente nuevo, relacionado con el idealismo alemán, y que suele tener diversos significados. Así, se le usa en oposición a la ciencia y a cualquier teoría científica. En relación con la verdad, una ideología no muestra especial interés por ella, por lo que, en muchas ocasiones, raya en la utopía. Una ideología puede presentarse como un cuerpo de principios absolutos; sin embargo, la mayoría de las veces, las ideologías no son sino instrumentos, principios o inducciones que se supone pueden resolver problemas o situaciones de crisis y ser después suplantadas por otras, luego de cumplir su propósito. (En modo alguno, puede decirse lo mismo de una religión que se supone posee un valor permanente.)

El Islam como ideología, sería un cuerpo de doctrinas o políticas, un instrumento que sirve para ofrecer cohesión a un Estado que, de otro modo, sería una sociedad dispersa. "En conclusión, podría decirse que hay ideologías inspiradas en el Islam, pero admitir que el Islam mismo sea una ideología nos parece difícil de aceptar."[1]

---

[1] Manuel Ruiz Figueroa, *El Islam responde*, México, FCE, 1974, p. 18.

b) El Islam como religión: igualmente, señala Ruiz que al definir el Islam como una religión:

> Podemos decir mucho o podemos decir muy poco. . . En efecto, religión es uno de esos términos (como el de ideología) que se aplica a fenómenos tan disímiles como un conjunto de ritos entre los pueblos primitivos o prácticas altamente desarrolladas y racionalizadas. . .[2]

La religión es el punto de contacto y expresión de una realidad última (como quiera que se le conciba) y la expresión de ese contacto y experiencia. Tal expresión puede señalarse en tres niveles: intelectual o doctrinal, que es aquel cuya formulación oscila entre la absoluta simplicidad o las más altas especulaciones metafísicas; el nivel práctico, que incluiría una gama enorme de ritos, y el nivel social, en el que se observaría una gran variedad de instituciones, iglesias, sectas, liderazgos, jerarquías, relaciones con autoridades seculares. . . lo que en sí pone en evidencia que la religión no es un fenómeno limitado a la conciencia individual. "La religión es o puede ser todo para el hombre en cuanto ofrece un significado y un propósito o finalidad última a la vida personal y social, o sea, el porqué de la existencia. . ."[3]

c) La dimensión social del Islam: ciertamente es muy marcada. En el Islam no se observa (o sólo es muy tenue) la dualidad entre las esferas de lo civil y lo temporal, y lo religioso. Islam es una forma derivada del verbo *aslama*, aceptación o sumisión a la voluntad de Dios que se manifiesta a través de su palabra revelada (El Corán) que ordena el modo de vida que el hombre tiene que adoptar. El Islam es, en última instancia, el cumplimiento, bajo la guía de Dios, del propósito y finalidad de la historia humana. El Islam, no se limita a definir las relaciones de Dios con el hombre, sino sobre todo, las relaciones entre los hombres, ya que el reino de Dios es también de este mundo. En este sentido es obvio que el Islam es más que una religión en el sentido que se da al término en Occidente. En realidad es una forma de vida y una cultura, un sistema de poder y una forma de organización social.[4]

Un teórico de las revoluciones señala que no importa si la "edad de oro" anhelada está en el pasado o en el futuro, lo que importa es el potencial revolucionario del movimiento: el grado de divergencia que [la utopía] tenga respecto del *statu quo*[5] (Stone, 1970). Sin duda

---

[2] *Ibid.*, p. 12.
[3] *Ibid.*
[4] *Ibid.*, p. 17.
[5] Said Arjomand, "Traditionalism in Twentieth Century Iran", en Said Arjo-

el Islam shiita integrista tiene un paradigma de ordenamiento social en la "edad de oro" representada por la época en que vivió el Profeta y en que gobernó el Imam Alí. Como diría Khomeini: "La palabra Islam no necesita adjetivos como [el de] democrático. Precisamente porque el Islam es todo, significa todo. El Islam tan sólo es perfecto."[6] Al erigirse el Islam como ideología que sustenta al nuevo Estado iraní, surgido de la revolución, se vuelve intolerante y excluyente. Éste es quizás uno de los puntos clave sobre la Revolución Iraní: la secularización del Islam y del propio clero que convierte al Corán en credo político.

EL TRIUNFO DE LOS REVOLUCIONARIOS Y LA LUCHA POR EL PODER: 1979-1982

Una vez que triunfó la heterogénea alianza de grupos políticos centrada en torno al ayatollah Khomeini, los politólogos occidentales se mostraron perplejos ante cuál sería la fuerza política que tomaría, en definitiva, las riendas del poder. Sin embargo, no deja de ser interesante que las apuestas se mostraran notablemente en favor de los grupos ideológicamente más afines a Occidente; por un lado, los partidos democráticos y liberales y, por otro, los grupos de izquierda. En suma, la tendencia secular era señalada como la inminente gobernante del país. El clero, se pensaba, había tenido tan sólo un papel cohesionador, aglutinador, pero definitivamente circunstancial y transitorio. El estallido de la guerra con Iraq, en septiembre de 1980, a los pocos meses del triunfo de Khomeini, pareció reforzar la idea de que la incompetencia del clero en asuntos de gobierno se haría más que evidente al punto de verse en la necesidad de dejarlo en las manos de los "expertos" civiles. Sin embargo, esto no ocurrió. Por el contrario, una a una fracasaron las fuerzas seculares que compiten contra el clero. En primer lugar, los monárquicos, luego los moderados-liberales, el autoritarismo populista de Bani Sadr, así como el totalitarismo islámico de Beheshti; el Islam socialista de los *mujahiddín* y el quietismo moralista del clero ortodoxo.

Los grupos revolucionarios se habían unido esencialmente en una lucha contra el despotismo de la monarquía, como en 1906, con la diferencia de que, en 1979, la opción constitucionalista parlamentaria, lo mismo que la opción del nacionalismo popular y secular de Mossa-

---

mand y E. Gellner (eds.), *From Nationalism to Revolutionary Islam*, Nueva York, State University of New York Press, 1984, p. 1986.

[6] Theda Skocpol, "Rentier State and Shi'a Islam in the Iranian Revolution", en *Theory and Society*, 11 (1982), p. 276.

deq habían quedado agotadas. Señala Bashiriyeh que en la Revolución Iraní "el nacionalismo será la expresión en términos del Islam y el Islam se expresará en términos de nacionalismo".[7]

Ésta fue la respuesta que el clero dio al verse comprometido a dar el liderazgo a la sociedad iraní.

Pero la revolución del clero triunfa, ante todo, porque destruye eficazmente la legitimidad desgastada de la monarquía y porque es capaz de ofrecer una legitimidad alternativa en el gobierno hierocrático islámico, con lo que culmina una larga "querella de investiduras" entre el clero y la monarquía por el dominio del Estado. En ese sentido el genio de Khomeini estuvo en descubrir la potencialidad revolucionaria de los elementos legalistas tradicionales del Islam shiita así como de sus elementos milenaristas y, sobre todo, que supo ponerlos en práctica.

La manera en que el régimen hierocrático impuso su visión política, económica y cultural de un Islam integrista por encima de los demás proyectos alternativos es el tema central de este capítulo. En la primera parte de éste se describirá la forma en que el clero acaba por monopolizar el poder eliminando a sus adversarios y se hace heredero único de la revolución.[8] El proceso sigue el patrón descrito por Crane Brinton (*Anatomía de las revoluciones*, 1962). En la segunda parte se analiza la consolidación del gobierno hierocrático que se legitima a través de su proyecto político, económico y cultural. (Su proyecto de política exterior, igualmente importante, así como el desempeño económico de la república serán objeto de análisis en el capítulo final en el marco de la guerra con Iraq.)

La transición política

El fracaso de los monárquicos

La misión estadunidense, encabezada por el general Huyser, tuvo como principal objetivo garantizar una transición pacífica desalentando al ejército a intervenir. De esta forma, la administración Carter buscaba "normalizar" la situación en Irán lo más pronto posible y asegurar sus intereses en ese país. Huyser, al lado del embajador Sullivan, tuvo una participación muy activa en la instauración del régi-

---

[7] Hossein Bashiryteh, *The State and Revolution in Iran: 1962-1982*, Nueva York, St. Martin's Press, 1984, p. 54.

[8] El gobierno de Bazargán abarcó de febrero a noviembre de 1979; la etapa de autoritarismo populista, bajo Bani Sadr, de enero de 1980 a junio de 1981; el gobierno o la etapa de los extremistas dominada por el Partido Republicano Islámico y los integristas, de septiembre de 1981 a enero de 1983; finalmente, el thermidor, de enero de 1983 a la fecha.

men de transición que buscaba satisfacer al sha tanto como a los revolucionarios. De esta forma, el 16 de enero salía el sha para ir a "vacacionar" a Egipto y se establecía un Consejo de Regencia encabezado por Shahpour Bakhtiar (el único líder de la oposición que prácticamente en el último momento, acudió al llamado del sha para organizar dicho consejo). Mohamed Reza Pahlevi partía de Irán seguro de que, al igual que en 1953, su ejército y Estados Unidos le ayudarían a recuperar el trono.

Bakhtiar prometió cumplir todas las demandas de la oposición, esencialmente: desmantelar a la SAVAK, libertad a todos los presos políticos, libertad de prensa, reducción de la intervención del Estado en la economía (por lo que respecta a los partidos liberales y democráticos de la clase media), reconocimiento y respeto de la autoridad de los ulama, limitándose a lo establecido en la Constitución de 1906, y permitir el regreso de Khomeini.[9] Khomeini, como es evidente, estaba muy lejos de requerir el permiso de Bakhtiar para volver a Irán y se limitó a declarar al gobierno de éste, así como a cualquier otro gobierno ligado con los Pahlevi, como inexistente. Sin embargo, de hecho se estableció una soberanía dual al crear Khomeini el Consejo Revolucionario Islámico con Mehdi Bazargán como primer ministro de su gobierno provisional. Entre ambos gobiernos quedaban el ejército y Estados Unidos. El gobierno de Bakhtiar no sólo era ilegítimo, sino que carecía de bases de sustentación reales por lo que estaba condenado a desaparecer en cuestión de días. Esta vez, el embajador Sullivan fue quien medió en las negociaciones entre Bazargán y el general Qarabaqi, comandante del ejército, ante la inminente caída del gobierno de Bakhtiar y descartó cualquier posibilidad de restaurar a los Pahlevi en el trono. El general Huyser salió de Irán el 9 de febrero, y entre el 9 y en 11 de ese mes se libró la última batalla entre las fuerzas monárquicas y los revolucionarios. La Guardia Imperial protagonizó los combates contra la población civil, que se defendió con las armas capturadas en los cuarteles y arsenales que rápidamente capitularon. El 11 de febrero, el general Qarabaqi ordenó al ejército deponer las armas jurando lealtad al nuevo Consejo Revolucionario. Bakhtiar no tuvo más remedio que renunciar con su gabinete y, acto seguido, varios generales rebeldes fueron aprehendidos o fusilados.[10]

El fracaso de los moderados: la caída de Bazargán

Mehdi Bazargán provenía de una familia de bazaaris. En los cincuenta era una figura prominente en el Frente Nacional de Mossadeq que

---

[9] H.S. Bashiriyeh, *op. cit.*, p. 119.
[10] *Ibid.*, p. 105.

derrocara a Mohamed Reza. Durante el gobierno de Mossadeq, el ingeniero Bazargán ocuparía un puesto clave, el de director de la National Iranian Oil, Co. (NIOC), al ser ésta nacionalizada.[11] A la caída de Mossadeq fue hecho preso, pero posteriormente se reintegró a la vida política como parte del Movimiento de Resistencia Nacional que a principios de los sesenta se enfrentó al sha y su Revolución Blanca. En esa ocasión, como se recordará, si bien hubo varios elementos de la *intelligentsia* liberal mossadequista involucrados, el clero fue el que tuvo el liderazgo, destacándose claramente la figura de Khomeini. Éste venía a tomar el lugar dejado por la muerte del Gran ayatollah Borujerdi —su yerno— y del combativo Kashani. En ese momento Bazargán cooperaría estrechamente con los ayatollahs Beheshti y Mottahari, íntimamente ligados a Khomeini.[12]

Paradójicamente, su mandato de nueve meses en calidad de primer ministro de la República Islámica, lejos de coadyuvar a limar las asperezas entre los elementos seculares y religiosos, tan sólo serviría para radicalizar las diferencias latentes entre ambos. Bazargán estaba consciente de que el suyo sería un gobierno de transición con la doble tarea de restaurar la maquinaria estatal y preparar el terreno para la instauración de la República Islámica. A pesar de su poder limitado, Bazargán quiso garantizar un lugar prominente al sector secular revolucionario y, en particular, al sector moderado que representaba. Sin embargo, no pudo evitar el recelo del clero radical que rápidamente estaba creando una estructura gubernamental "islámica" paralela, lista para tomar el poder en el momento en que Khomeini diera su anuencia. De acuerdo con el ayatollah Beheshti, líder de la facción radical del clero, antes de que estallara el movimiento revolucionario, los ulama tenían ya intención de formar un partido político propio, pero al precipitarse los acontecimientos hubo que postergar tal decisión.[13] En este sentido, no deja de ser notorio cómo una semana después del regreso de Khomeini fue creado el Partido Revolucionario Islámico (PRI). Al mismo tiempo Khomeini formaría el Consejo Revolucionario, integrado por sus alumnos y colegas más allegados de Qum.[14] (Estaba formado por los ayatollahs Beheshti, Montazeri, Ardabili, Kani, Khomeini, Bahonar, Rafsanjani y Taleqani, además de dos laicos, Bani Sadr y Qotzabdeh). Asimismo, dos fundamentalistas, Montazeri y Beheshti, presidieron el Consejo de Expertos encargado de redactar la nueva Constitución, "cien por ciento

[11] Cheryl Bernard y K. Zalmay, *Iran's Islamic Republic*, Nueva York, Columbia University Press, 1984, p. 105.
[12] Shaul Bakhash, *The Reign of the Ayatollahs*, Londres, Basic Books, 1986, p. 52.
[13] Cheryl Bernard, *op. cit.*, p. 105.
[14] *Ibid.*

islámica", según las directrices de Khomeini. El referéndum celebrado en marzo de 1979 permitió al clero, con un apoyo abrumadoramente mayoritario, proclamar en Irán la "República Islámica", y a Bazargán no le quedó más que organizar las elecciones nacionales para que se reuniera la asamblea constituyente que votaría por la nueva Constitución. Bazargán no pudo evitar la proliferación de grupos ciudadanos, cortes revolucionarias, *hizbollahis* y guardias revolucionarias, todos proclamándose islámicos y ligados íntimamente con el clero radical. Un proceso centrífugo, político y social, caracteriza este periodo y es como una reacción ante una estructura hipercentralizada que habían creado los Pahlevi.

Señala acertadamente Theda Skocpol:

> En las revoluciones sociales los defensores del Estado liberal *descentralizado* son los primeros que, invariablemente, pierden toda posibilidad de liderazgo frente a aquellos que abogan por un Estado *fuerte* e ideológicamente proclive al totalitarismo.[15]

Decía Bazargán: "Los comités están por todas partes y nadie sabe cuántos son, ni siquiera el Imam."[16]

No cabe duda de que los comités eran la base misma del poder del clero. Aglutinaban a gran parte de la población y luchaban contra las fuerzas antikhomeinistas. Señalaba Khomeini: "Los comités deben ser [en todo caso] purgados, no disueltos; en tanto existan elementos 'corruptos' serán indispensables."[17]

En este panorama de feudalización del poder, el Gobierno Revolucionario Provisional, encabezado por Bazargán, controlaba el aparato institucional heredado del *ancien régime* mientras que los cuerpos revolucionarios surgían de la sociedad misma impulsados por el clero.

El Gobierno Revolucionario Provisional de Bazargán estaba constituido por una coalición de partidos liberales: Partido Iraní, Partido Nacionalista, Partido Libertario y Partido Radical, además de algunos conocidos elementos monárquicos, como los grandes terratenientes y algunos políticos; el antiguo ministro del petróleo, el de economía, el presidente del Banco Central, el ex ministro de finanzas y el de agricultura.[18] La política del Gobierno Provisional buscó mantener un cierto grado de cohesión y orden y dio garantías a los sectores medios. Trató de recuperar el capital privado fugado, ofreció préstamos para reactivar la economía y prohibió las huelgas y las confiscaciones de propiedad urbana y rural.

---

[15] Theda Skocpol, *op. cit.*, pp. 276-277.
[16] Shaul Bakhash, *op. cit.*, p. 56.
[17] Hossein Bashiriyeh, *op. cit.*, p. 133.
[18] *Ibid.*, p. 134.

Es importante hacer notar que las presiones en favor de una reforma agraria se desataron al triunfo de Khomeini. Sin embargo, la Ley de Propiedad de la Tierra, aprobada por el Consejo Revolucionario, reconoció el *statu quo* de la propiedad de acuerdo con las leyes de la reforma agraria de 1963. No sólo las ocupaciones de tierra fueron consideradas ilegales sino que, para detenerlas, se impuso la pena de muerte. Esta actitud conservadora del clero no resulta sorprendente si se recuerda su oposición radical a la reforma agraria emprendida por el sha durante su Revolución Blanca, que afectaba precisamente las "tierras ociosas" del clero. Por otra parte, Khomeini siempre se mostró en favor de la defensa explícita que hace el Corán de la propiedad privada. Cualquier tipo de concesión en este sentido, por limitada que fuera, habría desatado demandas más radicales contra las clases poseedoras.[19] No obstante, en el medio urbano, el clero no pudo evitar que los trabajadores se organizaran en consejos autónomos de administración para tomar el control de las empresas que quedaron abandonadas al huir sus dueños. Algo similar ocurrió con el ejército y fuerza aérea donde la infantería reclamaba una organización democrática y se oponía a los "oficiales corruptos" herencia de la monarquía. El gobierno toleró en gran medida a los llamados *shuras* o consejos obreros, pero a partir sobre todo de la presidencia de Bani Sadr, el Ministerio de Trabajo comenzaría a recuperar cierto control nombrando administradores.

Por su parte, el clero fomentó la creación de las Asociaciones Islámicas dentro de las fábricas bajo la dirección del PRI. De esta forma fue ganando, poco a poco, el control y desplazó al Ministerio de Trabajo y a las *shuras* originarias como fuerzas seculares.[20] (La Constitución prevé la formación de este tipo de consejos en todos los centros de trabajo.)

El mismo proceso centrífugo que se ha señalado en el caso del campo, las fábricas y el ejército se observó en las minorías étnicas. Éstas, al igual que los otros sectores de la sociedad civil, albergaban grandes expectativas autonomistas frente al súbito desplome de la dictadura Pahlevi y, por ende, actuaron en consonancia con dichas expectativas. En particular, se destacan las reivindicaciones de los azeris del Azerbaiján, que representaban el 23% de la población iraní: los kurdos, con un 11%; los árabes, con 5%; los turcomanos, con un 3%, y los baluchis con otro 3%. Estos grupos, principalmente azeris, kurdos y árabes, centraron sus reivindicaciones en torno de ancestrales problemas de posesión de tierras y de autonomía cultural y po-

---

[19] Shaul Bakhash, *op. cit.*, p. 140.
[20] Assef Bayat, "Worker's Control after the Revolution", *MERIP Reports*, vol. 13, núm. 3 (abril-marzo de 1983), p. 20.

lítica. Los intentos de negociación fracasaron y, especialmente los kurdos y árabes, fueron violentamente reprimidos.[21]

Frente a las crecientes tensiones y pugnas entre el gobierno legal y el "extralegal" formado por el clero y ante las crecientes demandas sociales Khomeini acabó por decidir que era tiempo de que Bazargán dejara el poder: "Ustedes que imaginan que algo distinto al Islam derribó al sha, ustedes que creen que elementos no islámicos jugaron algún papel, estudien bien el asunto."[22]

En sus discursos, a partir sobre todo del mes de junio de 1979, Khomeini comenzó a atacar a los sectores medios de la sociedad insistiendo en dar todo el crédito del triunfo revolucionario a las clases desposeídas, los llamados *mustazafín* y, desde luego, al clero. La inminente salida de Bazargán representaba de hecho la exclusión de todo un sector de la clase política. En una entrevista concedida a Oriana Falacci, en octubre de 1979, Mehdi Bazargán declaró que tenía grandes temores de que se instaurara en Irán una verdadera dictadura clerical y describió su propio gobierno como "un cuchillo sin hoja".[23] El clero radical controlaba la situación y esto fue evidente cuando se logró excluir a los grupos seculares del "consejo de expertos" que redactó la nueva Constitución. En ella se consagraba el establecimiento de un gobierno islámico y no de un régimen democrático pluralista que diera cabida a todos los proyectos revolucionarios alternativos (la constitución será analizada en la segunda parte).

Objeciones a la misma provinieron de los más diversos sectores que no vieron sus demandas satisfechas por el texto. Entre octubre y diciembre hubo demostraciones de los desempleados, insurrecciones en las provincias, además de demostraciones estudiantiles en Tabriz, capital de Azerbaiján. Fue precisamente en esta situación de creciente deterioro político del régimen revolucionario que ocurrió la toma de la embajada estadunidense.[24] Por algo, Khomeini llamó al episodio "la segunda revolución". A partir de ese momento el régimen buscará cada vez más en el escenario internacional formas de legitimarse frente a la población.

La caída de los moderados

La situación que imperaba en Irán a finales de 1979 recordaba en mucho el vacío de poder que se produjo en los últimos meses de la mo-

---

[21] Hossein Bashiriyeh, *op. cit.*, p. 146.
[22] Cheryl Eernard, *op. cit.*, p. 109.
[23] *Ibid.*
[24] Michael Fisher, *Iran: From Religious Dispute to Revolution*, Cambridge, Harvard University Press, 1980, p. 233.

narquía apenas un año antes. Bazargán había sido siempre proclive a la normalización de relaciones con Estados Unidos y creyó contar para ello con la anuencia de Khomeini. En particular, argumentaba que Irán no podía confiar en las intenciones soviéticas y, por otra parte, se sospechaba de que Iraq estuviera apoyando a los kurdos a través de la frontera. Por ello, era muy necesario mantener los vínculos militares con Estados Unidos. Se preparó así un encuentro no oficial que tuvo lugar el 1o. de noviembre durante la celebración de la independencia argelina. Allí, en Argel, se entrevistarían Bazargán y Yazdi con el asesor de seguridad nacional de Carter, Brzezinski. La noticia causó una oleada de protestas en Irán donde la retórica antiestadunidense estaba en su punto más ardiente. Inexplicablemente, al mismo tiempo y en contra de la petición expresa de Teherán, Carter admitía al sha en Estados Unidos para recibir tratamiento médico.[25]

Todo parece indicar que la toma de la embajada fue un acto espontáneo perpetrado por los estudiantes que protestaban en contra de la llegada del sha a Estados Unidos, y que Khomeini supo aprovechar en su favor en momentos en que se requería precisamente de un factor que concentrara la atención de la nación entera. La importancia del hecho radica en haberse convertido en un catalizador de la lucha interna por el poder. En primera instancia sirvió para demostrar al pueblo iraní la "traición" de los partidos liberales moderados debido al gran número de documentos hallados en la embajada en que aparecieron nombres de figuras destacadas de la escena política que aún se mantenían en el poder dentro del gobierno de Bazargán. Además, ante el apoyo abierto que Khomeini dio a los estudiantes, Bazargán no tuvo más remedio que renunciar.

El espectro político

Tras la salida de los moderados liberales se desató la pugna por el poder entre las fuerzas seculares de "izquierda" y los extremistas del clero que luchaban por tomar completamente las riendas del poder. La gran cantidad de organizaciones políticas que surgieron en la contienda no representaban sino las "energías acumuladas durante años de represión".[26] Estos grupos abarcaban todo el espectro político: desde los partidos islámicos ligados a diferentes figuras religiosas, los partidos de centro —liberales y socialistas— y los partidos radicales.

a) El PRI: entre los partidos islámicos destacan, en primer lugar, el Partido Revolucionario Islámico y el Partido Islámico Popular Re-

---

[25] Shaul Bakhash, *op. cit.*, p. 70.
[26] Shaul Bakhash, *op. cit.* p. 66.

publicano. Los líderes del PRI —Beheshti, Musavi-Ardabili, Rafsanjani, Bahonar y Khamenei— eran miembros del clero muy allegados a Khomeini y, como ya se ha expuesto, estaban presentes en otros cuerpos institucionales fundamentales para el régimen islámico que se estaba consolidando. El partido tenía un programa radical. Sus miembros manifestaban una indiscutible lealtad al imam y una total intolerancia hacia los grupos liberales, apoyando, en cambio, a las organizaciones más radicales; incluso permitían al Tudeh cooperar con ellos. El PRI buscaba destruir todos los elementos culturales occidentales y establecer un programa de reforma en favor de los desposeídos o *mustazafín*.

En un régimen de tendencias totalitarias, como las que manifestaba Irán en este periodo de ascenso de los extremistas, es de vital importancia la actuación de un partido único que sirva como instrumento para imponer la ideología del régimen creando el consenso necesario dentro de la población para poder movilizarla. En Irán, el PRI surgió con el objeto de apoderarse del Estado compitiendo para ello con los demás grupos rivales que, por haber participado en el movimiento revolucionario, reclamaban para sí una parcela de poder. El PRI, sin embargo, había surgido *ex post facto* y derivaba su legitimidad de proclamarse el exponente único de la ideología islámica y de la voluntad del imam. Pero, como se verá más adelante, el imam mostraba distancia respecto del partido, ya que lo que ofrecía era una "interpretación tendenciosa de los principios coránicos en sustitución de otra forma de ideología"[27] que se traducía en una visión integrista muy próxima a una visión totalitaria de la sociedad. En su programa el PRI señalaba:

> Si una sociedad está compuesta por musulmanes y ellos observan el Islam en sus vidas personales pero, en sus relaciones sociales, no son gobernados por leyes islámicas puras, no es una sociedad islámica... Por el contrario, una sociedad cuyos miembros no son musulmanes mayoritariamente o algunos de sus miembros son malos musulmanes en sus vidas personales pero en sus relaciones sociales siguen las leyes y valores islámicos, sí es [una sociedad] islámica.[28]

Estas palabras resumen en sí la visión integrista y el sentido que se da al Islam como esencialmente comunitario y social. Los miembros del PRI consideran que "el liderazgo pertenecerá siempre al clero", que el clero dirigió la revolución que se inició en junio de 1963

---

[27] Edouard Sablier, "Iran: Une succession assurée", en *Politique Internationale*, núm. 34 (primavera de 1987).
[28] Cheryl Bernard, *op. cit.*, p. 118.

(fecha de la masacre perpetrada por el sha contra los que se oponían a la Revolución Blanca lidereados por Khomeini) y que culminó en 1979 con la salida del sha. Así pues, al proclamarse único líder legítimo del Irán posrevolucionario el PRI no dejaba lugar a dudas de sus intenciones de no compartir el poder.

Fueron los líderes del PRI los que promoverían la purga continua de elementos que se consideraban no leales al Islam dentro del gobierno y en las universidades, proyectando así las características intolerantes y exclusivistas de su visión totalizadora del Islam. En gran medida, fue el PRI el resposable de crear un culto a la personalidad en torno a su poco complaciente líder, Khomeini, y también a la idea de la infalibilidad.[29] En particular tuvieron el apoyo del clero provincial que les había provisto de un "brazo armado" a través de los *hizbollahis*.

Dos ulama, Ghaffari y Nabavi, fueron los creadores de los "partidarios de Dios" cuyo lema era: "sólo un partido, el de Allah; sólo un líder, Ruholah" [Khomeini].[30] Ellos venían a constituir un cuerpo de choque similar a los camisas pardas hitlerianos. Los *hizbollahis* tendrían un papel importante al lado de las Guardias Revolucionarias y un contingente de ellos fue enviado a Líbano a combatir a los invasores israelíes.

b) El PIRP: en este efímero partido se aglutinaron los sectores medios tradicionales y los elementos más moderados del clero asociados al principal rival de Khomeini, el ayatollah Shariatmadari. El PIRP, a diferencia del PRI, recalcaba la necesidad de un régimen plural y tolerante y, en particular, tenía el apoyo de las minorías que buscaban su autonomía. Ellos rechazaban la idea de un poder concentrado en un líder, pero en cambio, exigían que se respetaran la tradición shiita de liderazgo colectivo y la participación marginal del clero en la política. Sobre todo, buscaban una rápida normalización de la situación y criticaban los excesos de las organizaciones islámicas revolucionarias. En el momento en que se creaba la nueva Constitución y el PRI comenzaba a monopolizar el poder quisieron unirse con las organizaciones liberales y de centro. Sin embargo, dada su poca cohesión interna, el PIRP no pudo resistir las presiones de su rival y fue disuelto en agosto de 1979.[31]

c) Cabe mencionar brevemente que en lo que sería la extrema derecha islámica se encontraba una organización semiclandestina llamada la *hojjatieth*. Algunos miembros del clero que ocuparían pues-

---

[29] *Ibid.*
[30] *Ibid.*, p. 123.
[31] Shaul Berkhash, *op. cit.*, p. 68.

tos clave en las nuevas instituciones han sido identificados con esta agrupación por su extremo conservadurismo.

La *hojjatieh* fue formada en los años cincuenta, inspirada por los escritos de Mehdi Isfahani quien argumentaba la infalibilidad del doceavo Imam y que su autoridad no puede ser compartida por ningún musulmán que, en todo caso, asume una posición de regente con poderes limitados. Se les considera puritanos que buscan eliminar a los bahais y a los comunistas. Socialmente están identificados con los bazaaris más ricos. Apoyan la libre empresa y el libre mercado. De los 21 ministros del gabinete del premier Mussavi, formado en 1981, cuatro se identificaron con este grupo; significativamente los ministros de comercio, trabajo, petróleo y educación.[32]

d) Las organizaciones de izquierda: en la izquierda se encontrarían grupos laicos encabezados por el prosoviético Tudeh y las guerrillas de los *Mujahiddín e Khalq* y los *Fidaiyin e Khalq* (véase capítulo II). Mientras el Tudeh pretendía cooperar con Khomeini presionando lentamente medidas radicales, las guerrillas tenían intenciones de hacer cambios drásticos, que iban desde acabar con los intereses estadunidenses en el área, hasta extensas nacionalizaciones de la propiedad y reformas que favorecieran a campesinos, obreros y a las minorías.

Las fuerzas seculares se encontraban nuevamente divididas en un momento decisivo, tal y como ocurrió en vísperas de la caída del sha. Ninguno de los partidos ofrecía posibilidades de liderazgo para asegurar estas fuerzas. El único que, hasta cierto punto, pudo concentrar gran parte de los elementos dispersos y, desde luego, a los elementos de izquierda, fue Bani Sadr, un laico asociado con Khomeini a quien el imam dio su respaldo en la carrera por la presidencia de la nueva república.

La elección de Bani Sadr como presidente y la lucha contra los extremistas

Señala Hanah Arendt:

> Las revoluciones liberales, o la fase liberal de las mismas, no tendrán éxito porque los liberales, individualistas ante todo, subestiman la importancia y la magnitud de los reclamos sociales. Ignoran el hecho de que las revoluciones crean problemas mucho más allá de la política. Conforme se va haciendo más imperativa la cuestión de "justicia social" ésta va tomando el control sobre el curso de la revolución y los liberales quedan [inevitablemente] rezagados. Los [elementos] radicales, por su

---

[32] Dilip Hiro, *Iran Under the Ayatollahs*, Londres, Routledge & Kegan Paul, 1985, p. 243.

parte, claman tener la solución aunque acaben por crear mayor confusión [al imponer] medidas populistas, precipitadas".[33]

Abol Hassán, Bani Sadr y el ayatollah Beheshti representan dos caras de una misma moneda. Por una parte sus proyectos responden al imperativo de justicia social de la revolución y, en este aspecto, sus respuestas son muy similares. Sin embargo, en el plano político son antagónicos, pues ambos esperan controlar absolutamente el poder para llevar a cabo sus reformas.

Bani Sadr era ministro de relaciones exteriores bajo el gobierno de Bazargán. Se le llamaba el "hijo espiritual de Khomeini". Había estudiado en París, lo mismo que su esposa, representaba la visión reformista secularizante del Islam con una fuerte tendencia socialista y nacionalista más afín a la del doctor Shariati y a la de los *mujchiddín* que a la de Khomeini. Sin embargo, el imam tenía una gran confianza en Bani Sadr y en su compromiso con la causa islámica de la revolución. Beheshti, líder del PRI e ideólogo de los radicales del clero, abogaba por el monopolio del poder en manos de su partido y de Khomeini, como líder supremo de la revolución.

En última instancia, Beheshti aspiraba a crear consenso en torno a sí mismo para ser nominado candidato a la presidencia. Pero al final de cuentas, Khomeini dio su respaldo a Bani Sadr como candidato de compromiso entre las fuerzas seculares y el clero. Es importante hacer notar que Khomeini, hasta ese momento, no consideraba que el clero estuviera preparado para ejercer directamente el gobierno en la nueva república y dijo:

> Es posible para los líderes religiosos gobernar o reinar pero no es necesario. En nuestro país los líderes religiosos no tienen ni el mérito ni la capacidad para administrarnos; por lo tanto, requerimos de hombres de Estado.[34]

Éste fue un duro golpe a las aspiraciones de los integristas radicales lidereados por Beheshti, Bani Sadr se apresuró a declarar que Beheshti estaba "políticamente muerto". En cierta forma, las fuerzas seculares moderadas se sintieron aliviadas al saber que un laico profesionista ocuparía la presidencia, no así los radicales Tudeh, los Fidaiyin ni muchos menos el PRI. Este último se apresuró a formar una

---

[33] Para Arendt, la cuestión de la pobreza no tiene solución al final de cuentas; para Marx y sus seguidores ésta debe resolverse a toda costa y es, en última instancia, una cuestión de lucha de clases. Véase H. Bashiriyeh, *op. cit.*, p. 138.
[34] James Bill, "The Politics of Extremism in Iran", en *Current History*, vol. 81, núm. 471 (enero de 1982), p. 13.

coalición con otros ocho partidos islámicos menores, con lo que se aseguró 130 de los 270 escaños en el Parlamento.[35]

Las elecciones presidenciales se celebraron en enero de 1980. Khomeini había sufrido una primera operación del corazón y, seguro que le quedaba poco tiempo, reconoció el triunfo de Bani Sadr y le nombró comandante en jefe de las Fuerzas Armadas.[36]

El autoritarismo populista de Bani Sadr

Bani Sadr tenía un programa político y económico definido. En el aspecto político su intención chocaría con la idea que tenía el clero ya que se proponía fortalecer la institución presidencial ejerciendo un dominio autoritario, a la vez que se proponía debilitar al PRI y terminar con el caos impuesto por las organizaciones revolucionarias paralelas al gobierno legal. Sin embargo, como se vería al final, la presidencia —en la estructura de la República— no era un sitio adecuado desde el cual centralizar el poder.

Lejos de haberse librado de Beheshti, el nuevo presidente electo por "abrumadora mayoría", apenas comenzaba a lidiar con él. La soberanía dual que apareció desde el gobierno de Bakhtiar y que continuó con Bazargán siguió presente bajo Bani Sadr.

La primera pugna entre el presidente y el *Majlis* surgió en torno a la designación del primer ministro. Bani Sadr quería que Ahmed Khomeini (hijo del Imam) ocupara tal cargo, pero su padre se opuso. Beheshti logró imponer a uno de sus allegados, Alí Rajai, miembro del clero.[37] De esta forma comenzó un creciente aislamiento de Bani Sadr, el hijo espiritual de Khomeini. En diversas cuestiones los puntos de vista del presidente y del Parlamento eran opuestos, y Bani Sadr continuamente denunciaba la falta de capacitación profesional y técnica de los *mullahs*.[38]

En el plano económico, cabe recordar que el Gobierno del Conse-

---

[35] Hossein Bashiriyeh, *op. cit.*, p. 138.
[36] Amir Taheri, *op. cit.*, p. 169.
[37] Asaf Hussain, *op. cit.*, p. 155.
[38] Particularmente grave fue el diferendo que surgió en torno a la crisis de los rehenes. Mientras el presidente apoyaba a la "Comisión Mediadora" de la ONU, Khomeini, a instancias de Beheshti, obligó a la Comisión a retirarse en marzo. En abril, cuando Carter había logrado la promesa de Bani Sadr de que la custodia de los rehenes pasaría a manos del gobierno; el PRI y Khomeini decidieron apoyar a los estudiantes. Como consecuencia del rompimiento en las negociaciones Carter estableció un bloqueo comercial exceptuando del mismo alimento y medicamentos. Congeló los bienes iraníes (10 billones de dólares) para garantizar el pago de la deuda y los reclamos de ciudadanos estadunidenses. Véase R. Ramazani, "Iran's Revolution: Patterns, Problems and Prospects", en *International Affairs*, vol. 56, núm. 3 (verano de 1986), p. 453.

jo Revolucionario (enero de 1979 a enero de 1981) dominado por Beheshti y los radicales había tomado una serie de medidas económicas extremas que incluyeron la nacionalización de las mayores industrias, la creación de una serie de organizaciones islámicas con un fin social y la confiscación de propiedades. Bani Sadr, como ya se mencionó, coincidía esencialmente con estas medidas. En este aspecto, su gestión como presidente estuvo encaminada a fortalecer la labor del Consejo Revolucionario en aras de lograr la justicia social y, al mismo tiempo, de crearse una base de legitimidad populista con miras a desplazar al clero del poder. Como se verá más adelante, fue el Consejo de Guardianes el que puso freno tanto a Beheshti como a Bani Sadr, pues dicho cuerpo estaba dominado por la tendencia conservadora de la *hojjatieh*.

Bani Sadr había heredado una situación financiera grave. En el último año del sha y durante el gobierno de Bazargán las huelgas continuas, la descapitalización de las empresas y de los bancos habían generado un déficit en el presupuesto estatal de 15 000 millones.[39] A pesar de todo, la crisis económica no era tan grave como la hacían aparecer los revolucionarios. Las reservas internacionales eran de 13 billones, gracias a las ventas de petróleo, y podrían alcanzar los 20 billones. No obstante, el sistema bancario amenazaba con el colapso y Bani Sadr decidió nacionalizarlo para evitar la bancarrota y para "acabar con los intereses usureros que contravenían al Islam". Pocos meses antes, Shariatmadari había declarado conciliatoriamente que no todos los intereses bancarios eran usureros y que el gobierno islámico requería de ayuda técnica; que serían bienvenidos los capitales extranjeros.[40]

Dando marcha atrás en la política moderada y conciliadora de Bagarzán, Bani Sadr decidió lanzarse con un programa radical populista en el que no sólo nacionalizó los bancos sino que desconoció la deuda externa del país. Permitió la proliferación de los comités de autogestión o *shuras* de los obreros, castigó fuertemente las importaciones para estimular a la industria nacional y prometió romper la dependencia del petróleo. Sin embargo, el apoyo de su gobierno a estas medidas no hizo sino desencadenar conflictos y mayores demandas. Particularmente grave fue la oleada de ocupación de tierras tanto en el campo como de inmuebles en las ciudades provocando la aliena-

---

[39] Tan sólo entre septiembre de 1978 y enero de 1979 la fuga de capitales había alcanzado los cuatro billones. Varias fábricas habían cerrado y había 2.5 millones de desempleados; las industrias estaban paralizadas por falta de repuestos. Véase, Sh. Bakhash, *op. cit.*, p. 175.
[40] Michael Fisher, *op. cit.*, p. 223.

ción de la clase media[41] (la mayor parte de estas medidas fue vetada por el Consejo de Guardianes).

No obstante las enormes tensiones internas que estaba generando la cuestión de una reforma económica a fondo, ésta no llegaría a cuajar y quedaría en una situación ambigua al ser rebasada por los imperativos de la guerra con Iraq que estalló en septiembre de 1980. Esta cuestión acabaría por dominar la atención de Bani Sadr y de hecho sería la causa fundamentasl de su caída.

La cuestión de la guerra: la caída de Bani Sadr

Las causas y el desarrollo de la guerra con Iraq serán analizados en el siguiente capítulo; lo que interesa aquí es señalar el efecto adverso que tuvo la política interna de la joven república. Bani Sadr y el premier Rajai, en rara coincidencia de opiniones, fueron los primeros que buscaron una rápida solución negociada a la guerra. Incluso Rajai se había aventurado a declarar que "el islamismo da poca importancia a la tierra y al agua"[42] (en clara referencia al río Shatt el Arab) buscando así atraer la negociación con Iraq.

Aparentemente, el objetivo de los iraquíes era el Puerto de Khorramshar. El ejército local iraní y las Guardias Revolucionarias no tardaron en retirarse de dicha ciudad pero un grupo de jóvenes se quedó a pelear, "en nombre del Imam" dispuestos a morir en el martirio. Su resistencia heroica influyó en la opinión de Khomeini, quien, reaccionó entusiasmado ante tal actitud y decidió llevar la guerra hasta sus últimas consecuencias.[43]

El clero y el mismo Bani Sadr no tardaron en descubrir los beneficios políticos que se podrían derivar de la guerra, en particular, como factor de unidad nacional que podría terminar con el fantasma de una guerra civil. En realidad la situación era muy similar a la que se había derivado de la toma de la embajada pero ésta había ya desgastado su poder de convocatoria y movilización de la población. Hay que recordar en esto uno de los rasgos de los regímenes totalitarios que imponen a la población tareas gigantescas que facilitan su movilización en favor del régimen mismo. Sin embargo, en el caso de Irán, es evidente que no se trataba de una movilización hacia el interior para "construir el socialismo" sino de una guerra, por elección, que postergaría las crecientes demandas de reformas internas.

Al igual que la toma de la embajada, la cuestión de la dirección de la guerra se convirtió en motivo de disputas crecientes en el lideraz-

---

[41] *Ibid.*
[42] Amir Taheri, *op. cit.*, p. 212.
[43] *Ibid.*

go iraní. Una vez que se decidió a abandonar la vía de la solución negociada, Bani Sadr comenzó a ver en el conflicto un medio para fortalecer su poder, y su carisma en particular, a través de la restauración del ejército bajo su dirección. De esta forma, procedió a "rehabilitar" a varios oficiales que habían permanecido encarcelados o en retiro esperando, a cambio, ganarse su lealtad. Así, Bani Sadr pretendió crearse una base de poder propia frente a los *mullahs* que se aferraban a sus *hizbollhis* y *pasdarán*. (No deja de ser notable cómo el general Fallahi y otros estrategas clave de tiempos del sha, a los que Bani Sadr había logrado excarcelar, murieron en un "accidente aéreo", hecho que fue atribuido a la mano de Beheshti.)

Bani Sadr trataba de proyectar una imagen de "héroe de guerra" concentrando toda su atención y su presencia física en el frente de batalla desde donde transmitía constantemente programas de televisión en los que detallaba las acciones militares e incluso la estrategia a seguir.[44] Sus enemigos hábilmente supieron utilizar esta actitud de *folie des grandeurs* en contra del presidente. Mientras Bani Sadr se empeñaba en aferrarse al ejército profesional heredado del sha, Khomeini y el clero se volvían cada vez más desconfiados sobre el poderío que éste podría alcanzar, y buscaban en los entusiastas jóvenes adictos al imam la formación de un verdadero ejército popular. De entre la enorme masa de desposeídos o *mustazafín* sobre los que Khomeini ejercía una actitud paternalista surgieron los *basijs* (los jóvenes dispuestos a martirizarse por el imam) que de hecho acabarían por proveer la "carne de cañón" necesaria. La creación de estos cuerpos (a finales de 1980 se había creado la "Organización de Movilización de los Desposeídos" que permitió el encuadramiento de los *basijs*) junto con la actuación de las Guardias Revolucionarias, le permitió al clero librarse de la posible dependencia del ejército y de Bani Sadr. Por otra parte, las masas juveniles encauzadas a la "guerra santa" contra el régimen infiel de Bagdad eran alejadas de la eventual contaminación ideológica urbana que representaba sobre todo la izquierda radical.[45]

Cada vez más aislado dentro de la estructura gubernamental Bani Sadr acudiría a aliados externos. Cabe destacar que contó hasta el final con el apoyo de varios miembros de la familia del imam, en particular de su hijo Ahmed. Pero, al mismo tiempo, estrechaba sus lazos con los grandes ayatollahs de Qum representantes del clero conservador apolítico y, sobre todo, con los *mujahiddín e khalq*, cada vez más descontentos con el predominio del clero.

A medida que se iba aislando, Bani Sadr aumentaba sus ataques al clero acusando a los miembros en el gobierno de ineptitud y criti-

[44] *Ibid.*, p. 273.
[45] *Ibid.*

cando a Beheshti por estar saboteando su régimen. En marzo de 1981 el imam tuvo que intervenir personalmente para "reconciliar" a Bani Sadr y Beheshti, pero la tregua duró sólo cinco semanas. Bani Sadr intensificó sus ataques al clero y criticó al propio Khomeini por permitir que se generara a su alrededor un "culto a la personalidad". Por su parte, Beheshti acusaba a Bani Sadr de estar preparando un golpe de Estado apoyado por el ejército y la movilización de la izquierda (algo que no parecía tan improbable). A partir de mayo de ese año se incrementaron las declaraciones de Bani Sadr en las que denunciaba una inminente dictadura clerical y hablaba de un fascismo religioso en marcha.[46] Bani Sadr fue aún más lejos haciendo un llamado a la población para que se resistiera. Con apoyo de los *mujahiddín* organizó varias manifestaciones callejeras que en mucho recordaban el inicio de la revolución. La crisis estalló en junio cuando ocurrieron los primeros enfrentamientos directos entre los *mujahiddín* y los *pasdarán*. Khomeini, tras mucho vacilar, decidió hacer caso a Beheshti y retiró a Bani Sadr el comando de las fuerzas armadas. Contrario a lo que el presidente esperaba, el ejército no reaccionó y permaneció neutral.[47] Los *mujahiddín*, que al principio de la revolución habían rogado a Khomeini que ocupara la presidencia, un año después representaban la mayor amenaza para el régimen. Contaban con un fuerza armada de 150 000 *mujahiddín*, principalmente estudiantes y miembros de la clase media que estaban dispuestos a lanzarse a una guerra civil para detener al clero en su inminente toma del poder.[48] Ante el llamado que Bani Sadr había hecho a la población para rebelarse, Khomeini declaró que el verdadero dictador era aquel que no se sometía al *majlis* e instó a Bani Sadr a no usar la prensa para continuar incitando a la población a realizar huelgas y protestas: "Hoy, cerrar el bazaar y hacer demostraciones [como las que Khomeini había instigado] es desafiar al Profeta y al Islam".[49] Khomeini incluso pidió a Bani Sadr que se retractara públicamente pero éste se negó. El *majlis* procedió a enjuiciar al presidente. Entre el 20 y el 21 de junio se decidió su destino. Varios de sus asistentes y colaboradores fueron arrestados y Bani Sadr pasó a la clandestinidad. El 18 de junio los *mujahiddín* apoyados por los Fidaiyín y el Partido Paykar declararon la guerra al régimen de Khomeini. No obstante su desafío, no lograron el apoyo de la población (salvo por un breve lapso, de los kurdos). En desesperación, las fuerzas rebeldes recurrieron a actos terroristas y al magnicidio. El atentado más espectacular ocurrió

---

[46] H. Bashiriyeh, *op. cit.*, p. 160.
[47] Asaf Hussain, *op. cit.*, p. 157.
[48] Shaul Bakhash, *op. cit.*, p. 123.
[49] *Ibid.*, p. 152.

el 28 de junio, cuando fue volado el edificio del PRI matando a 70 altos dirigentes del clero, incluido Beheshti, 10 ministros y otros tantos viceministros. Rafsanjani y Rajai se salvaron por casualidad. El régimen pareció tambalearse pero Khomeïni supo sobreponerse a la crisis y conservar el liderazgo. Nuevamente, el 30 de agosto los *mujahiddín* asestaron otro duro golpe matando al nuevo presidente, Rajai, y al primer ministro, Bahonar.[50]

A pesar de ello, se volvieron a celebrar elecciones y fue nombrado Alí Khamenei y Mussavi ocupó el puesto de primer ministro que conserva hasta hoy.

El ascenso de los extremistas: el reino del terror

En la República Islámica, una vez que los extremistas integristas legitimaron su posición por la rebeldía de Bani Sadr y de los guerrilleros *mujahiddín* que lo apoyaban, se desató una guerra para imponer el "Gobierno de Dios". El uso del terror es motivado por la inseguridad misma del grupo dominante que se siente amenazado.[51] Como señala Brinton, el terror constituye la fase crítica de la revolución en la que, por la fuerza, se destruyen viejas estructuras y viejas tendencias (véase la introducción). Al respecto, cabe anotar que este periodo marca el punto extremo de las tendencias totalitarias del régimen y que dará paso a la etapa conocida como el termidor.

Entre septiembre de 1981 y mediados de 1983, Irán quedó sumido en una guerra civil. La guerra desatada por los *mujahiddín* tenía una estrategia concebida en tres fases: *1)* desestabilización, mediante la eliminación de los principales líderes, mostrando así su vulnerabilidad y tratando de agotar el liderazgo religioso o al menos amedrentarlo; *2)* enfrentamiento directo con las fuerzas religiosas movilizando gradualmente a diversos sectores descontentos de la sociedad; *3)* el levantamiento general.[52] El clero, por su parte, también trazó su estrategia que se resume en una represión brutal y en la decisión de conservar el poder.[53] Se calcula que en el lapso que duró la guerra interna los *mujahiddín* asesinaron a unos 2 000 líderes religiosos, incluidos siete representantes personales de Khomeini en las provincias.[54]

Con la llegada de Khamenei a la presidencia, el clero radical se posesionó definitivamente del aparato gubernamental. Alí Khamenei

---

[50] Amir Taheri, *op. cit.*, p. 277.
[51] Cheryl Bernard, *op. cit.*, p. 122.
[52] Shaul Bakhash, *op. cit.*, pp. 218-219.
[53] *Ibid.*
[54] Fred Halliday, "Year IV of the Islamic Republic", *MERIP Reports*, vol. 13, núm. 3 (marzo-abril de 1983), p. 6.

procedió a organizar la represión para lo cual formó un triunvirato de *mullahs* excepcionalmente brutales que instaurarían la época del "terror revolucionario". Ellos eran Gilani, Tabrizi y Lajevardi. Los *pasdarán* se encargaron de buscar a todos los elementos corruptos y a los asesinos *mujahiddín*. Se sucedieron ejecuciones sin fin que hicieron palidecer a las peores épocas de represión de tiempos del sha. En un solo día, 19 de septiembre de 1981, fueron fusiladas 140 personas y al final de ese año el número de víctimas ascendió, en cifras oficiales, a 6 000. El imam respondía a la violencia con más violencia y aprobó la represión como una "cura de emergencia" para la sociedad iraní que debía ser purgada de todos los elementos corruptos de una vez por todas.[55] "Sólo un sincero extremista en una Revolución puede matar porque ama al hombre... puede lograr la paz a través de la violencia y liberar al hombre esclavizándolo."[56] Los clérigos, dominando desde un principio el poder judicial, se encargaron de "legitimar" en nombre del Islam la extensa purga que se hizo de la sociedad y la represión contra la guerrilla. Así, el entonces ministro de Relaciones Exteriores, Sadeq Qutzabdeh, se jactaba de que de su ministerio habían sido expulsados 2 000 "malos funcionarios". El ministro de Educación, Raja'i, se ufanaba de haber expulsado a 20 000 maestros, y en el ejército unos 8 000 oficiales habían corrido igual suerte. Muchos profesionistas de la clase media acabaron por huir del país y, especialmente, los bahais fueron objeto de persecuciones.[57] Desde mayo de 1980, a instancias del imam, se había lanzado una campaña antinarcóticos que se extendería en oleadas concéntricas a otros muchos "pecados" de la sociedad. (En este sentido, el periodo de represión corre parejo con la revolución cultural que se verá en la segunda parte.)

Desde luego, como ya se mencionó, la represión alcanzó sus peores momentos tras la insurrección de los *mujahiddín*. El nuevo procurador general Mussavid Tabrizi, anunciaría: "No podemos practicar la compasión o perdonar cuando nos enfrentamos a tanta gente [rebelde]." El otro gran conquistador, Mohamed Gilani declararía: "El Islam no permite que los heridos rebeldes sean hospitalizados", y su

[55] Un uso extensivo del terror no es característica esencial de los regímenes totalitarios pero es muy posible que ocurra en su fase de consolidación. El grado ha variado de un caso a otro. Se empleó en la Revolución Francesa, en el ascenso del nazismo, en la Unión Soviética de Stalin y en la China de Mao, por citar algunos casos. Mao, por ejemplo, aseguraba que durante sus primeros cinco años de gobierno habían muerto cerca de un millón de "enemigos del pueblo", pero algunos calculan que fueron tres millones. Véase Ch. Bernard, *op. cit.*, p. 122.
[56] Crane Brinton, *The Anatomy of Revolutions*, Nueva York, Vintage Books (edición revisada), 1965, p. 159.
[57] Shaul Bakhash, *op. cit.*, p. 112.

colega Lajvardi consideró que "la edad no es obstáculo para las ejecuciones" por lo que desde los 12 años se podía imponer la pena de muerte.[58]

Khomeini llamó a los niños a cooperar manteniendo informado al régimen sobre todo lo que ocurriera a su alrededor. Se calcula que al final del periodo de terror hubo un saldo de 20 000 muertos y unos 40 000 prisioneros.[59] Al mismo tiempo, pedía a los ulama que aceptaran gustosos el martirio en nombre del Islam.[60]

Desde agosto de 1981, el líder de los *mujahiddín*, Rajavi, y Bani Sadr salieron de Irán y establecieron un Consejo Nacional de Resistencia en París. El programa que establecieron estaba destinado a atraer a la clase media tradicional y moderna, siendo sus principales enemigos el sha y sus familiares y Khomeini. En diciembre de ese año lograrían el apoyo del Partido Democrático Kurdo, que también sería víctima de una represión brutal.[61]

Paralelamente a la rebelión de las guerrillas el régimen enfrentó intentos fallidos de golpe de Estado por parte de un sector militar. Incluso antes de la caída de Bani Sadr, en julio de 1980, un grupo de oficiales de la fuerza aérea bombardeó la residencia de Khomeini. En junio de 1982 hubo otro intento por parte del ejército que posiblemente estuvo vinculado con Bani Sadr. En agosto de ese año se descubrió otra conspiración contra Khomeini que involucraba a varios oficiales y a Qutzabdeh, antiguo protegido del imam, y al ayatollah Shariatmadari.[62]

La oposición del clero ortodoxo

El caso Shariatmadari merece mayor atención. Para Khomeini la verdadera amenaza a su régimen provenía de la disidencia del clero, que era el único que realmente podía cuestionar su legitimidad y liderazgo. Tal había sido el caso de Shariatmadari, que había aglutinado a su alrededor (en el PIRP) no sólo a los grandes ayatolahs sino a va-

---

[58] *Ibid.*, p. 221.
[59] Fred Halliday, "Year IV...", *op. cit.*, p. 6.
[60] Desde 1981 en adelante la seguridad del imam se convirtió casi en sinónimo de la supervivencia del régimen pues su figura carismática era el principal punto de equilibrio en medio de las guerras interna y externa. A partir de los atentados de junio y agosto, el imam abandonaría Teherán para trasladarse a la cercana villa de Jamarán; un lugar de recreo de la aristocracia monárquica pero que fue completamente evacuado y convertido en fortaleza para salvaguardar al imam. De igual forma, los demás ulamas se proveyeron de guardianes personales y en 1984 se calcula que el régimen gastó más de 5 000 millones de dólares —15% de la renta petrolera— en seguridad interna. Véase Amir Taheri, *op. cit.*, pp. 283 y 292.
[61] Sh. Bakhash, *op. cit.*, p. 218.
[62] H. Bashiriyeh, *op. cit.*, p. 161.

rios *mullahs* y a los *azeris*, representando 23% de la población de Irán, además de una buena parte del sector de los bazaaris descontentos con los excesos de los integristas y, en último momento, a gran parte de la clase media moderna que había quedado fragmentada y acéfala tras la caída de Bazargán y, posteriormente, de Bani Sadr. Sin embargo, Shariatmadari no tenía en el fondo la intención de oponerse a Khomeini y mucho menos de remplazarlo. Era, ante todo, un enemigo de la violencia y se mostraba poco interesado en entablar una verdadera lucha por el poder. Más bien había prestado su imagen y su persona para elevar una serie de críticas a los radicales del régimen, pero todo parece indicar que no tenía aspiraciones propias. Deseando evitar una confrontación con Khomeini que pudiera dar pie a acciones violentas de sus seguidores —de hecho ya había habido enfrentamientos entre el PIRP y los *pasdarán* en Tabriz— aceptó aparecer en televisión y reconoció públicamente su "culpabilidad" y sus "errores" además de su vinculación con el atentado a Khomeini. Qutzabdeh, por su parte, se rehusó a retractarse y fue ejecutado. Shariatmadari fue el primer ayatollah en la historia del shiismo en sufrir la defenestración privándosele de sus investiduras y obligándosele a utilizar el traje occidental. Shariatmadari, además, aceptó retirarse de la vida pública permaneciendo en arresto domiciliario hasta su muerte (1985). Khomeini se había ceñido a su propio dictamen según el cual un *mullah* no debía por ningún motivo, derramar la sangre de otro *mullah* Sin embargo, la humillación infligida a un personaje de tan alta investidura como Shariatmadari fue una afrenta a la alta jerarquía shiita. Como diría el propio Shariatmadari: "El poder es como un dragón hambriento que mientras más come, más carne demanda; la causa del Islam no se beneficiaría del uso de la violencia."[63] Shariatmadari se rehusó a aceptar los ofrecimientos de ayuda por parte de sus colegas quienes, a partir de este hecho, rompieron virtualmente sus relaciones con Khomeini. La derrota del gran ayatollah le permitió a Khomeini proclamarse líder supremo y encauzar todos sus esfuerzos a exportar la revolución.

Para 1983, las guerrillas habían sido diezmadas y ello determinó un notable descenso en sus actividades; sus tácticas habían fracasado al igual que durante la monarquía no sigue siendo capaz de incitar a la población a rebelarse. Paralelamente, la insurrección kurda fue desactivada aunque se mantendría su resistencia. Uno de los primeros efectos adversos de la represión extendida e indiscriminada fue que comenzó a alienar a la población, en particular a los bazaaris, que frecuentemente eran también víctimas de los jueces islámicos. A instancias de los ayatollahs Montazeri, Tabatabai y Rafsanjani, el imam

[63] Amir Taheri, *op. cit.*, pp. 281 y 282.

fue persuadido de la necesidad de poner fin a la era de terror. Especialmente graves fueron las acusaciones contra los propios *mullahs* justicieros por sus excesos. Comenzó así una contraofensiva respaldada por el imam. En diciembre de 1982 se dio el primer paso al expedir un decreto en el que se impedía a los guardias revolucionarios la violación de domicilios, las confiscaciones, el espionaje y las detenciones arbitrarias sin una orden de los tribunales.[64]

El termidor revolucionario

El noveno día de termidor (1794) Robespierre fue derrocado marcando el fin de la era de terror de la Revolución Francesa. En la abstracción hecha por Brinton, termidor viene a representar la etapa de convalecencia después de la fiebre revolucionaria. Esta etapa se caracteriza por la amnistía concedida a los perseguidos, un descenso en las actividades de movilización de masas y un mayor conservadurismo en la política económica.[65]

En todas las revoluciones los mecanismos de control social se desintegran temporalmente y los intereses y demandas reprimidas de individuos, grupos y clases se desatan dominando con su violencia la escena política. Las revoluciones tienden a politizar a su población y rompen la distancia entre la esfera de lo económico y lo político. La participación de las masas en el escenario político conduce al extremismo y, en el caso de Irán, el de los tres primeros años (Bani Sadr y Beheshti) terminó por alienar a la clase media y alta moderna y la tradicional debido a las purgas en la burocracia, las confiscaciones y las amenazas de nacionalizaciones. En diciembre de 1982, Khomeini lanzó un decreto en el que hizo un llamado al orden y la serenidad. Instó a los jueces y comités a evitar los abusos y las violaciones a las garantías individuales: "La gente debe tener confianza y comprometerse en las inversiones económicas; no estamos aquí para expropiarlos."[66] Una corte especial fue establecida para investigar los abusos y revisar los casos, además el trío que formaba la "inquisición iraní" fue despedido. A raíz del decreto mencionado de Khomeini los comités anticomités comenzaron su labor enjuiciando a los procuradores y jueces del terror y liberando presos. En esta reacción se observa la intervención de los elementos más conservadores o tradicionales del clero y, en particular, de la organización clerical semiclandestina llamada la *hojjatiyeh*. Su líder mantiene estrechos lazos con los grandes ayatollahs de Qum, en particular Shirazi y Qumi, a los que acu-

---

[64] Sh. Bakhash, *op. cit.*, p. 113.
[65] Crane Brinton, *op. cit.*, p. 209.
[66] Hossein Bashiriyeh, *op. cit.*, p. 180.

den los bazaaris descontentos por la represión y la situación de caos económico que vivía el país. Su punto de vista encuentra eco en el Consejo de Guardianes y, en adelante, será un freno a las medidas radicales del PRI. Ellos acusan a los integristas de ser víctimas de infiltraciones del Tudeh y de otros elementos comunistas. Significativamente, entre abril y marzo de 1983 el Tudeh, que había dado su apoyo a la purga revolucionaria, fue proscrito y 300 soviéticos fueron expulsados.[67]

Al parecer, algunos pragmáticos como Rafsanjani y Mussavi hicieron ver al imam los efectos perversos sobre la economía de una represión tan brutal y el peligro de que se desataran demandas cada vez más radicales y difíciles de satisfacer. En efecto, la actividad del bazaar y la actividad petrolera habían decaído notablemente —por no mencionar la devoción de los fieles— lo que se reflejaba en una merma en las exportaciones que en 1982 representaron un tercio del valor que tuvieron en 1980. Era urgente para el gobierno islámico restaurar sus buenas relaciones no sólo con los sectores productivos en el interior del país, sumamente resentidos por la represión, sino con los mismos países occidentales debido a la prolongación del conflicto con Iraq.[68]

Prácticamente se puede considerar que el termidor se había mantenido hasta esa fecha caracterizado por una mayor racionalización en las acciones del gobierno tanto a nivel político como económico. Al mismo tiempo, se consolidaban en el poder los ulama, particularmente en el Parlamento y en el Consejo de Guardianes, mientras Khomeini, en parte debido al creciente deterioro de su salud, reducía su intervención en el gobierno. En el aspecto económico, que es el que más preocupaba a los bazaaris, las reformas radicales surgidas en el periodo anterior, serían congeladas o, de plano, se daría marcha atrás (ver capítulo IV).

Las consecuencias de la caída de Bani Sadr y de Shariatmadari

La derrota de Bani Sadr marca el fin de una etapa de la Revolución de Irán. Ciertamente, se trata de un periodo turbulento y de transición en el que la heterogénea alianza de fuerzas políticas y de ideologías que habían derrocado al sha se desintegra buscando cada una cumplir con sus ideales y satisfacer sus demandas particulares. Independientemente de las innumerables demandas particulares, la escena política está dominada por la pugna entre dos proyectos alternativos: el laico y el de los *tawhidis* o integristas, miembros del clero radical

---
[67] *Ibid.*, p. 181.
[68] Shaul Bakhash, *op. cit.*, p. 230.

que luchan por el poder. En medio de ellos quedaba el imam con un proyecto claramente definido de "purificación" de la sociedad, salvando los valores auténticos del shiismo iraní (entendidos como valores universales) que se habían visto seriamente afectados por el *shock* cultural que había precipitado el proyecto modernizador del sha: la Gran Civilización. Una gran cantidad de frustraciones y resentimientos sociales habían encontrado cauce en el discurso mesiánico de Khomeini; ninguna de las fuerzas políticas se oponía al discurso del imam pero, una vez derrocado el sha, demandaban la solución a una serie de problemas concretos, desde la creación de un sistema político realmente participativo hasta la solución del eterno problema de las revoluciones: la demanda de justicia social y la necesidad de reactivar la economía.

Todo parece indicar que Khomeini, en estos dos primeros años, reconoció tanto la capacidad del clero para tomar en sus manos las riendas de la administración como la falta de un proyecto de reforma socioeconómico propio que diera respuesta a todas las demandas. Por otra parte, él no podía reclamar para sí el monopolio del poder pues muchos otros grupos habían participado activamente en la revolución y contaban con cierta legitimidad para aspirar al gobierno del país. En realidad sólo una facción del clero, la que integró el PRI, estaba dispuesta a luchar por el poder; pretendían usar la figura carismática de Khomeini para legitimar sus reclamos y contar con la audaz y ambiciosa figura de Beheshti. Sin embargo, Khomeini no dio su apoyo incondicional al partido al que veía como un instrumento secundario, al lado de las demás organizaciones islámicas, para implementar su proyecto de islamización de la sociedad iraní dejando los asuntos administrativos y políticos a Bazargán y a la coalición de partidos democráticos. Al mismo tiempo, el imam no hizo ningún esfuerzo por detener la creciente politización del clero ni, mucho menos, por evitar la formación de una soberanía dual en la que el clero radical formaba una estructura extralegal paralela al aparato legal heredado del *ancien régime*. Cuando cayó Bazargán, contra todas las expectativas de Beheshti, Khomeini volvió a dar su apoyo a un laico que estaba íntimamente identificado con el proyecto islámico. Al igual que Bazargán, Bani Sadr creyó contar con el apoyo incondicional del imam pero éste mantuvo su posición ambigua no sólo tolerando sino fomentando la pugna derivada de esa duplicación en el aparato estatal.

Bani Sadr y Beheshti mostraban proyectos autoritarios opuestos: uno atrincherado en la presidencia y otro en el Parlamento y el PRI. Sin embargo, Khomeini había dejado claramente asentado en su proyecto constitucional la necesidad de evitar, a toda costa, la formación de un poder ejecutivo fuerte que pudiera convertirse en una nueva dictadura; para eso estaban el gran faquí y el Consejo de Guardianes que debían vigilar y contrarrestar tales tendencias. En última instancia, Khomeini no podía favorecer ni a Beheshti ni a Bani Sadr. En el caso de este último se descubre un proyecto de autoritarismo populista que quedó truncado.

Tanto el presidente como el líder del PRI intentaron una política populista. Beheshti movilizó a la gran masa de desposeídos encuadrándolos en un sinnúmero de organizaciones, pero no pudo hacerlo sino recurriendo al carisma del imam con el que no podía competir. Por su parte, Bani Sadr quiso atraer a los sectores medios socializantes pero no pudo captar sino a los elementos más radicales organizados en los *mujahiddín*. Sin lugar a dudas la guerra con Iraq contribuyó a desviar la fuerza que Beheshti y Bani Sadr podrían haber concentrado para desencadenar una guerra civil a gran escala. Por ello, no es extraño que el imam describiera la guerra como "una bendición de Allah"[69] que le permitiría no sólo terminar con los faccionalismos internos sino cumplir con el principal objetivo de su revolución, es decir, la exportación al resto del mundo islámico.

La rebelión de los *mujahiddín* permitió al clero terminar virtualmente con los sectores radicales de izquierda que en nombre del Islam proclamaban una sociedad sin clase ni explotación fuertemente influidos por el marxismo. Al mismo tiempo le permitió al clero demostrar su capacidad de gobierno y, sobre todo, "pagar su cuota de sangre" a la revolución, legitimando así su derecho a ejercer el poder.

Para Khomeini, el fracaso de Bazargán y la traición de Bani Sadr y de Qutzatdeh le habían demostrado suficientemente la imposibilidad de confiar el gobierno islámico a los laicos ya que se aferraban al proyecto occidentalizador —Bazargán en su versión democrática y liberal y Bani Sadr en su versión sincrética, Islam y socialismo— con tendencias autoritarias.

A partir de la llegada de Khomeini a la presidencia, el clero ocuparía plenamente los puestos políticos dirigentes en la nueva república. Pero quizá una de las consecuencias más importantes de la guerra interna y del 'reinado de terror", para el clero khomeinista, fue no sólo la eliminación de los elementos políticos que se le oponían sino, sobre todo, que se llevó a cabo la revolución cultural que Khomeini demandaba para completar su misión islamizadora en Irán.

LA REPÚBLICA ISLÁMICA

En esta segunda parte se analizarán los diversos aspectos del proyecto revolucionario islámico triunfante. En primer término el proyecto po-

---

[69] Amir Taheri, *op. cit.*, p. 273.

lítico derivado de la Constitución. En segundo término el proyecto económico, y, finalmente, el proyecto cultural y social. En un cuarto apartado se analizarán diversos aspectos que caracterizan a la nueva élite hierocrática gobernante.

La Constitución

Luego del referéndum de marzo de 1979 en que "el 98.2% de la población" se había pronunciado en favor de una República Islámica, Khomeini procedió a hacer la proclama formal el 1o. de abril. En su discurso dijo, en clara alusión a Bazargán:

> Aun ahora escuchamos reclamos por una república "democrática"... esto es, una república occidental. Somos independientes... nuestras leyes son islámicas... Todo deberá cambiar, como todas las naciones han cambiado.[70]

La elaboración del proyecto de Constitución se aceleró y la primera versión estuvo lista en junio de ese año. En ese mismo momento 11 ministros renunciaron en protesta. El Consejo Revolucionario no hizo sino aprovechar la situación para infiltrar a algunos miembros del clero, o ligados a éste, dentro del gabinete liberal. Los Hojjat al Islam, Kani, Rafsanjani, Bahonar y Khomeini ocuparon los ministerios de defensa, educación y del interior, como viceministros.[71] El Consejo de Expertos, dominado por el clero integrista, publicó la nueva versión de la Constitución, con la aprobación del Imam, para someterla a referéndum (noviembre de 1979). Esto irritó a los grupos seculares que esperaban tener una activa participación en la redacción de la nueva Constitución considerando que tenían todo el derecho a imprimir su punto de vista como fuerzas revolucionarias alternativas al clero.[72] El Frente Democrático Nacional, dirigido por el nieto de

---

[70] Cheryl Bernard, *op. cit.*, p. 113.
[71] Asaf Hussain, *Islamic Iran*, Nueva York, St. Martin's Press, 1985, p. 153.
[72] La mayor diferencia entre moderados y extremistas-integristas surgió en torno al proyecto constitucional. El gobierno provisional publicó una primera versión que desagradó en extremo a Khomeini. En gran medida reproducía la Constitución liberal de 1906. Bazargán esperaba que su texto se debatiera en una "Asamblea Nacional Constituyente" donde participaran todas las fuerzas revolucionarias y no sólo el clero. Khomeini y el Consejo Revolucionario se opusieron a tal asamblea y, a cambio, propusieron la elección de un "Consejo de Expertos" compuesto por 73 juristas versados en las normas islámicas. El PRI maniobró hábilmente para asegurar que 60 de los 73 fueran miembros del clero. Los moderados hubieran podido contrarrestar tal predominio de no haber estado divididos y, sobre todo, de haber contado con el apoyo del PIRP que justo en ese momento y, en gran medida por las presiones de su

Mossadeq, protestó violentamente acusando a Khomeini de usurpar y monopolizar el poder y de llevar al país a una nueva dictadura. De igual forma, el clero tradicional centrado en torno a las figuras de Taleqani y Shariatmadari criticaron a Khomeini.[73]

La Constitución fue aprobada por el Consejo Revolucionario y, tras el referéndum, entró en vigor el 1o. de enero de 1980. La Constitución establecía una República Islámica, el presidente sería electo por voto general y secreto. El presidente elegiría un primer ministro ratificado por el Parlamento; éste contaría con 270 diputados electos de forma directa y secreta.

Las instituciones clave de la República de acuerdo con la Constitución son, en primer lugar:

a) El *majlis*: cuenta con 270 miembros entre los que los zoroastrianos, judíos y los cristianos tienen un representante cada uno. La declaración de la ley marcial está prohibida aunque en casos excepcionales el gobierno puede imponer ciertas restricciones con aprobación de la Asamblea que no excederá de 30 días.

La contratación de créditos del exterior o internos por parte del gobierno (se entiende el Poder Ejecutivo) dederá ser aprobada por la Asamblea. (El gobierno no tiene facultad de hacer ningún tipo de concesiones a extranjeros en ningún sector.)

Los representantes de la Asamblea no pueden ser arrestados o juzgados en virtud de la expresión de sus opiniones.

b) El Consejo de Guardianes: está integrado por 12 miembros, seis son escogidos por el faquí y seis por la Asamblea a petición del Consejo Judicial. Los 12 deben estar versados en la jurisprudencia islámica. Sin el Consejo de Guardianes la Asamblea no tiene existencia legal. Toda la legislación pasada por la Asamblea debe ser revisada por el Consejo. La interpretación de la Constitución es responsabilidad del Consejo.

El Consejo tiene responsabilidad en la supervisión de las elecciones para presidente, para la Asamblea o en caso de referendums.

c) El Alto Consejo de las Provincias: se encarga de cuidar del adecuado y equitativo diseño de planes de desarrollo para las provincias. Sus miembros provienen de los Consejos Locales.

Todas las unidades de trabajo, industrias, agroindustrias, admi-

---

rival el PRI, se disolvió. De esta manera se aseguró el dominio de los extremistas clericales. Véase, R. Ramazani, *op. cit.*, p. 452.

[73] Gioconda Espina, "La Constitución de 1906 y la insurrección popular iraní de 1978", en *Estudios de Asia y África*, vol. XV, núm. 1 (enero-marzo de 1980), p. 151.

nistración, sector educativo y similares tendrán un consejo formado por trabajadores de las mismas que supervisen la aplicación de la justicia islámica.

d) El líder o Consejo de Liderazgo (el faquí): sus prerrogativas son: *1*) nombrar a los miembros del Consejo de Guardianes; *2*) nombrar a la suprema autoridad Judicial; *3*) nombrar al Jefe de las Fuerzas Armadas; *4*) nombrar o destituir a los comandantes del Ejército o de los *pasdarán*; *5*) establecer el Supremo Consejo Nacional de Defensa (con siete miembros): el presidente, el primer ministro, el ministro de defensa, el comandante del ejército, el comandante de los *pasdarán* y los asesores nombrados por el líder; *6*) nombramiento de los oficiales de primer rango en el ejército; *7*) declaración de la guerra o la paz y movilización de tropas a propuesta del Supremo Consejo de Defensa; *8*) ratificación del presidente tras su elección (la confirmación de los candidatos a la presidencia deberá ser hecha por el Consejo de Guardianes); *9*) cesar al presidente una vez que la Asamblea o la Suprema Corte lo declare incompetente.

El Consejo de Expertos es el encargado de remover al faquí o a los miembros del Consejo de Liderazgo en caso de que dejaran de cumplir con las especificaciones del artículo 109. El líder o el Consejo de Liderazgo debe responder ante la Ley como cualquier otro miembro de la nación.

e) De particular interés para los ulama era el poder judicial dada la naturaleza normatista del Islam. El sistema judicial había sido una de las esferas o dominios reservados antes de la secularización emprendida por los Pahlevi. Así, de acuerdo con la nueva Constitución, el más alto poder judicial es el Supremo Consejo Judicial compuesto de cinco *mujtahids*, dos de los cuales son nombrados por el faquí. En agosto de 1982 todos los códigos prerrevolucionarios (adoptados desde 1907) fueron declarados nulos y el Supremo Consejo Judicial ordenó a los jueces y magistrados ejercer su autoridad sobre la base exclusiva de la *Sharia*. Desde luego, la medida pronto probó su inaplicabilidad práctica y de hecho se establecerá una estructura legal dual con la supervivencia de los códigos anteriores al lado de los islámicos.[74]

f) El presidente: es el que sigue en posición al líder. Su periodo es de cuatro años con posibilidad de una reelección. El presidente debe ganar la mayoría absoluta de votos, debe cumplir con las disposiciones aprobadas por la Asamblea o *Majlis*. El presidente podrá sugerir a la persona que ocupe el cargo de primer ministro.

g) El Gabinete: los ministros son nombrados a propuesta del pri-

---

[74] Hossein Bashiriyeh, *op. cit.*, p. 166.

mer ministro y aprobados por el presidente para ser presentados a la Asamblea que les dará su voto de confianza.

Al primer ministro le compete poner en ejecución la Ley. El primer ministro permanecerá en el poder en tanto tenga la confianza de la Asamblea.

Gobierno islámico vs. gobierno republicano

En la redacción de la nueva Constitución hubo tres conceptos clave para el futuro sistema político que serían objeto de amplios debates —soberanía, equilibrio de poderes y *vilayet e faquí*— resultado de la mezcla de conceptos e instituciones islámicas figuradas por Khomeini y por la tradición shiita con instituciones herencia de la ideología liberal republicana. Pero, en última instancia, todos estos conceptos apuntan a una cuestión fundamental en la revolución que es la participación.

a) La soberanía: el principio 56 dice:

> La soberanía absoluta sobre el hombre y el universo pertenece a Dios y es Él quien hace al hombre soberano sobre su destino social. Nadie puede privar al ser humano de este derecho divino ni ejercerlo para beneficio de un individuo o de un grupo específico pues el pueblo ejerce este derecho otorgado por Dios. . .

Respecto a este último punto cabe recordar una de las tradiciones del Profeta, muy arraigada en la cultura política islámica, que dice: "Mi comunidad no puede estar unánimemente en el error", el consentimiento general, pues, tiene el valor del *ijtihad*, de la interpretación correcta de la Ley y en última instancia de la voluntad divina. Con base en el valor que se reconoce al consenso se debe entender la práctica de los referendums y la "elección" misma del faquí.

El artículo 6 hace referencia a este principio de "Consenso Comunitario" que no es estrictamente una práctica democrática.

> En la República Islámica de Irán los asuntos del país deben ser administrados teniendo en cuenta la opinión del pueblo a través de elecciones tales como [las] presidenciales, generales [de] miembros de los consejos y otras análogas. También habrá referéndum. . .

Sin embargo, Khomeini en su *Gobierno islámico* señala que puesto que la comunidad es incapaz de gobernarse a sí misma,

> conducir el gobierno y crear las bases de un Estado islámico son un *de-*

ber hacia la comunidad que el justo faquí *debe* cumplir. Es un *deber* de la comunidad plegarse a este gobierno.[75]

Aunque se reconoce la soberanía en el pueblo se sobreentiende que el faquí actúa como su custodio o regente. El faquí es el único que posee el conocimiento adecuado para dirigir al gobierno islámico y aplicar la *Sharia* y la comunidad debe obedecer segura de que las cualidades morales intachables del jurisconsulto impedirán un régimen despótico. Por otra parte, el faquí no es infalible pues carece de las cualidades superiores de los imames salvo las que se refieren al ejercicio de la autoridad terrenal en el gobierno y la política. "Como el Profeta ordenaba azotar 100 veces al adúltero y lo ordenaba el Imam así lo ordenará el faquí y como ellos él recolectará los impuestos y dará órdenes a la comunidad para bienestar de la misma como ellos lo hicieron."[76]

El preámbulo de la Constitución consagra este principio cuando habla de la "Soberanía del faquí justo", y dice: "Sobre la base de la soberanía del orden y el imamato continuo, la Constitución prepara el terreno para el cumplimiento del liderazgo del faquí que reúna todas las condiciones y al que el pueblo haya reconocido como líder..."

b) El equilibrio de poderes: como es evidente, hay una serie de contradicciones. Si Dios otorgó al pueblo la soberanía para que éste definiera su destino social entonces el Corán sale sobrando o implícitamente queda al mismo nivel que la Constitución hecha por el hombre, lo cual rayaría en herejía para los mujathids ortodoxos. Con base en este argumento, el Sheikh Nuri refutó la Constitución de 1906.[77] Tampoco puede soslayarse la contradicción que existe al colocar al faquí y los poderes Ejecutivo, Legislativo y Judicial como soberanos e independientes, sobre todo cuando se examinan los más amplios poderes del faquí que de hecho rompen el supuesto equilibrio del sistema (véase el artículo 110). No podría ser de otra forma puesto que, si se recuerda la teoría política shiita, el Imam como los profetas son las personas designadas por Dios para gobernar a su comunidad y, en su ausencia, son los faquíes los que ejercen ese gobierno. De ahí que, en esencia, las instituciones republicanas insertadas en la concepción del Gobierno Islámico de Khomeini quedaran reducidos a meros cuerpos consultivos o administrativos.

---

[75] Norman Calder, "Accommodation and Revolution in Imani Shi'i Jurisprudence: Khumayni and the Classical Tradition", en *Middle Eastern Studies*, vol. 18, núm. 1 (enero de 1982), p. 14.
[76] *Ibid.*
[77] M. Figueroa Ruiz, *op. cit.*, p. 23.

Frente a esta interpretación "islámica" el principio 57 resulta una mera ficción:

> Los poderes soberanos de la República Islámica son el poder Legislativo, el Ejecutivo y el Judicial. Todos ellos se ejercen bajo la gestión del imamato de la comunidad. . . (estos) poderes son independientes uno del otro y su interrelación se realiza por medio del presidente de la República. El ejercicio del poder Ejecutivo —salvo aquellos asuntos que esta ley confiere directamente a los faquí— corresponden directamente al presidente, al premier y a los ministros.

El faquí, en principio, queda al mismo nivel que el presidente y ambos comparten el poder Ejecutivo. Pero, de hecho, el verdadero poder de representación soberana como se explicó antes quedaría en el faquí. Bani Sadr intentó ejercer el "mandato" del pueblo como presidente y Khomeini no dudó en destituirlo ejerciendo el mandato de la *Sharia* que está por encima de la supuesta voluntad popular. En este sentido se entiende que la voluntad popular y los preceptos de la Sharia no pueden oponerse. En relación con la Sharia hay que recordar que en la exégesis bíblica cristiana se reconocen dos autores para cada uno de los libros que componen la Biblia —Dios y el hombre— por tanto es posible aplicar al texto bíblico la crítica literaria e histórica que permite deslindar el mensaje divino de las condicionantes humanas. Al Corán, sin embargo, no es posible aplicarle ninguna crítica. El Corán es increado, es la palabra eterna de Dios y la fuente de la ley islámica o *Sharia*. El trabajo de los doctores de la ley, los ulama —y en el caso específico del shiismo, los *mujtahids*— no es legislar ni modificar la ley, sólo descubrirla. El trabajo de la aplicación por vía de la interpretación es delicado. Se reconocen tres instrumentos válidos: la *sunna* (tradición sobre el comportamiento del Profeta), el *quiyás* (razonamiento analógico) y el *iyma* (el consentimiento general).

La ley es ante todo de origen divino y, como tal, es eterna, perfecta, infalible. Sólo Dios podría cambiarla, pero dado que Mahoma fue el sello de los profetas, tal cosa no es concebible. En el Islam no hay, en principio, cabida a la idea —como dentro de la civilización romanocristiana— de un Estado que se legitime a sí mismo y posea capacidad para autolegitimarse. El ayatollah Noori trata de explicar la "lógica islámica del sistema": procurando salvar las contradicciones:

> La característica del gobierno islámico es que el Ejecutivo, en cierta forma, brota del Legislativo. El Legislativo consiste en dos cuerpos: la Asamblea de *Fatwas* (la *Fatwa*, como ya se ha explicado, es una opinión emitida por un *mujtahid* sobre cualquier asunto con valor de ley) compuesta por *mujtahids* especialistas en la Ley e ideología islámica (lo que

equivaldría, formalmente, a un Consejo de ancianos, a un Senado). Existe, además, una Asamblea Consultiva Islámica compuesta de hombres piadosos y de representantes de la nación islámica y de las minorías religiosas [da por hecho que son clérigos los que monopolizan la representación de la comunidad y elimina tácitamente a los partidos seculares]. Los dos cuerpos tienen el derecho de establecer o despedir al Ejecutivo y supervisarlo en sus funciones (el Senado tiene derecho a destituir al faquí incluso). El Legislativo no legisla en el sentido moderno ya que Dios es el legitimador (implica que la ley está revelada en el Corán) ellos sólo opinan e interpretan y aplican la ley... En la aplicación de la ley se ejerce el sublime principio de *ijtihad*.[78]

El *Majlis* o Asamblea Consultiva Nacional no cumple, pues, la función de un Parlamento propiamente. De hecho, con la eliminación de los grupos y partidos de oposición, salvo la del Movimiento de Liberación de Bazargán, el *Majlis* pasa a ser una asamblea de clérigos donde el conocimiento de la *Sharia* y de los preceptos islámicos se vuelven un requisito indispensable y por ende excluyente. El Consejo de Vigilancia o de Guardianes tiene un poder extraordinario de veto y en él está representado el alto clero con sus posturas característicamente más conservadoras. Más adelante Noori explica la rama judicial del Estado como "completamente independiente y soberana" en el Islam. No está sometida a la rama Ejecutiva. Es un deber religioso para cada juez aplicar la Ley Divina. El juez es el agente de Dios. La Ley Divina se aplica aun contra el gobierno pero, nuevamente en este punto el faquí, cabe recordarlo, es el supremo jurisconsulto y de hecho queda por encima de los jueces y de los demás poderes.

c) El *vilayet e faquí*: como se puede apreciar, a partir de la discusión en torno a la soberanía y al equilibrio de poderes, la clave de su verdadera significación gira en torno a la institución del *vilayet e faquí*. El famoso artículo 5 de la Constitución lo consagra así:

> Durante la ausencia del Imam de los tiempos (que Dios apresure su reaparición) en la República Islámica de Irán la gestión y el imamato están a cargo de un faquí justo, virtuoso, conocedor de su época valiente, eficaz y hábil cuyo liderazgo sea reconocido y aceptado por la mayoría. En caso de que ningún faquí goce de esa mayoría, el Consejo de Liderazgo, compuesto por los faquíes que reúnan las condiciones arriba mencionadas, asumirán esta responsabilidad...

El faquí, tal como lo concibe Khomeini, rompe con la interpretación tradicional de dicha institución y pasa a ser el supremo juez o

---

[78] Yahya Noori, *Islamic Government and Revolution in Iran*, Glasgow, Royston Limited, 1985, p. 36.

árbitro de la república, la instancia última de decisión; un cargo concebido a la medida de Khomeini pero que, a largo plazo, nadie más podrá llenar (véase capítulo II).

Cuando se discutió el proyecto constitucional en el Consejo de Expertos, la mayoría consideró la institución como algo benéfico y necesario. Así surgieron comentarios favorables:

> Hemos creado la vicerregencia otorgándola a un faquí para asegurar que nuestro gobierno sea islámico; para que los musulmanes se consideren obligados a obedecer al gobierno considerando que sus órdenes provienen de Dios mismo y sus disposiciones son legales y obligatorias. . . para evitar además que, con su autoridad, se prevenga la dictadura y el colonialismo.[79]

Otro de los ulama declaró: "En el Islam no existe la separación de poderes, en el Islam, la vicerregencia constituye el poder Ejecutivo, Legislativo y Judicial."[80]

La opinión más generalizada fue la de que el faquí constituía una barrera contra el resurgimiento de la dictadura, una figura neutral y superior que mantendría el orden entre las clases resolviendo los conflictos con justicia. "El faquí, como el Profeta, lleva consigo la piedad, la bondad y la justicia a la gente, no el absolutismo." Incluso, tomando la idea rousseauniana del contrato social se dijo: "Si el contrato social alguna vez fue realidad, fue con relación al Islam."[81]

Sin embargo, no faltaron las críticas a los poderes excepcionales que se atribuían al faquí; comenzaron desde el debate mismo en el Consejo de Expertos que preparaba el proyecto constitucional. Uno de los miembros consideró que la verdadera vicerregencia (del Imam) sólo puede corresponder a alguien "libre de pecado" o, al menos, que sea "experto" no sólo en la ley islámica sino en todo lo que sería la administración pública, la política y la economía. Por tanto, no había nadie que calificara. La doctrina del faquí, tal como se planteaba, llevaría a instaurar una "soberanía y una custodia" sin paralelo; "una autoridad que rivalizara con la autoridad del gobierno y que resultaría inaceptable."[82]

Otros estaban preocupados por la imposibilidad de encontrar un sucesor adecuado a Khomeini. En este sentido, uno de los expertos dijo: "En 1 400 años Khomeini es una excepción. . . varias centurias pasarán antes de poder encontrar a un hombre con sus cualidades su-

---

[79] Shaul Bakhash, *op. cit.*, p. 86.
[80] *Ibid.*
[81] *Ibid.*
[82] *Ibid.*, p. 84.

periores y con condiciones similares. . ."[83] Pero de particular importancia serían las objeciones de Shariatmadari como representante de la ortodoxia shiita. Shariatmadari no sólo criticó a Khomeini por estar atentando contra la tradición shiita atribuyéndose un poder superior al de sus iguales —los demás *marja e taqlids*— entre los que se contaba el propio Shariatmadari. Además, tales poderes nulificaban de hecho lo dispuesto en el artículo 56 de la propia Constitución que reconoce un "derecho soberano a la nación". Tal artículo dispone que "nadie" (implícitamente se incluiría al faquí) puede usurpar ese derecho soberano dado por Dios al pueblo. De igual forma Shariatmadari critica el principio quinto por no especificar claramente el límite del poder del faquí y el 110 por contravenir al 56 y al 6, ya mencionados. Ésta fue la base de la oposición del PIRP que se concentró en el Azerbaiján de donde Shariatmadari era originario.[84]

Se configuró así una clara división del clero. Por un lado, los integristas dispuestos a ejercer el poder en nombre de Dios sin distinguir entre religión y política. El pilar de esta corriente era un grupo de 11 clérigos, antiguos alumnos de Khomeini: Beheshti (sin duda el más radical), Ardabili, Rafsanjani, Montazeri, Kani, Bahonar, Amlashi, Nateq Nuri, Ghuddusi, Mussavi Tehrani y Khamenei.

La otra corriente era la del clero "ortodoxo" o tradicional que, en todo caso, apoyaba un régimen democrático y pluralista en el que al menos las facciones moderadas de los partidos políticos estuvieran representadas. Veían el papel del clero en la revolución como algo esencialmente transitorio sosteniendo, en el fondo, la separación de religión y política. Ellos estaban representados por Shariatmadari, Qumi, Shirazi, Mahallati y Zanjani. En general, abogaban por mantener el *statu quo* en la situación política y, principalmente, en la organización tradicional del clero shiita que debía limitarse a servir como "fuente de imitación" a la sociedad, sobre todo en un plano moral. Ellos se aferraban igualmente al concepto tradicional de *vilayet e faquí* entendido como una figura paternal encargada de velar por los huérfanos y los pobres.

Algunos otros altos ayatollahs, como Taleqani, sostenían una posición más independiente. Él apoyaría a los *mujahiddín* hasta su muerte en septiembre de 1979. Estaba especialmente preocupado por la tendencia absolutista y despótica del grupo de Khomeini que acabaría por violar el principio de la *shura* (entendido como consulta popular, base esencial de cualquier gobierno realmente islámico) para establecer un régimen totalitario.[85]

---

[83] *Ibid.*
[84] R. Ramazani, "Iran's Revolution. . .", *op. cit.*, p. 450.
[85] Hossein Bashiriyeh, *op. cit.*, p. 166.

A pesar de todas las objeciones, Khomeini se impuso y el principio 110 quedó sin cambios: Khomeini es el representante del Imam oculto, en calidad de *vilayet el faquí*, y cabeza suprema del Estado. Se hacía efectiva aquella vaga noción, discutida durante siglos, de que la autoridad legítima de este mundo, de acuerdo con la tradición shiita, podría ser ejercida directamente por lugartenientes del Imam oculto hasta su regreso.[86]

La Constitución y la participación

Se puede definir a la Revolución Iraní como un movimiento para destruir la legitimidad caduca de la monarquía y remplazarla por la legitimidad islámica del régimen hierocrático. En este sentido Weber distingue entre los principios de legitimidad que sustentan a un orden dado —sistema de ideas, normas, valores— y los motivos de los individuos de una sociedad para conformarse con tal orden. En el caso de la monarquía dictatorial de Irán, los motivos de los iraníes para conformarse prácticamente se reducían a la eficiencia administrativa que mantenía al régimen y a su eficiencia represiva.

La insensibilidad total del régimen hacia las demandas de la sociedad civil y, en particular, del sector tradicional que constituía la mayor parte de la población, le impidieron resolver la crisis de participación que él mismo había generado con lo que se desató la violencia revolucionaria:

> Teniendo en cuenta este aspecto y con el fin de que cada hombre, en la trayectoria de su evolución pueda participar, tenga cargos de responsabilidad y ejerza el liderazgo, la Constitución crea las condiciones necesarias para tal participación en todos los puestos de responsabilidad para todos los miembros de la comunidad [Constitución, preámbulo].

En este sentido, la revolución de Khomeini, además de reivindicar la defensa de la cultura tradicional frente a la amenaza occidentalizadora, debía construir un régimen legítimo en el que no sólo se garantizara la salvaguarda y continuación de los valores, instituciones —particularmente la del clero— y formas de producción tradicionales, sino que resolviera los males del sistema político que había sido repudiado y derrocado: la falta de canales de participación y el despotismo. A pesar de los aspectos autoritarios, el nuevo régimen está muy lejos de constituir una nueva versión de despotismo clerical. En este sentido, si la Constitución de 1979 tiene un sistema de pesos y contrapesos,

---

[86] Said Arjomand, *The Shadow of God and the Hidden Iman*, Chicago, University of Chicago Press, 1984, p. 11.

éste ciertamente opera en contra del Ejecutivo el cual queda reducido a una expresión mínima comparado con el régimen monárquico. En primera instancia, el Ejecutivo está sometido al faquí, al Consejo de Guardianes y a la Asamblea. El intento de golpe bonapartista de Bani Sadr fue fácilmente desarticulado por la vía institucional, lo cual demostró la efectividad del sistema.

Los integristas radicales —aglutinados en torno al Partido Revolucionario Islámico (PRI)— intentaron una y otra vez constituirse en partido totalitario y ejercer un dominio férreo sobre la sociedad, pero para ello requerían que Khomeini se convirtiera en "Secretario del Partido" o en el "líder", a lo cual el imam se rehusó. Al respecto, es elocuente la anécdota según la cual en una ceremonia pública, Fajr al Din Hijazi, uno de los más importantes demagogos del PRI, suplicó a Khomeini que si él era el Madhi (el Mesías) dejara caer el velo (del ocultamiento). Khomeini tan sólo guardó silencio.[87]

La idea de un partido clerical siempre disgustó al ayatollah y en ello coincide con los *mujtahids* ortodoxos. En un principio, permitió su existencia como forma de mantener organizado y cohesionado al clero durante la lucha por consolidarse en el poder. Sin embargo, la idea de un partido como intermediario entre el gobierno islámico hierocrático y el pueblo resulta repugnante dentro de la tradición shiita. Ni el clero ni la comunidad necesitan de un partido para hacerse representar ni para participar en el gobierno islámico. Entre Dios y el hombre no hay intermediarios y entre la Ley de Dios (el Corán) y el creyente los intermediarios son los *mujtahids*. Por ello no debe extrañar que Khomeini decidiera recientemente la disolución del partido. (La manera en que fue disuelto será tratada más adelante.) Lo que interesa apuntar aquí es que la ideología integrista radical del partido no era acorde con la postura más tradicional del imam y, sobre todo, la amenaza de que el partido acabara por monopolizar, como de hecho lo estaba haciendo, la participación política imprimiéndole una orientación ideológica "desviacionista" radical, constituía una seria amenaza a la estabilidad del sistema.

Khomeini ha favorecido, en cambio, la participación por medio de las instituciones tradicionales administradas por el clero, tal y como ocurrió durante la revolución en la que no fue necesaria la existencia de un partido para movilizar a la población, sino que se aprovechó ampliamente la infraestructura provista por las mezquitas, *madrasas, hussainiyyehs*, etc. En su calidad de *marja e taqlid* Khomeini tenía la facultad de nombrar a los directores de oración de las mezquitas de todo el país. Ellos tenían un estrecho contacto con los bazaaris y con la población en general. Sus sermones estaban altamente

---

[87] *Ibid.*, p. 269.

politizados siguiendo la "línea del imam" y, hasta antes de la disolución del PRI, frecuentemente entraban en contradicción con los delegados del partido. Es principalmente de este grupo de *mullahs* designados por Khomeini de donde saldrán los diputados al *majlis* en el futuro. Además de ellos, los *mujtahids* en las *madrasas* tienen un "electorado" cautivo en sus respectivas circunscripciones similar al que podrían tener los párrocos de los templos católicos o los *mullahs* revolucionarios en las aldeas. Todos ellos están altamente sensibilizados ante las necesidades de la población, particularmente de los *mustazafín*, y son las personas idóneas para llevar sus demandas al *majlis*. Esta argumentación es la que ha permitido al clero monopolizar la participación política.

La idea de que el *mujtahid* justo es el único adecuado para ejercer la regencia en nombre del Imam y de la comunidad se repite en todos los niveles del gobierno islámico. Después de la destitución de Bani Sadr el cargo de la presidencia quedó en manos de un *mujtahid*, asimismo, al ser erradicada la oposición política, las diputaciones quedaron prácticamente en manos de *mujtahids* y *mullahs* por su calidad de conocedores de la *Sharia* y por su reputación moral.

El estilo personal de Khomeini

Khomeini, en su calidad de fuente de imitación, pone el ejemplo del buen gobernante. A pesar de las inmensas atribuciones que le da el artículo 110 constitucional él actúa en calidad de vigilante y supervisor de la aplicación de la ley. Posee un poder de nomenclatura casi absoluto pero lo ha usado especialmente en la rama judicial. En este sentido ha intervenido para amonestar y castigar a los *mullahs* que no actúan conforme a sus obligaciones. Por ejemplo, un antiguo discípulo suyo encargado de la campaña antinarcóticos fue depuesto por comprobársele cargos de soborno; otro favorito suyo, el ministro de la Guía Islámica, fue igualmente depuesto tras un escándalo moral. En 1983 acusó a los *mullahs* por su "conducta relajada" y ordenó la destitución de 50 directores de oración.[88]

Se ha mostrado sorprendentemente cauto sobre los asuntos de administración y política. Así lo vemos referir al Parlamento cuestiones altamente controversiales como la reforma agraria, la nacionalización de la banca, la del comercio exterior, etc. Khomeini ha permitido que interactúen los *majlis*, el Consejo de Guardianes y el aparato estatal, fomentando entre ellos enfrentamientos. Las consecuencias de esta política deliberada serán analizadas posteriormente. Lo que hay que destacar es que se da un juego pluralista por medio de las faccio-

---

[88] Amir Taheri, *op. cit.*, p. 286.

nes que se han formado en el clero contrario a la imagen de un monolitismo totalitario. En este sentido Khomeini parece estar consciente de la estructura hipercentralizada de poder contra la cual combatió. Como se recordará, las fuerzas revolucionarias pudieron abatir a la monarquía con relativa rapidez debido a que el sha se había convertido en una frágil cabeza para un cuerpo demasiado grande y difícil de controlar. Fue suficiente golpear la cabeza para que todo el edificio se viniera abajo. Uno de los grandes atributos de Khomeini como líder radicó precisamente en su capacidad para detectar esa estructura y su punto débil dirigiendo a las fuerzas de oposición.

En el nuevo régimen, Khomeini ha favorecido una fuerza centrípeta relativa manteniendo un equilibrio dinámico entre una multitud de centros de poder menores. Tomando en cuenta que, al triunfo de la revolución, no había más de 85 000 ulamas y que, de éstos, una fracción importante se ha abstenido de participar políticamente, no deja de ser sorprendente la manera en que mantienen el control del país. Como ya se ha mencionado, la tradición antijerárquica y antiburocrática del clero ha sido un factor fundamental en el fortalecimiento de este sistema lo cual explica, en gran medida, que el sistema pudiera sobrevivir a los repetidos magnicidios perpetrados por los *mujahiddín* en 1981.

De esta forma Khomeini, al contrario del sha, no puede adjudicarse todos los éxitos del gobierno pero tampoco carga con la responsabilidad de los errores. Sigue la máxima coránica que sustenta el principio 7 de la Constitución: "De acuerdo con las directrices del Corán 'su asunto [es] consejo entre ellos' y 'aconséjate con ellos en el asunto'. . ." e incorpora en el gobierno multitud de órganos consultivos, el más importante de los cuales sería la propia Asamblea Nacional Consultiva o *Majlis*.

Lamentablemente el imam ha tomado como causa personal la guerra con Iraq y ha desoído cualquier consejo en el sentido de ponerle fin. El caso de la guerra es un empleo claro de la magnitud real del poder que tiene el faquí derivado no sólo de lo que la Constitución le confiere, sino de su carisma revolucionario y divinizante.

El proyecto económico

El pensamiento económico del clero es sencillo. El problema central que se ha venido discutiendo desde Al-Ghazali e Ibn Jaldún hasta nuestros días es el de la propiedad y las relaciones entre individuo y comunidad en términos de transacciones y ganancias así como la manera de regularlas con base en un ética derivada del Corán. Otro problema importante, tratado ya por Ibd Jaldún (siglo XIV) es el límite de la actividad gubernamental; su participación en empresas, los impuestos y la regulación de los bancos.

La propiedad en sí pertenece a Dios; los individuos tienen derechos en calidad de usufructuarios. Los impuestos son concebidos esencialmente como medios de redistribución de la riqueza en la comunidad, pero en última instancia, los únicos impuestos que un individuo está obligado a pagar son los que prescribe el Corán. De hecho, en varias ocasiones, el clero se valió de este argumento para minar el poder de la monarquía.

Para Khomeini la explotación del hombre por el hombre no era resultado de un sistema en el que ciertos grupos controlan los medios de producción en detrimento de los demás. La explotación debía considerarse como resultado de tendencias "satánicas presentes en algunos individuos" que debían ser regenerados o purgados de la sociedad como un foco infeccioso.[89] Así pues, fuera de una concepción esencialmente moral de las relaciones económicas ni Khomeini ni los demás miembros del clero podían entender una reforma económica.

En este sentido resulta notable la ausencia de escritos teóricos sobre lo que debía ser una economía islámica. En gran parte esto se explica por la falta de contacto con el pensamiento occidental en esta materia. Prácticamente sólo estaban disponibles tres obras que podían servir de guía a los revolucionarios: la del ayatollah Taleqani (muerto en septiembre de 1979), *Islam y propiedad*; la del iraquí, ayatollah Báqer Sadr, *Nuestra economía*, y la de Bani Sadr, *La economía de la divina armonía*. Los trabajos no son compatibles entre sí pero tienen algunos puntos de vista en común que son fundamentales. En primer lugar ponen énfasis en demostrar que el Islam, "como el capitalismo o el comunismo", tiene su propia filosofía y su propio enfoque independiente y que es autosuficiente para enfrentar los problemas económicos. En segundo lugar, trata de demostrar que el Islam, en su visión integrista, responde a los problemas de justicia social propios de la sociedad islámica de manera mucho más adecuada que la que pudiera derivarse de otras filosofías importadas.

Tanto Báqer Sadr como Taleqani tienen una formación religiosa y en sus trabajos destacan dos cuestiones importantes: *1*) la denuncia del sistema de explotación imperante y la existencia de una amplia clase de marginados o desposeídos de los que el Estado islámico debe encargarse. A decir verdad, este aspecto sería retomado por la Constitución de 1979 donde una serie de artículos sientan las bases de una seguridad social a cargo del Estado (artículos 21, 28-31); *2*) ambos autores destacan la importancia que debería tener el faquí como árbitro en la distribución de la riqueza, regulando la propiedad privada

[89] *Ibid.*, p. 259.

y los medios de producción sin proponer, sin embargo, ninguna medida de estatización de los mismos. En gran parte esta visión coincidiría con la de Khomeini.[90]

a) Mohamed Báqer Sadr estudió en Occidente y escribió su obra tratando de rebatir las teorías occidentales. En su libro *Nuestra economía* (1961) trata de presentar un sistema económico basado en la ética musulmana alternativo a la libre empresa del capitalismo y al colectivismo del marxismo.[91] El libro fue considerado "incomprensible" en Qum, pero la amistad personal entre Khomeini y Sadr permitieron a éste influir en el ayatollah estimulando sobre todo su idea de que el clero debía ejercer el poder directamente en beneficio de los desposeídos.[92] Báqer Sadr deriva sus puntos de vista de las tradicionales proposiciones islámicas en el sentido de que Dios es la fuente de todo poder, el único legislador y el único dueño de la tierra y sus recursos. El hombre le debe pleitesía sólo a Dios. Así infiere Sadr que

> El ser humano está libre y ningún otro ser humano o clase o grupo tiene potestad sobre él (salvo Dios)... Al ser Dios el dueño de todo lo que existe queda excluida cualquier forma de explotación del hombre por el hombre.[93]

Todo lo que el hombre posee lo hace como usufructuario y deberá canalizar esas riquezas de acuerdo con las normas divinas.

En el fondo, su llamado a una vuelta a las disposiciones divinas se convierte en un llamado a la revolución social en la que la "injusticia" y la "explotación" terminen. Pero no se trata de una lucha de clases sino de una lucha en la que los virtuosos, ricos y pobres, juntos, combatirán el pecado y la opresión donde quiera que se encuentren. Es necesario tener estas apreciaciones en mente para entender las motivaciones y objetivos de la revolución integrista dirigida por Khomeini así como su carácter universalista.

En último término, esta revolución lleva al establecimiento de la "república islámica", cuyo dirigente será el principal *marja e taqlid*. El *marja* actúa como vicerregente del Imam supervisando todas las áreas de gobierno y de la legislación. La República Islámica, en la concepción de Báqer Sadr —por demás afín a la de Khomeini— prohibirá la usura, devolverá al dinero su "uso natural",[94] como medio

---

[90] Shaul Bakhash, *op. cit.*, p. 167.
[91] Amir Taheri, *op. cit.*, p. 161.
[92] M. Fisher, *op. cit.*, p. 157.
[93] Hanna Batatu, "Shi'i Organization in Iraq: Al-Da'wah al-Islamiyah and al-Mujahidin", en Juan Cole y Nikki Keddie, *Shi'ism and Social Protest*, New Haven, Yale University Press, 1986, p. 181.
[94] La cuestión del interés bancario será tema controversial entre los revoluciona-

de intercambio, dará a los bancos una "orientación social" de estímulo al desarrollo social, combatirá los monopolios y tratará de mantener los precios cercanos a su genuino valor de intercambio. Tratará de nivelar las diferencias sociales combatiendo el dispendio, la extravagancia y la concentración de capital; destinará un quinto de la riqueza petrolera al bienestar social y a la construcción de casas; dará educación y servicios de salud gratuitos. (Estas ideas proceden de dos obras de Báqer Sadr: *Lineamientos detallados sobre la economía de la sociedad islámica* y *Nuestra economía*.)[95]

b) La obra del ayatollah Mahmud Taleqani *Islam wa Malekiyyat* [El Islam y la propiedad] es el segundo pilar en el que se sustenta el debate sobre política económica. Como Bani Sadr y como Báqer Sadr, Taleqani está empeñado en demostrar que el Islam, al igual que el marxismo y el socialismo, está comprometido con un ideal de justicia social, de reforma económica y de distribución equitativa de la riqueza. Mahmud Taleqani fue hijo de un clérigo activista y estudió en Qum. Estuvo asociado con figuras como el ayatollah Kashani, quien respaldara a Mossadeq. Posteriormente, junto con Bazargán, fundó el "Movimiento Libertad" (1961). En los setenta se convirtió en el líder informal de los mujahiddín, lo mismo que Báqer Sadr lo fuera en Iraq para el Daw'ah y los mujahiddín iraquíes (véase capítulo IV).

Su principal influencia deriva de su exégesis coránica. En 1940 fundó la Sociedad Islámica donde daba cátedra sobre el Corán señalando su carácter de documento vivo, relevante y actual, con un énfasis en su orientación social. Varios líderes revolucionarios posteriores como Ibrahim Yazdi, líderes de los mujahiddín y el propio Bani Sadr pasaron por su cátedra.

En su obra mencionada, Taleqani propone el argumento de que Dios ha creado suficiente riqueza para satisfacer las necesidades del hombre. Cada individuo tiene acceso a estos recursos y derecho a explotarlos. El Islam se preocupa de regular esa explotación garantizando que sea equitativa. Lo hace regulando las transacciones económicas y las actividades, prefiriendo los intereses comunitarios a los indivi-

---

rios. Mientras en la civilización judeo-cristiana, eventualmente se estableció una diferencia entre el dinero injustamente obtenido (usura) y el justamente obtenido (interés), en el Islam no llegó a establecerse tal distinción, Así, en Irán, los bazaaris se veían forzados a establecer créditos caritativos (prácticamente sin interés) y créditos "bancarios" en los que actuaban como coinversionistas compartiendo las pérdidas o las ganancias con su deudor. Por otra parte el sha había patrocinado los bancos modernos que eran, desde luego, objeto de ataques por parte del clero. Éste en cambio, fundaba organizaciones caritativas y de asistencia como la Oficina de Caridad Islámica y los bancos islámicos (que no cobran ni pagan intereses). Véase M. Fisher, *op. cit.*, p. 182.

[95] Hanna Batatu, *op. cit.*, p. 182.

duales; para ello cuenta con un gobierno islámico que haga esto posible. Taleqani, de hecho, sólo retoma la visión tradicional del Islam pero acentúa las normas de carácter moral y su orientación social; no ataca la propiedad privada, considera al capital privado como "trabajo acumulado" o "ahorrado"; asimismo encomia la labor del comerciante y defiende las leyes de la herencia islámicas. Considera que el trabajo es la forma legítima de obtener propiedad pero también defiende a la herencia como un medio legítimo, así como al comercio honesto.

Las leyes islámicas de los contratos que proveen de reglas para la distribución de cosechas, rentas, salarios, honorarios y varias formas de sociedades son vistas por él como equitativas. Sin embargo, a pesar de su defensa a la propiedad privada, Taleqani argumenta que el gobierno islámico, en manos del Imam, tiene la obligación de velar por el interés público y, por tanto, el Imam tiene la posibilidad de regular o limitar la propiedad privada en beneficio de la comunidad. Hace una crítica muy severa al sistema capitalista donde la voracidad individual causa estragos en los trabajadores: "los capitalistas son libres de chuparse a los trabajadores hasta dejarlos secos y luego echarlos a un lado sin ninguna responsabilidad".[96] Para Taleqani la sociedad ideal es la que estableció Mahoma en Medina donde los bienes materiales se compartían equitativamente:

> En Medina una porción de la propiedad de los compañeros del Profeta era dada a los pobres y, a excepción de una pequeña porción de las fortunas privadas, la riqueza era administrada por el Estado. Aparte de recompensas especiales dadas a los que participaban en el Jihad, la riqueza se repartía equitativamente entre todos; los gobernantes y los gobernados no tenían distinciones entre sí ni en sus ropas ni en sus casas, sólo en sus funciones.[97]

En muchos aspectos, el régimen hierocrático parece tener en mente el paradigma presentado por Mahoma y su gobierno en Medina. En particular, por toda la serie de instituciones de beneficencia que se han creado para asistir a los desposeídos y, sobre todo, para asistir a las víctimas de guerra y sus familias, así como en el respeto a la propiedad privada con ciertas limitantes al menos formales.

c) Bani Sadr basa su trabajo extensamente en el de estos autores antes citados pero le da una orientación secularizada, por cierto influido por los modelos socialistas occidentales. Así concluye:

---

[96] Shaul Bakhash, *op. cit.*, p. 170.
[97] *Ibid.*, p. 171.

De acuerdo al principio de *tawhid* (unicidad, integrismo). . . la transferencia de la propiedad va de la esfera privada a la esfera pública y social. Por lo tanto, la propiedad deberá siempre tender hacia una forma social en beneficio de la *umma* (comunidad).[98]

En su obra nos ofrece no tanto una teoría sistemática "como una serie de afirmaciones más o menos vinculadas, no tanto una prescripción práctica como un cuadro idealizado de la sociedad". Para él el único propietario es Dios y cada hombre tan sólo tiene derecho sobre los frutos de su trabajo sin tener la posibilidad de explotar a otros hombres. La riqueza adquirida a través de la dominación o del ejercicio de la fuerza, por ejemplo el poder para fijar salarios arbitrariamente, es ilegítimo. Por tanto, cualquier tipo de relación económica que conduzca a la desigualdad o a la concentración de riqueza es antislámico. Cada persona es dueña del fruto de su trabajo, el excedente pertenece a la comunidad. Se debe, pues, evitar la concentración de riqueza que conduce a la subyugación y a la corrupción. El Islam debe garantizar que la propiedad tenga un carácter esencialmente comunal y, en este sentido, el Imam como representante del consenso social, debe garantizar tal situación, a la vez que la comunidad por sí misma ejerce una especie de imamato general velando por su propio bienestar.[99]

El propósito de haber hecho referencia a las ideas centrales de estos autores es señalar las muchas lagunas que enfrentaría la Revolución Islámica al encarar la realidad del poder. Si bien todos los autores, incluido el imam Khomeini, están conscientes del sentido social del Islam no hay acuerdo sobre la manera práctica de ponerlo en efecto ni sobre el alcance que éste debe tener.

A largo plazo la principal aportación de Bani Sadr —el único de los tres teóricos que ejerció el poder— fue la de haber impreso el sello del nacionalismo autárquico en el nuevo régimen, visión que fue compartida por sus enemigos del clero radical. Esta concepción deriva en gran medida de los teóricos de la dependencia y, sobre todo, de la herencia mossadeqista. En este sentido, uno de los objetivos declarados por Bani Sadr y respaldado por Khomeini, era el de reformar la economía petrolizada, creación de los Pahlevi, promoviendo la sustitución de importaciones y de exportaciones.

Sin embargo, la tentación de recurrir a la enorme renta petrolera y continuar el modelo de un Estado rentista fue demasiado grande. El inicio de la guerra y la persecución al sector privado identificado con la monarquía no hicieron sino profundizar la tendencia de un auténtico capitalismo de Estado. A decir verdad, los radicales y Bani

---

[98] *Ibid.*, p. 174.
[99] *Ibid.*, p. 175.

Sadr terminaron por confundir justicia social y nacionalismo económico con estatización de la economía, haciendo evidente la influencia del modelo de las revoluciones marxistas. A esta tendencia se ha opuesto la posición más conservadora del Consejo de Guardianes y de los bazaaris, e incluso del propio Khomeini, que defienden la postura más tradicional (expuesta por Báqer Sadr y Taleqani) de lograr la justicia social por medio de la transformación moral del individuo en comunidad; de ahí el énfasis puesto en la revolución cultural. En este punto contrasta la visión de los revolucionarios islámicos con la de las revoluciones seculares que buscan primordialmente transformar los aspectos materiales de la sociedad.

El ayatollah Noori captura de una manera muy precisa el pensamiento de Khomeini y de los que siguen su línea con respecto al problema de la justicia social. "El califa Omar dijo al último rey Sasánida 'En el Islam todos son iguales ante la Ley'. Éste es un punto cardinal de nuestra fe. No hay nada que haga a un hombre superior a otro que no sea su piedad."[100] En el mismo sentido Alí dijo: "Yo no como ninguna clase de comida que el pobre no pueda obtener." Añade Noori que la justicia social en el Islam es mucho más perfecta que la de los comunistas.

> La justicia social en el comunismo es impuesta a punta de bayonetas mientras los ideales de justicia social en el Islam se logran por sí mismos al fomentar la sensibilidad moral y la piedad. Los musulmanes se gobiernan por la perfección moral de sus naturalezas y no por la coerción.[101]

Los proyectos cultural y social

La islamización de la sociedad

Una amplia gama de organizaciones "islámicas" surgió espontáneamente antes y durante los primeros meses de la revolución, cubriendo todos los aspectos de la sociedad: político, militar, de seguridad, judicial, económico y cultural. Algunas de ellas funcionaban de manera independiente, pero eventualmente se fueron institucionalizando y algunas, incluso, fueron elevadas a rango de ministerios. Estas organizaciones contribuyeron a lograr una eficaz y rápida islamización de la sociedad iraní posrevolucionaria y gracias a ellas se consolidaría plenamente el nuevo régimen islámico. Llegaron a hacerse omnipresentes en la vida iraní y, para 1982, se calcula que uno de cada seis iraníes mayores de 15 años pertenecía a una o más de ellas.[102]

---

[100] Y. Noori, *op. cit.*, p. 26.
[101] *Ibid.*, p. 47.
[102] D. Hiro, *op. cit.*, p. 250.

Organizaciones islámicas

Eliminada prácticamente la oposición, en 1983, las posibilidades de participación política se estrechaban enormemente si no era dentro de las organizaciones islámicas, en gran parte controladas por el Partido Republicano Islámico. Entre estas organizaciones destacan, en el medio urbano, las organizaciones sociales y políticas como, las Asociaciones Islámicas y los Comités Islámicos; las judiciales, como las Cortes Revolucionarias Islámicas; las militares, como los Guardias Revolucionarios, y la Unidad de Movilización de los Desposeídos, y las instituciones de beneficiencia, tales como la Fundación de los Desposeídos y la Fundación de los Mártires. En el medio rural destacan instituciones como la Cruzada de Reconstrucción y el Comité de Alivio, y, en el medio cultural: el Ministerio de la Guía Islámica con su Comité Cultural Revolucionario y su Oficina para la Propagación de Virtudes y Prevención del Pecado.

a) Los Comités Islámicos: surgieron espontáneamente y reflejaron la organización autónoma de la sociedad civil frente al desmoronamiento del orden monárquico. Su origen se encuentra en los comités vecinales formados en torno a las cerca de 20 000 mezquitas con las que cuenta Irán. Estos comités habían sido armados tras los enfrentamientos con el ejército en febrero de 1979, y fueron un desafío constante al gobierno de Bazargán.[103] El 1982 se decidió centralizarlos mediante la creación de un Comité Central y el número de comités se redujo drásticamente a 7 000. A los comités se les asignó la función de distribuir alimentos, vigilar la moral islámica y colaborar con las Asociaciones Islámicas.

b) Las Asociaciones Islámicas: al igual que los comités penetran profundamente en la sociedad iraní y están formadas por voluntarios encargados de "elevar la conciencia islámica de los miembros y difundirla en la población". Operan dentro del ejército, los centros de trabajo y la burocracia. Están encargados de identificar a elementos "no islámicos" llamados "hipócritas", ayudar en el reclutamiento de soldados, fortalecer la cultura islámica y, en general, movilizar a la población estimulando el voto en los referendums y en las elecciones. Fueron muy importantes hasta 1983 y estaban directamente controladas por el PRI. Las Asociaciones y Comités juegan un papel fundamental en la movilización y en la labor propagandística islámica que no cesa en todo el año. Además de las oraciones diarias por radio y TV, existen el mes de Ramadán, los 10 días del Muharram, el hajj, el cumpleaños del Profeta y de cada uno de los 12 imames, las dos

---

[103] Sh. Bakhash, *op. cit.*, p. 56.

fiestas del Eid, los 10 días de festejo por el triunfo de la revolución, una semana de conmemoración por la "guerra iraquí impuesta", el día de la fundación de la República Islámica, de creación de los Guardias Revolucionarios, de los Basij y de la Cruzada de la Reconstrucción, que mantienen a la población constantemente activa y bombardeada por la cultura revolucionaria islámica, lo que es característico en regímenes totalitarios.[104]

c) Los Guardias Revolucionarios o *asdarán*: fueron establecidos por Khomeini según decreto del 5 de mayo de 1979. Se trataba de absorber a los elementos armados de los comités revolucionarios y a los efectivos disidentes de las fuerzas armadas del sha para crear un nuevo ejército ideológicamente compatible y leal al régimen islámico que fuera desplazando al ejército heredado del sha.[105] Cada recluta nuevo debía pasar un examen que versaba sobre el Corán, el *Nahaj al Balaghed* [Camino de la elocuencia] atribuido al Imam Alí y que es un libro del buen gobierno y administración, y el *Hukumat e Islami* [Gobierno islámico] de Khomeini. Además se le daba un curso de tres a seis meses sobre doctrina, política y entrenamiento militar.

Además de su función de ejército, los *pasdarán* tienen también a su cargo la seguridad interna y las campañas antisubversivas (rebeliones étnicas, principalmente). Para 1983 contaban con 170 000 hombres y habían establecido ya una fuerza aérea propia. En 1982 se creó el Ministerio de los Cuerpos de los Guardias Revolucionarios.

d) La Unidad de Movilización de los Desposeídos o *basijs*: esta unidad fue creada a raíz de la amenaza de guerra con Estados Unidos en 1980. Los *basij* reclutan voluntarios entre jóvenes menores de 18 años, así como mujeres y hombres mayores entre los distritos más pobres. Para 1983 tenían 2.4 millones de entrenados, y para esas fechas, al menos una quinta parte de éstos había participado en el frente. Los adolescentes están fanatizados y tienen una visión romántica de la guerra y del Islam. "Son tan audaces que ni siquiera usan casco y fácilmente son volados en pedazos; pero creen que van camino al Paraíso."[106]

---

[104] Toda esta labor propagandística está, desde luego, acompañada de una gran cantidad de *slogans* políticos, religiosos y referentes a la guerra en los que se denuncia la constante amenaza de la Unión Soviética, de Israel, de Estados Unidos y de los Mujahiddín llamados "hipócritas", se exalta al Imam y a otros héroes de la Edad Media y se citan frases coránicas y máximas del Profeta y los imames. Véase D. Hiro, *op. cit.*, p. 260.

[105] Antes de la revolución, el Ejército tenía 285 000 efectivos, la fuerza aérea 100 000 y la armada 30 000, más 75 000 de su gendarmería. El Ejército perdió por deserciones 60% de sus efectivos, la fuerza aérea 20% y la gendarmería 75%. Véase D. Hiro, *op. cit.*, p. 153.

[106] Dilip Hiro, *op. cit.*, p. 251.

e) Las Cortes Revolucionarias Islámicas: originalmente estaban integradas por jueces religiosos, un juez civil y un "hombre de buena fe".[107] Estas cortes se guiaban por el código religioso-penal elaborado precipitadamente por Montazeri y dependían de un procurador general revolucionario, nombrado por Khomeini, y de un jefe de justicia revolucionaria. Estas cortes operaban en el sector militar y civil juzgando crímenes que iban desde el espionaje o la traición hasta ofensas morales y desviacionismo antislámico.[108] El decreto de diciembre de 1982 dado por Khomeini y que establecía el respeto a las libertades civiles llevó a que el Ministerio de Justicia se encargara de la supervisión de estas cortes hasta entonces prácticamente autónomas. El Supremo Consejo Judicial abolió poco después los puestos de procurador y jefe de justicia revolucionaria, además, todas las "ofensas morales" (que se habían prestado a muchos excesos) fueron transferidas a la competencia de las cortes estatales. A finales de 1982 los códigos civil, penal y de comercio habían sido ya "islamizados" poniéndose un freno a la arbitrariedad de las cortes revolucionarias.[109]

f) La Cruzada para la Reconstrucción: en junio de 1979 fue creado este cuerpo con el objeto de cerrar la brecha entre el campo y la ciudad. Se calcula que la mitad de la población es rural. La Cruzada debía crear infraestructura para el campo, movilizando sobre todo a los estudiantes desempleados para llevarlos al campo. Además de campañas de alfabetización y propaganda islámica, se encarga de llevar servicios médicos, hacer obras públicas y dotar de créditos y de ayuda técnica al campo y al agricultor. Cuenta con un cuerpo de burócratas y voluntarios pero ha ido quedando bajo el dominio del PRI. En la lucha entre radicales y moderados la Cruzada quedó del lado de los primeros siendo una de las más importantes promotoras del reparto de tierras que el Consejo de Guardianes ha resistido hasta fechas recientes [10] (véase el siguiente capítulo). Dada la oposición del

---

[107] En 1981 había 15 diferentes organizaciones encargadas de la seguridad del Estado. El régimen quería evitar una centralización de la seguridad e inteligencia que le condujera a un organo similar a la SAVAK; sin embargo, en 1982, ante el grado de subversión interna, se creó el Ministerio de Seguridad e Inteligencia en el que cooperan ampliamente el Comité Central y los Guardias Revolucionarios y extiende sus redes de espionaje a través de las Asociaciones Islámicas y los Comités Locales. Véase Hossein Bashiriyeh, *op. cit.*, p. 135.

[108] El Código de Montazeri era bastante arbitrario tipificando crímenes como: "arruinar la economía, crímenes contra el pueblo, crímenes contra la revolución, crímenes contra el honor del pueblo". En 1986, Amnistía Internacional reportaba 115 ejecuciones —aunque señalaba que dicha cifra debía estar por debajo de la realidad— a manos de las Cortes Revolucionarias. Véase, John Simpson, "Along the Streets of Teheran", en *Harper's Magazine*, vol. 276, núm. 1 652 (enero de 1988), p. 39.

[109] D. Hiro, *op. cit.*, p. 251.

[110] *Ibid.*, p. 254.

Consejo de Guardianes no fue sino hasta 1984 que la Cruzada se convirtió en ministerio.

g) El Comité de Alivio: junto con la Cruzada, Khomeini creó el Comité de Alivio con funciones propiamente de ayudar a los sectores más pobres del medio rural, los desposeídos, mediante asistencia médica y campañas de educación.

Es importante hacer notar la preocupación de Khomeini por el atraso del medio rural, sobre todo, por los débiles nexos que la hierocracia mantenía con dicho medio. Estas organizaciones han tenido gran importancia como forma de socialización del campo en la cultura islámica y su politización en favor de la hierocracia.

h) La Fundación de los Desposeídos: en el medio urbano el clero también mostró un inmediato interés por los desposeídos urbanos de los que tanto apoyo había recibido en la revolución. La Fundación Pahlevi, ricamente dotada, se transformó en la Fundación para los Desposeídos (que se tratará en el siguiente capítulo). Una de sus tareas más significativas fue la de coordinarse con la Fundación para la Vivienda y el Ministerio de la Vivienda para lanzarse a un ambicioso programa de construcción de casas-habitación de interés social.

i) Fundación de los Mártires: junto con las anteriores ésta es de las más importantes instituciones del nuevo régimen representante del Estado benefactor islámico. Su objetivo es dotar de pensiones y asistencia a los mártires tanto del movimiento revolucionario como de la guerra y tiene uno de los presupuestos más grandes. (En este caso se sigue el ejemplo del Islam primitivo de privilegiar especialmente a los guerreros del Jihad.)[111]

Revolución cultural

En la primavera de 1980, Khomeini lanzó la revolución cultural como uno de los objetivos centrales del nuevo régimen. En su discurso del 18 de abril dijo: "No tememos la sanción económica ni la intervención militar, lo que tememos es el indoctrinamiento de nuestra juventud en el interés del Este o del Oeste."[112] Por lo tanto uno de los primeros blancos del clero fueron las universidades y en general el sistema educativo que la obra secularizadora y centralizadora de los Pahlevi les había quitado de las manos (véase el capítulo II).

El Comité Cultural Revolucionario —con siete clérigos y laicos intelectuales— se encargó de supervisar la labor purificadora de las universidades y escuelas. En junio de 1980 se decretó el cierre de las 200 universidades del país. A través de la "cruzada universitaria"

---

[111] *Ibid.*, p. 252.
[112] Sh. Bakhash, *op. cit.*, p. 122.

fueron eliminados todos aquellos profesores sospechosos de tener inclinaciones prooccidentales —capitalistas y liberales o nacionalistas y comunistas—. El programa del PRI señala:

> Nuestra revolución no se reconciliará con ninguno de los poderes opresivos. . . pondrá especial atención a los peligros que el Gran Satán y la socialdemocracia representan para nuestra nación. . . [habremos de completar] nuestra revolución cultural para sacar de raíz la influencia psicológica e intelectual del Gran Satán y los otros imperialistas europeos y socialimperialismos. . .[113]

Otra medida importante fue impedir todo contacto de estudiantes iraníes con las universidades occidentales o soviéticas. El Comité Cultural se abocó a la tarea de hacer nuevos libros de texto dándoles un enfoque islámico y de restructurar los currícula de las carreras universitarias. Los ulama participaron activamente en la reorientación de los textos universitarios, sobre todo de ciencias sociales. Al respecto, señala Dilip Hiro: "Sólo unos años antes, cualquier artículo académico estaba obligado a citar a Sartre o a Camus. . . Ahora debían citarse largos pasajes en árabe o persa de venerables autores medievales o del Corán."[114]

En el caso de las ciencias puras, los ideólogos del PRI y del Comité Cultural se enfrentarían a graves problemas al tratar de implantar un enfoque islámico en la física, la ingeniería o, incluso, la economía. El fracaso en este sentido recuerda al de otros revolucionarios, stalinistas o maoístas, que intentaron ideologizar la educación llegando al absurdo.

En octubre de 1983 habían sido reabiertas todas las universidades, pero hubo una merma notable en el número de estudiantes inscritos que pasó de 17 000 a 4 500; el porcentaje de mujeres cayó de 40% a 10%.[115] Las escuelas tuvieron un proceso de "islamización" más rápido. Como primera medida se estableció la segregación de los sexos. Hubo una purga inicial de 40 000 maestros y con gran rapidez fueron elaborados textos oficiales nuevos. Se destacó el estudio del árabe y del Corán así como la observancia de los rituales islámicos. En la labor tanto dentro de las universidades como de las escuelas jugaron un papel fundamental las asociaciones islámicas de estudiantes encargados de denunciar el desviacionismo en profesores y alumnos.

Paralelamente, como era de esperarse, se ha dado un gran impulso a la educación religiosa. El número de estudiantes teológicos pasó

---

[113] Ch. Bernard, *op. cit.*, p. 152.
[114] D. Hiro, *op. cit.*, p. 255.
[115] *Ibid.*, p. 253.

de 10 000 a 30 000 entre 1980 y 1983, por no mencionar la estrecha cooperación entre las facultades de teología de las universidades y las *madrasas*. Además, en las mezquitas, se imparten clases sobre diversas materias religiosas para la comunidad en general. Khomeini confía plenamente en la creación de un "nuevo hombre islámico" que, imbuido con los valores revolucionarios y con la cultura shiíta e integrista, perpetúe la legitimidad del régimen hierocrático en Irán.[116]

El aspecto de la regeneración moral del hombre es sin duda el punto neurálgico de la revolución cultural, y quizá sea éste el único tema en el que el clero —político y apolítico— haya establecido un consenso. Al respecto señala Khomeini:

> Aunque los [occidentales] fueran a Marte... no experimentarán [nunca] la alegría de la virtud moral y la exaltación moral. Serán incapaces de resolver sus problemas sociales porque la solución a éstos requiere de soluciones morales, soluciones basadas en la fe. Adquirir poder material a través de la riqueza, la conquista de la naturaleza y del espacio, nada de esto puede servir para enfrentar esos problemas [sociales]. Estas cosas requieren de la fe islámica, de la convicción en la moralidad... Nosotros poseemos esa moralidad, esa fe y esas leyes.[117]

Khomeini centra el objetivo de la revolución en un cambio de valores que libre a los musulmanes de la decadencia occidental. Mientras en el siglo pasado la fuente de los males sociales era el atraso de los países tradicionales debido a una serie de estructuras caducas y a una dinastía o regímenes dinásticos autocráticos —e incluso a un clero muy conservador— en el siglo XX hay un cambio de percepción radical. Los males sociales no se generan internamente sino que proceden del exterior, del dominio imperialista, pero sobre todo, del do-

---

[116] El número de mezquitas alcanzó 22 000 en 1981. Las urbanas pasaron de 5 600 a 11 000. Algunas fueron meras adaptaciones de edificios como es el caso típico del cine Monte Carlo que pasó a ser Mezquita del Profeta.
Una mezquita revolucionaria como ésta incluye una biblioteca, la sala de oración —donde los sexos están segregados en dos secciones— una oficina administrativa a la entrada donde se distribuyen bienes racionados. Hay una "cooperativa de consumo" para surtir a la comunidad de bienes con precios subsidiados. En el estacionamiento se entrenan los jóvenes *basijs*. La mezquita ofrece clases de Corán y árabe y los *mujtahids* se encargan de dar préstamos sin interés. En tiempo de elecciones la mezquita sirve como casilla de votación. Lógicamente esto favorece a los candidatos del clero.
Khomeini se encarga directamente de los nombramientos de los directores de oración para las mezquitas, lo cual tiene una clara connotación política. El ayatollah Montazeri lleva los asuntos administrativos relacionados con todas las mezquitas del país. Véase, D. Hiro, *op. cit.*, pp. 260-261.
[117] Najmabadi Afsaneh, "Iran's turn to Islam: from Modernism to a Moral Order", en *The Middle East Journal*, vol. 41, núm. 2 (primavera de 1987), p. 204.

minio ideológico y de la penetración de valores contrarios al Islam que destruyen la identidad de las sociedades musulmanas en complicidad con un régimen monárquico traidor e infiel.

En este sentido, el clero se ha concentrado en atacar las áreas infectadas y corrompidas a través de la educación, las leyes y el reforzamiento de la cultura religiosa en general.

Legislar contra los antivalores se vuelve tan indispensable como educar en los valores tradicionales:

> La imitación simiesca hacia Occidente por parte de nuestros legisladores, intelectuales y hombres de Estado, en los países musulmanes, es responsable de la corrupción prevaleciente.[118]

Es esta forma de dominación, producto del proyecto modernizador-occidentalizador del *ancien régime*, la que debe ser eliminada más que la presencia de transnacionales o ejércitos del Este o del Oeste como lo concebían los nacionalistas secularistas de generaciones anteriores.

"Una sociedad en que los valores, los principios y las leyes del Islam gobiernen todas las relaciones sociales. . . (es el antídoto ideal) para contrarrestar décadas en que nuestra sociedad ha consumido cultura y educación importados, productos del imperialismo", dicen los integristas radicales.[119] Una total purificación de las mentes cambiando los hábitos de consumo, las costumbres, las modas, el arte y la educación es lo que más se requiere. En este sentido, el clero ha impulsado un rechazo radical al modelo de sociedad de consumo secular y aboga, en cambio, por un modelo económico —afín al de otras sociedades revolucionarias— basado en la austeridad y con tendencia a la autarquía. El tema de la austeridad es una de las preocupaciones centrales del imam. Su tradicional ascetismo se ha impuesto como modelo deseable para la sociedad iraní en pleno proceso de regeneración. Dicha austeridad, cabe mencionar, se ve muy favorecida por la situación de crisis económica derivada de la guerra con Iraq. Ya desde que Irán enfrentó el bloqueo comercial impuesto por Occidente durante la crisis de los rehenes, Khomeini gustaba de señalar que el Profeta comía sólo una vez al día.[120]

El espíritu espartano que el imam trató de imbuir en los iraníes queda claramente expresado en las siguientes palabras:

---

[118] *Ibid.*, p. 216.
[119] Ch. Bernard, *op. cit.*, p. 115.
[120] Fred Halliday, "Iranian Foreign Policy since 1979", en J. Cole y N. Keddie (eds.), *op. cit.*, p. 93.

Allah no creó al hombre para que se divirtiera. . . El propósito de la creación fue poner a la humanidad a prueba mediante oraciones y penas. . . En el Islam no hay lugar para chistes, no hay humor. . . El Islam no permite al hombre nadar en el mar. . .[121]

En junio de 1983 el *Majlis* aprobó el acta sobre eliminación de los intereses bancarios. Se dieron 18 meses a los ahorradores para que dividieran sus inversiones en dos secciones: la de "depósito a plazo fijo y la de no intereses". La primera convertía a los inversionistas y a los propietarios en socios. Si el dinero que el banco prestaba para algún negocio redituaba en ganancias, éstas eran compartidas por el banco y el inversionista en un sistema parecido al de las casas de Bolsa. El segundo tipo de inversión se usa para dar crédito a los necesitados y no se cobran intereses ni se le pagan intereses al inversionista. En enero de 1984 se aprobó también el Acta de Consumo Islámico que pretende reorientar el consumo de tal forma que se elimine el patrón de desperdicio y autogratificación sustituyéndolos por uno de verdadera necesidad, a lo cual ayuda enormemente la situación de escasez y racionamiento de bienes, especialmente básicos, debida a la guerra y al costo cada vez más elevado de los bienes suntuarios de importación vendidos por los bazaaris.[122]

La imposición de la *Sharia* en todos los aspectos de la vida social es un elemento indispensable del proyecto integrista. Aunque han tenido que respetarse la mayoría de los códigos de leyes anteriores se ha procurado islamizarlos. En agosto de 1982 todos los códigos prerrevolucionarios (adoptados desde 1907) fueron declarados nulos, y el Supremo Consejo Judicial ordenó a los jueces y magistrados ejercer su autoridad sobre la base exclusiva de la *Sharia*. Desde luego, la medida pronto demostró su inaplicabilidad práctica y de hecho, se estableció una estructura legal dual con la supervivencia de códigos anteriores al lado de los islámicos, ya que en la realidad, las leyes se aplican casuísticamente.[123]

Con base en los cambios de legislación y en la necesidad imperativa de purificar la sociedad de sus males se emprendieron purgas de elementos nocivos en todos los niveles. La Oficina para la Propagación de Virtudes y Prevención del Pecado lanzó una campaña antidrogas que tuvo un efecto inmediato en la reducción drástica del consumo. Además de establecer centros de rehabilitación se impusieron medidas radicales. Entre enero de 1980 y junio de 1981, hubo 906 ejecuciones que incluían diversos crímenes contra la moral islámica des-

---

[121] Amir Taheri, *op. cit.*, p. 258.
[122] D. Hiro, *op. cit.*, p. 159.
[123] J. Simpson, *op. cit.*, p. 38.

de el tráfico de drogas hasta las ofensas sexuales, la "corrupción terrenal" o el "activismo feminista". Se lanzó una campaña en contra de la música occidental tocada en lugares públicos y la misma oficina se propuso rehacer la industria fílmica orientándola a la propaganda de temas, héroes y valores islámicos.[124]

Sin duda, uno de los símbolos principales de esta revolución de valores antioccidental fue la "islamización" del papel de la mujer. En este caso, los preceptos coránicos son muy claros en cuanto a la regulación de su papel en la comunidad, pero al igual que con el sistema político o el sistema judicial, se ha impuesto una dosis de pragmatismo evidente al tener que incorporar una serie de elementos heredados del proceso modernizador y necesarios para continuarlo. En este sentido, la islamización tiene ciertas limitantes. Desde luego, no se pretendía volver atrás y recrear la sociedad paradigmática establecida por Mahoma, sino como ha sido característico en la práctica de los *mujtahids* shiitas, actualizarla. El proceso de islamización tendría dos pilares: la purificación y la iluminación. La purificación fue entendida como limpiar el alma de vicios y la iluminación como el proceso de eliminar las secuelas de los pecados cometidos a causa de la influencia occidental. Se trata de crear un ambiente social libre de tentaciones y, en el caso de la mujer, se le considera como tal si no se adecua a los preceptos coránicos.

Al momento de la revolución, 9% de las mujeres "liberadas" de la población femenina total trabajaba. Hoy la gran mayoría labora en áreas segregadas de los centros de trabajo o en centros totalmente femeninos. En 1981 se aprobó la Ley del Vestido Islámico (otro desagravio del clero frente a la herencia de los Pahlevi) que se aplica a todas las mujeres musulmanas o no. La violación de esta ley se castiga hasta con un año de cárcel. En ella se considera que "El *hejab* [una túnica oscura muy suelta] es un deber islámico... Usar ornamentos y arreglos en el cabello [salvo que vayan cubiertos por alguna manta] es antislámico."[125] La Ley de Protección de la Familia (1967), que restringía la poligamia y daba a la mujer el derecho de iniciar el trámite de divorcio, había sido objeto de violentas críticas por parte de Khomeini y fue abolida; sin embargo, se mantuvo un derecho limitado de divorcio para las mujeres. En general, el shiismo ha tenido una posición más relajada hacia las mujeres que el sunnismo, esto se refleja en diversas instancias. Por ejemplo, la mujer shiita puede heredar por partes iguales con otros herederos masculinos si es la única descendiente directa. Tampoco es conocido el derecho de que existan mujeres *mullahs* que pueden presidir ceremonias religiosas para mu-

[124] D. Hiro, *op. cit.*, p. 256.
[125] *Ibid.*, p. 258.

jeres o que se les permita estudiar en las *madrasas* y, aunque formalmente no pueden convertirse en *mujtahids*, pueden emitir opiniones informales.[126]

Al aplicar las leyes de la *Sharia* proliferan los azotes y apedreos por diversos crímenes y delitos sexuales como el adulterio. Sin embargo, la gran mayoría de las mujeres iraníes ha adoptado voluntariamente el uso del *chador*, por ejemplo, como símbolo revolucionario y no como símbolo de opresión. Señala un reportero occidental que recientemente visitó Teherán: "Las mujeres aún poseen propiedades, tienen negocios y mantienen posiciones en la burocracia. En Teherán no es raro ver mujeres manejando un auto mientras que en Arabia Saudita serían obligadas a detenerse y serían golpeadas."[127]

Así pues, la hierocracia shiita no sólo logró un consenso en torno a la necesidad de la revolución cultural entendida primordialmente como revolución de valores sino que el propio régimen considera ésta su mayor victoria. Así lo expresa el vocero del *Majlis*, Rafsanjani, en un discurso pronunciado en 1986, seis años después de que Khomeini triunfara:

> Considero que la mayor conquista y el principal logro de la revolución está en su dimensión cultural. . . En nuestro país, hemos tenido una verdadera revolución de valores. . . En el pasado, una gran casa, un auto de lujo, una gran cuenta bancaria, una casa en la playa, estar asociado con el régimen o posiblemente con extranjeros. . . era la mayor señal de los valores. . . [Hoy] los que tienen una vida lujosa se sienten avergonzados. . . no lo presumen. . .
>
> Antes, si una muchacha quería ir a la universidad usando el velo islámico, todos se reían de ella. . . Un clérigo no podía caminar por una universidad con esas escenas en los prados, clases, calles (hombres y mujeres juntos). No podíamos ir a oficinas de gobierno. Si uno se paraba frente a un escritorio, uno cometía un pecado, porque había delante una estatua desnuda (una mujer sin chador) tras el escritorio. . . Los cabarets, películas, televisión, todo el país, era un burdel. ¿Es acaso hoy el mismo país? Hoy las calles de Teherán son como las de Qum, con sus mujeres cubiertas. . . Es esta nueva atmósfera la que permite la reedificación [moral] de los seres humanos, la purificación de la sociedad."[128]

Es obvio que la islamización ha afectado a la mayoría de los iraníes. Una minoría consistente sobre todo en miembros de la clase media moderna, aproximadamente un millón de familias, ha quedado ahora en una situación de "cerco cultural" similar a la que tenían los

---

[126] Nahid Yeganeh y Nikki Keddie, "Sexuality and Shi'i Protest in Iran", en Juan Cole y Keddie (eds.), *op. cit.*, p. 123.
[127] J. Simpson, *op. cit.*, p. 44.
[128] Nahid Yeganeh y Nikki Keddie, *op. cit.*, p. 113.

ulama durante la monarquía. Estas familias, ligadas a los exiliados que huyeron a Occidente, se han quedado atrás, como en Líbano, para proteger sus propiedades. Mientras permanezca algún miembro no se les puede confiscar. De haberse aprobado el "Acta de confiscaciones" de propiedades de exiliados se habría provocado una severa crisis.

Las clases altas han llegado a establecer un *modus vivendi* con el régimen islámico en el que han terminado por resignarse a la pérdida del poder y de los privilegios pero mantienen sus riquezas casi intactas. A cambio, respetan el orden social y moral impuestos por el Islam. Mantienen una vida discreta recluidos en sus mansiones y viviendo de las rentas que reciben de sus enormes depósitos en el exterior, los cuales también han sido respetados. Ellos compran y venden propiedades y reciben dividendos con base en el estricto respeto del Islam a la propiedad privada.[129]

La élite religiosa: factores de unidad y de división

El clero ha consolidado su unidad en la lucha por el poder contendiendo con todos aquellos actores que tenían las mismas aspiraciones. Momentos clave en esta lucha fueron: *1*) el referéndum sobre la naturaleza, islámica o no, del nuevo régimen, mismo que se celebró en marzo de 1979, y que le permitió a los ulama proclamar la República Islámica en abril de ese año; *2*) las elecciones para formar el Consejo de Expertos que redactara la nueva Constitución "100% islámica"; *3*) la habilidad de Khomeini para evitar que se formara una Asamblea Nacional Constituyente que hubiera dado cabida a todos los actores políticos que habían participado en la revolución defendiendo cada cual sus propios proyectos; *4*) el referéndum que permitió aprobar la nueva Constitución en noviembre de 1979 donde queda plasmado el proyecto khomeinista como triunfante; *5*) las elecciones presidenciales de enero de 1980 que llevaron al "hijo espiritual" del imam, Bani Sadr, al triunfo en momentos en que parecía inminente la muerte de Khomeini; *6*) las elecciones parlamentarias de marzo de 1980 que dieron la mayoría al partido del clero radical (PRI); *7*) la destitución de Bani Sadr cuando éste intentó secularizar el régimen rebelándose contra Khomeini y el PRI; *8*) el éxito de la represión durante el "reinado del terror" que le permitió al clero acabar con las fuerzas de oposición, en particular los *mujahiddín* y el clero ortodoxo representado por Shariatmadari; *9*) la expulsión de las tropas de Iraq en julio de 1982; *10*) elecciones para un nuevo Consejo de Expertos encargado de ratificar al sucesor de Khomeini como faquí, el ayatollah Montazeri, en diciembre de 1982 y nuevamente en 1985; *11*) eli-

[129] D. Hiro, *op. cit.*, p. 261.

minación del Tudeh, la última fuerza de oposición realmente significativa, en abril de 1983; *12*) elecciones al Parlamento en mayo de 1984 dando el predominio absoluto a los *mullahs*, y *13*) las elecciones presidenciales de 1985 en las que el ayatollah Alí Khamenei y el premier Mussavi fueron reelectos.

Los principales puestos políticos han sido ocupados por la élite religiosa, la cual es relativamente pequeña pues cuenta con unos 100 000 miembros, de los cuales sólo una pequeña proporción corresponde al alto clero. Al analizar las características de la élite religiosa es necesario tratar de definir el grado de cohesión que guarda así como los elementos que son causa de disensión.

En efecto, hacia el exterior Irán guarda la imagen de un clero monolítico, sin embargo, esto sólo debe entenderse en términos relativos. Existe un consenso general en el clero en cuanto a los objetivos y logros culturales de la Revolución Islámica y, en un sentido más preciso, en torno a su "responsabilidad" de purificar a la comunidad de creyentes devolviéndoles los auténticos valores islámicos. Un segundo factor de unidad es la experiencia de socialización que han compartido. Todos ellos se han formado en un medio tradicional pasando por las mismas instituciones: *madrasa*, mezquita, cortes de *Sharia* y, en sentido más amplio, el núcleo urbano del bazaar.[130] Esto les ha dado una visión y un pensamiento bastante insulares. Producto característico de este medio es el propio Khomeini. Sólo algunos de sus discípulos más jóvenes tuvieron mayor contacto con la cultura occidental importada por los Pahlevi y se les identifica con tendencias más liberales o de izquierda.

En todas las sociedades complejas hay patrones, valores e instituciones que guían el desenvolvimiento de las mismas. La función general de las élites es servir de depositarios de esos valores y conducir a la colectividad acentuando los propósitos e intereses comunes y protegiéndola de la amenaza de intereses externos. En las sociedades modernas no hay una élite comprehensiva sino un sistema complejo de las mismas que esta diferenciando y especializando. Para cada actividad sustancial hay una élite correspondiente. Las formas de reclutamiento varían de acuerdo con las características de cada actividad pero destacan las de méritos, herencia o linaje.

Los ulama no constituyen una clase en sí sino que proceden de diferentes medios sociales tradicionales. Mangol Bayat señala al respecto: "Algunos de ellos eran propietarios de tierras y compartían intereses en común con las clases terratenientes así como con los comerciantes ricos. Algunos estaban emparentados con la familia real o con algu-

---

[130] Shahrough Akhavi, "Elite Factionalism in the Islamic Republic of Iran", en *The Middle East Journal*, vol. 41, núm. 2 (primavera de 1987), p. 182.

nos jefes tribales."[131] Sin embargo, existe en los ulama revolucionarios una clara conciencia de ser los depositarios y custodios de la cultura islámica tradicional que debe enfrentar el reto de la cultura occidental moderna que la amenaza.

Como "capa social" los ulama actúan de una manera elitista. La noción original de faquí (véase el capítulo II) alude al custodio de niños y desvalidos dentro de la *umma* y ese aspecto de autoritarismo ilustrado ha prevalecido hasta ahora. Cabe recordar al respecto el fuerte elitismo expresado por el sheikh Nuri (m. 1909) al rechazar de forma tajante el igualitarismo democrático occidental:

> ...piensen en todas las diferenciaciones establecidas entre los creyentes por los preceptos islámicos... hay diferencias entre los maduros e inmaduros, los sanos y los enfermos, la esposa y el esposo, el rico y el pobre, el creyente (que imita) y el *mujtahid* (que da el ejemplo), el fiel y el infiel, el *sayyid* (descendiente del Profeta) y el no *sayyid*...[132]

El fundador de los Fidaiyyín que se pretendía descendiente de los Safavidas se expresa de igual forma al escribir varias décadas después: "Somos capaces (los Fidaiyyín) de mandar a estos traidores (la monarquía) al infierno y vengar así al Islam, pero hemos retrasado la acción para prevenir la insurrección de las masas torpes e ignorantes."[133] Si bien los khomeinistas se aliaron a la clase de los desposeídos (desplazados por la Revolución Blanca a una posición de lumpenproletariado) esto sólo ocurrió en la década de los setenta. Ciertamente Khomeini manifestó su deuda con este sector pero ello no implica que en esencia haya cambiado esa actitud paternalista, y ahora populista, de los *mujtahids* hacia su "rebaño" de creyentes y que los *mujtahids* siguen manteniendo el monopolio de la interpretación (de la ley) y del discernimiento moral; de ahí también muchos de los rasgos totalitarios del régimen a nivel ideológico.

La assabiyah* *en la élite religiosa*

Si se examina más de cerca a los *mujtahids*, ahora como grupo gobernante, se descubrirá una clara red de lazos sanguíneos que al parecer

---

[131] Oskar Lange al hablar de "clases" y de "capas" sociales toma como punto de referencia para distinguirlas si están o no implicadas en las relaciones de producción. Véase, Mangol Bayat, *Mysticim and Dissent. Socioreligious Thought in Qajar Iran*, Syracusa, Syracuse University Press, 1982, p. 25.
[132] Shaykh Nuri "Refutation of the Idea of Constitutionalism", en *Middle Eastern Studies*, vol. 13, núm. 3 (octubre de 1977), p. 332.
[133] S. Arjomand, "Traditionalism...", *op. cit.*, p. 226.
* *Assabiyah* es un término que usa Ibn Jaldún (siglo XIV) y se traduce como "solidaridad socioagnaticia".

constituye la base de la organización política del clero en torno a Khomeini y que correspondería a una noción de la estabilidad política del Estado muy semejante a la que describiera Ibn Jaldún al hablar de la base tribal de las dinastías musulmanas, poniendo énfasis precisamente en la relación entre lealtad política y lazos de sangre. Este elemento constituye además otro factor de claro elitismo ya que el acceso al grupo selecto de *mujtahids* se va cerrando en la punta de la pirámide.

Valiéndose de su posición actual Khomeini ha generado una serie de círculos concéntricos de lealtades en torno a su figura, basándose en los lazos de sangre. En particular no deja de ser sorprendente la manera en que los grandes *marajis* han guardado lazos de parentesco durante siglos, aunque en muchos casos de manera distante. Sin embargo, es un hecho que todos ellos se consideran por tradición como pertenecientes al exclusivo grupo de *sayyids*, es decir, la casta o grupo de personas descendientes del Profeta, y gozan de un *status* de nobleza dentro de las sociedades musulmanas; de hecho la única forma de nobleza aceptada y de la cual carecían los Pahlevi y otras muchas dinastías reinantes en el mundo musulmán.[134]

Se estima que de mil puestos clave en el gobierno, alrededor de 600 están ocupados por los *sayyids* a los que pertenece Khomeini, aunque particularmente su linaje corresponde a la rama mussavi. A esta misma rama pertenecen el presidente, Khamenei, el primer ministro, Mussavi, el procurador, 12 de los 22 miembros del gabinete, 53 de 270 parlamentarios, 7 de los 23 gobernadores, y 75 directores de empresas públicas de un total de 120. Además, un total de 50 familiares directos de Khomeini están en puestos importantes del gobierno, incluyendo el cargo de viceprimer ministro y el de director del Fondo del Imam. Khomeini también cuenta con el apoyo del Gran Patriarca de la casta de los *sayyids*, Sayyid Ahmed, a quien se considera como uno de los hombres más poderosos después de Rafsanjani.

En un segundo círculo de lealtades estaría el resto de las ramas de los *sayyids* cuyos miembros, en conjunto, forman 30% del clero.[135]

En un cuarto círculo de lealtades estaría el resto de los ulama. Finalmente, hay que destacar el vínculo regionalista que es igualmente im-

---

[134] En este sentido es importante mencionar que el propio Khomeini carecía del linaje suficiente para ascender a la más alta hierocracia. Su familia inmediata era de bazaaris aunque tenía algunos ancestros *mujktahids*. Él tuvo que consolidar su posición mediante el matrimonio con una hija del gran ayatollah Borujerdi quien siempre estuvo ligado a la Corte Pahlevi, por ello tuvo que esperar a la muerte de su suegro para hacer patente su posición antimonárquica, lo cual ocurrió en 1961 y coincidió con la "Revolución Blanca" del sha. Véase Michael Fisher, *op. cit.*, p. 91.

[135] Amir Taheri, *op. cit.*, p. 290.

portante en sociedades tradicionales. Así tenemos que 70% de los puestos clave en el gobierno —sin considerar los antes mencionados— los ocupan personas pertenecientes a tres provincias: Isfahán, Yazd y Fars que constituyen 10% de la población total de Irán, y que, como ya se señaló, han provisto una buena parte de los elementos que forman a las Guardias Revolucionarias y a los *basijs*.[136]

Una última forma de asegurar lealtades es el ya mencionado lazo clientelista-religioso que ha favorecido muy particularmente a los desposeídos o *mustafazín*. Pero, cabe mencionar que, aparte de las organizaciones de bienestar social y movilización institucionalizadas por el nuevo régimen, los altos rangos del clero siguen patrocinando sus propias organizaciones caritativas y se calcula que pueden manejar hasta 10% del PNB.[137]

El clero en el gobierno

Cabe preguntarse a continuación cuál es la organización política de la élite en el gobierno. En un primer nivel se pueden identificar ocho hombres clave: *1*) Khomeini; *2*) el ayatollah Husayn Alí Montazeri, su sucesor oficial y coordinador de la red de directores de oración en las mezquitas principales o *yamma's*; *3*) Hujjat al Islam Alí Khamenei, presidente del Supremo Consejo de Defensa; *4*) Hujjat al Islam Alí Akhbar Hashemi Rafsanjani, por dos veces vocero del Parlamento *Majlis*, vicepresidente del Consejo de Expertos y representante del imam en el Supremo Consejo de Defensa; *5*) ayatollah Alí Mishkini, presidente del Consejo de Expertos y director de la Oración Comunitaria en Qum (el centro neurálgico del clero); *6*) ayatollah Abd al-Karim Ardabili, presidente de la Suprema Corte y del Supremo Consejo Judicial; *7*) Hujjat al Islam Mussavi Khu'aynha, procurador general, y *8*) ayatollah Muhamed Rayshieri, ministro de Información e Inteligencia.

El segundo escalón en la élite gubernamental no toma parte en las decisiones estratégicas. Sin embargo, juega un papel de asesoría o consultoría y está en posición de vetar las decisiones del gabinete, del Parlamento o del Poder Judicial. En este grupo está, en primer lugar, el Consejo de Guardianes que puede vetar la legislación parlamentaria y a los funcionarios del Supremo Consejo Judicial. En una situación más informal están los ministros del Interior y Orientación, no todos miembros del clero, como el ministro de Relaciones Exteriores, el ministro de Industria Pesada, el jefe de los *pasdarán* o Guardias

---

[136] *Ibid*.
[137] *Ibid*., p. 292.

Revolucionarias, el ministro de Defensa, el de Planeación y Presupuesto y el gobierno del Banco Central.[138]

En un tercer nivel de la élite quedarían incluidos, en primer lugar, los directores de oración nombrados por Khomeini que son los que tienen el verdadero poder de movilización sobre la población y no, como puede pensarse, el PRI. Estos directores de oración tienen un estrecho contacto con los bazaaris y con su líder, el bazaar-nayduni que actúa como administrador en las áreas del bazaar y como vocero de la comunidad.

El carisma de Khomeini y la jerarquización del clero

Ya se ha señalado que el carisma particular de Khomeini ha sido un factor esencial no sólo para dirigir la lucha revolucionaria sino para mantener la cohesión de la élite religiosa. Aunque el *vilayet e faquí* pretende institucionalizar ese carisma para asegurar la estabilidad del sistema, esto no parece posible. La razón es la "libertad de pensamiento" y de crítica inherente en el concepto de *ijtihad*. Los *mujtahids* (los que ejercen el *ijtihad*), que constituyen el alto clero, no podrían renunciar a esta prerrogativa esencial, por tanto no puede darse una homogeneización del pensamiento ni una centralización de poder.

Al respecto, hay que recordar la estructura jerárquica informal de los *mujtahids*. Los de menor influencia son los llamados *Thiqat al-Islam* (Confianza del Islam) que pueden recibir limosnas y caridad de parte de los fieles y solucionar casos controversiales menores de la *Sharia*. Les siguen en rango los *Hujjat al-Islam* (La prueba del Islam) y los *Hujjat al-Islam fi al-Alamin* (El signo de Dios en el Mundo). Ambos pueden emitir los decretos o *fatwas* pero los segundos tienen una mayor influencia en función de su mayor número de seguidores. Los más altos *mujtahids* son los *marajis e taqlid* o *ayatollahs al-Uzma* (gran ayatollah) y, por encima de ellos, estaría tan sólo el *marja* principal o emérito que tendría el poder para anular el *fatwa* de sus colegas pero esto ocurriría sólo excepcionalmente. El *marja* principal era, hasta su muerte en 1970, el iraquí *Muhsin al-Hakim* seguido por Abul Qasim al-Khu'i, el actual *marja* principal. Khomeini y Báqer Sadr, fusilado por el régimen de Bagdad, quedaban formalmente por debajo de ellos e incluso de algunos *marajis* de Irán. Esencialmente, lo que determina ostentar uno u otro título es: los conocimientos y experiencia, el prestigio dentro de la comunidad y el linaje y, ante todo, el consenso entre los fieles y los demás *mujtahids*.[39] En este sentido,

---

[138] Shahrough Akhavi, "Elite Factionalism. . .", *op. cit.*, p. 183.
[139] Shahrough Akhavi, "Institutionalizing the New Order in Iran" en *Current History*, vol. 86, núm. 517 (febrero de 1987), p. 55.

es importante también la magnitud de los recursos que administra y particularmente, de las *madrasas* que controla. Esto se traduce en la posibilidad de distribuir mayores dádivas entre los estudiantes y entre los fieles mismos en forma de limosnas. Es particularmente interesante señalar cómo Khomeini, en muchos aspectos, sigue comportándose como un macroadministrador de limosnas y dádivas que reparte a los necesitados a través de las organizaciones islámicas revolucionarias como la Cruzada para la Reconstrucción, la Organización de los Mártires o la Fundación Mustazafín.

En muchos sentidos, pues, la revolución de Khomeini ha llegado a ser vista por el clero más tradicional como un acto de subversión contra las normas del shiismo —al menos en lo que se refiere a la organización tradicional del mismo— ya que Khomeini, apelando a su actuación como líder político y a su carisma frente a la población, ha roto las jerarquías honoríficas y se ha puesto por encima de los demás *marjas*. De ahí también que haya tenido que apelar a títulos cuasidivinos como el de Imam o el de *vilayet e faquí*. Como se recordará, para movilizar a la población Khomeini no sólo recurrió a la argumentación escolástica legalista para sustentar su reclamo de un régimen hierocrático, sino que supo encender el fervor popular apelando al milenarismo mesiánico del shiismo en torno a la figura del Imam-Mesías. En la mente popular, al menos, Khomeini ha sido identificado con el Imam. Aunque él nunca asumió el título permitió que sus seguidores lo usaran. Cuando se le preguntó por qué permitía que lo usaran dijo: "No sé, pregúnteles a los que me llaman así. . . El elevado rango de los Santos Imames está muy claro; yo soy sólo un estudiante de sus enseñanzas."[140] Este rasgo en particular recuerda al movimiento babista 130 años atrás. Entonces, como ahora, el clero ortodoxo ha calificado tal acción como herética. Para sus seguidores fanáticos, Khomeini es la Puerta el Bab que anuncia la llegada del Imam y el establecimiento del Reino del Milenio. La explotación consciente de este fervor con fines políticos ha sido un elemento fundamental para explicar el carisma de Khomeini.

El faccionalismo de la élite

Así como el alto clero, en su calidad de *mujtahids*, está autorizado a emitir puntos de vista y resoluciones sobre la interpretación de la *Sharia*; en política, cada cual se siente doblemente autorizado a expresar y defender sus puntos de vista sobre las cuestiones que atañen al gobierno de la República Islámica dejando a Khomeini en calidad casi de árbitro (y esto se aplica también al bajo clero).

[140] Said Arjomand, "Traditionalism. . .", *op. cit.*, p. 232.

La consigna del propio imam de que "un *mullah* no debe atentar contra la vida de otro *mullah*", aparentemente se ha cumplido estrictamente, y le impide al régimen "eliminar" a los elementos disidentes como ocurre en otras revoluciones. El costo de acudir a un acto, como la excepcional defenestración de Shariatmadari, es demasiado alto y, al parecer, no ha quedado sino como un recurso extremo. Así pues, el imam no puede acallar el faccionalismo y la disidencia de sus subalternos y carece de medios legítimos para contrarrestarlos En torno a diversos asuntos han surgido fuertes divisiones. Cabe recordar, por ejemplo, la cuestión de las reformas económicas como la nacionalización del comercio exterior, la iniciativa de regular el comercio interno y la reforma agraria que llevaron al enfrentamiento entre el Parlamento y el Consejo de Guardianes.

Durante los últimos años, los politólogos occidentales han especulado ampliamente sobre esas facciones denominándolas de diferentes formas: de derecha y de izquierda, conservadores y pragmáticos, los de la línea del imam y los que no lo son, o los *maktab*s y los *hojjatis* (en este último caso lo que los diferencia es que los *maktabis* abogan por un solo heredero de Khomeini en el cargo de *vilayet e faquí* mientras que los *hojjatis* —identificados particularmente con los bazaaris y con el Consejo de Guardianes— abogarían por un cuerpo de colegiales que sucediera a Khomeini en sus funciones).[141] En todo caso, lo que resulta más difícil es establecer claramente quiénes forman parte de uno u otro bando. Esto se debe a que las verdaderas diferencias entre miembros del clero no son ideológicas sino políticas en torno a cuestiones concretas por lo que, en un momento dado, miembros de una supuesta línea pueden aparecer al lado de sus contrarios. Khomeini ha denunciado el faccionalismo intraclerical indicando con ello la gravedad del caso. Al mismo tiempo ha señalado que "cuando se trate de cosas relacionadas con el gobierno, ustedes pueden criticar", pero advierte que la constante publicidad de los conflictos internos sólo conducirá a la incredulidad de la población, la protesta de las masas y a la derrota del Islam. Las acusaciones y denuncias de los miembros del clero a lo largo del país "conducen a la gente a volverse apática con respecto a la oración y con respecto a los frentes de batalla".[142]

Sin embargo, Khomeini está particularmente preocupado por las críticas que proceden de los altos *mujtahids* que se mantienen al margen del gobierno por considerar que los *mullahs* no tienen derecho a gobernar el país. En este sentido, han sido constantes las críticas del

---

[141] K. Ramazani, "Khumayni's Islam in Iran's Foreign Policy", en A. Dawisha (ed.), *Islam in Foreign Policy*, Cambridge University Press, 1983, p. 15.
[142] Shahrough Akhavi, "Elite Factionalism. . .", *op. cit.*, p. 125.

marja Gulpaygani suscitadas a raíz de la humillación de Shariatmadari. Gulpaygani es mayor que Khomeini y ha instado a sus seguidores a no pagar los impuestos religiosos *zakat* (limosna) y *Khums* (contribución especial dada a los *mujtahids* para la administración de obras religiosas) ya que pagarlos a un gobierno constituido en ausencia del Imam oculto es "contrario a la tradición". Gulpaygani y el ayatollah Qumi criticaron severamente al régimen por la falta de honores rendidos a Shariatmadari. Qumi dijo: "Si la república puede enviar una delegación a los funerales de Chernenko en Moscú, ¿por qué le niega a un ilustre *marja e taqlid* un funeral honorable?" Asimismo dijo: "La gran desgracia para los cuadros religiosos es que todas estas acciones y otras más que van en contra de la Ley Sagrada son hechas en nombre de la religión."[143] No es de extrañar que un grupo de *hizbollahis* en mayo de 1985 asaltara la casa de Qumi por sus declaraciones en contra de la continuación de la guerra. De la misma forma, Gulpaygani se ha opuesto a la guerra pero sus declaraciones no han sido difundidas en el interior del país. El *marja* de Iraq, Khuí, llegó incluso a producir un edicto o *fatwa* desconociendo las expropiaciones de tierras en el norte de Irán al principio de la revolución y, al mismo tiempo, ha urgido al clero a mantenerse fuera de la arena política. De acuerdo con versiones difundidas por el ayatollah Kahani de Khuzistán, Khuí apoyaría el derrocamiento de Khomeini y la convocatoria de una asamblea constituyente según el proyecto original de los revolucionarios moderados.

Gulpaygani se pronunció contra la reelección de Khamenei en agosto de 1985 como presidente. De forma irónica dijo a Khamenei que esperaba que su gobierno "no vaya a destruir la islamicidad de la República Islámica. . . Esperamos que en el futuro (los funcionarios de la República) apliquen los ordenamientos del Islam, no los que los servidores de Dios pretenden que sean ordenanzas de Dios".[144] Khomeini ha criticado igualmente los pronunciamientos de sus colegas y, en particular, denuncia a los *mujtahids* por incitar a los súbditos a insubordinarse y no pagar impuestos.

La sucesión de Khomeini: la lucha por el poder

Si en alguna cuestión se ha hecho evidente la magnitud del faccionalismo es seguramente en la lucha por el poder. Ésta se halla como hilo conductor que enlaza tres acontecimientos clave en la escena política doméstica: la nominación de Montazeri como sucesor del imam, el Irán-Gate y la supresión del PRI.

[143] *Ibid.*, p. 191.
[144] *Ibid.*, p. 192.

a) La nominación de Montazeri. Al parecer, desde diciembre de 1982, Khomeini dejó en claro que deseaba que Montazeri lo sucediera como faquí. El Consejo de Expertos se resistió a nominarlo oficialmente y sólo tras dos reuniones, una en 1983 y otra en 1985, el favorito de Khomeini obtuvo los votos necesarios. La oposición más importante fue la de los altos *mujtahids* del sector ortodoxo que lo rechazaron tanto por las irregularidades presentes en su designación como por carecer de las cualidades necesarias para aspirar a tan elevado rango.

Montazeri, de 65 años (en 1985), procede de una familia campesina de la provincia de Isfahán. Fue estudiante de Khomeini entre 1940 y 1950 y se mantuvo a su lado durante la insurrección clerical de 1963, quedando en prisión por varios años.[145] Sus méritos son esencialmente políticos derivados de su lealtad al imam, pero, desde el punto de vista escolástico, su designación es una afrenta a los *marajis* supervivientes. El gran ayatollah Kahani comparó su designación con la "usurpación del manto del Profeta por parte de los Omeyas".[146] En efecto, dentro de la tradición shiita y según los lineamientos de la propia Constitución si alguien puede aspirar a suceder a Khomeini es alguno de los grandes *marjas*. Tan sólo el *marja* Marashi Najafi, por ejemplo, es mayor en edad que el propio Khomeini y remonta su linaje, plenamente documentado, al tercer Imam. Cualquiera de los otros *marajis* —Khu'i, en Iraq, Qumi, Ruhani o Gulpaygani— poseen los méritos "académicos" requeridos para ser faquíes.[147] Sin embargo, su legitimidad tradicional se enfrenta a la legitimidad revolucionaria de Khomeini que es capaz de pasar por encima de ellos.

La oposición a Montazeri no sólo provino del sector tradicional del clero sino del clero integrista aunque, como era de esperarse, éste tendría que actuar de manera solapada para no desafiar abiertamente la decisión de Khomeini. Sin duda, el que actuó con mayor habilidad para disfrazar su doblez fue Rafsanjani. Por una parte se presenta como el defensor acérrimo de la "línea del imam" y fue él quien mayor propaganda hizo en favor de Montazeri colmándolo de títulos honoríficos shiitas que no le correspondían. Por la otra, al igual que muchos otros "compañeros de lucha del imam" se sentía con los suficientes méritos de lealtad revolucionaria para aspirar a la sucesión.[148] A partir de 1985, Rafsanjani pugnó por debilitar la posición

---

[145] *Ibid.*, p. 197.
[146] *Ibid.*, p. 194.
[147] M. Fisher, *op. cit.*, p. 88.
[148] Desde la perspectiva del clero ortodoxo Rafsanjani estaría en condiciones menos favorables para pretender el puesto de faquí, tanto por edad como por linaje y méritos académicos. Tiene 52 años y es hijo de un especiero de Fars. Ocupa el rango de *hujjat al-Islam*, tercero en la jerarquía clerical. Estudió en la Facultad shiita de Tiro (Líbano) y, posteriormente, recibió su entrenamiento guerrillero en los campos

de Montazeri. La pugna entre ambos adquiriría dimensiones internacionales con el escándalo del Irán-Gate o Teherán-Gate.

b) El escándalo del Teherán-Gate: como comandante virtual de las fuerzas armadas, Rafsanjani conocía bien los requerimientos de repuestos y pertrechos en el frente de batalla. Tomando en cuenta que la gran mayoría del equipo militar de Irán fue provisto por los estadunidenses, el líder del Parlamento convenció a Khomeini de la necesidad de hacer un acercamiento táctico hacia Washington proponiendo el intercambio de armas por rehenes estadunidenses presos en Líbano. La facción radical del clero ligada al ayatollah Montazeri y sus cuñados filtró la noticia a través de un diario proiraní de Damasco con objeto de desenmascarar a Rafsanjani por estar negociando con el Gran Satán.

Sin embargo, Rafsanjani pudo salvar la cara presentando el hecho como una muestra del poderío iraní que obligaba al Gran Satán a acudir a ellos para rescatar a sus rehenes. Khomeini lo respaldó. Dijo que ver a Estados Unidos acudir a Teherán en calidad de suplicante "representa la mayor de nuestras victorias".[149] Los hermanos Hashemi fueron arrestados, acusados de estar implicados en el asesinato de un diplomático sirio y obligados a confesar sus "crímenes" en TV (uno de ellos fue ejecutado). Significativamente, Montazeri fue retirado de la dirección del Seminario de la Faiziyeh de Qum y remplazado por el ayatollah Mishkini, presidente del Consejo de Expertos.[150] En apariencia, Rafsanjani salió victorioso de la contienda y, más aún, había logrado desprestigiar notablemente a Montazeri. Sin embargo, hay que señalar que éste no fue destituido como sucesor de Khomeini. El predominio momentáneo de Rafsanjani quedó subrayado por la autoridad extraordinaria que le fue confiada para dirigir las más importantes ofensivas que se lanzaran contra Iraq en diciembre de 1986. Sin embargo, tras el estrepitoso fracaso de estas ofensivas —que supuestamente deberían haber conducido a Irán a la victoria y debido a las enormes bajas sufridas por los *basij* y *pasdarán*— Rafsanjani quedó en una situación muy vulnerable (además su hijo fue involucrado en un escándalo de corrupción relacionado con la venta de armas y con el coronel North).[151]

---

de la OLP. A su regreso a Irán fue arrestado y permaneció en prisión por seis años. Fue también alumno de Khomeini y estuvo a su lado en la insurrección de 1963. Durante el largo exilio del imam enviaba a Khomeini todo el dinero que recolectaba de donativos por lo cual se ganó la confianza y gratitud de éste.

[149] Edouard Sablier, *op. cit.*, p. 120.
[150] *Ibid.*
[151] Alí Behrooz, "Irán considera el siguiente movimiento", en *Contextos*, núm. 83 (octubre de 1987), p. 11.

c) La disolución del PRI. La última fase de la pugna por e poder se relaciona con el PRI. Alí Khamenei, presidente de la República, y líder del partido, representa al clero radical. Su base de operaciones en la lucha por el poder había sido el PRI desde donde atacaba a la mancuerna Rafsanjani-Mussavi (primer ministro) apoyados por Ahmed Khomeini, hijo del imam, y el ministro de Información Rayshieri, todos ellos considerados como de la "línea del imam". Al igual que su antecesor como líder del partido, Beheshti, Khamenei mostraba serias disputas con Khomeini quien, como se ha explicado, se había rehusado sistemáticamente a prestar su figura para consolidar un partido clerical de rasgos totalitarios.

Khamenei había acusado a Mussavi de ser un "títere de Khomeini" y junto con 99 diputados había pedido su renuncia siendo el propio imam quien intervino para defender al primer ministro. Había intentado desprestigiar a Rafsanjani aprovechando su situación de debilidad tras el escándalo y, como Bani Sadr años atrás, pretendía fortalecer al ejército en contra de los *pasdarán* dominados por el líder del *Majlis*.

Todo parece indicar que estas últimas maniobras en la lucha faccionalista acabaron por exasperar a Khomeini, quien pidió la disolución del partido al que consideró la causa fundamental de la división en el clero. En su informe al imam, Khamenei reconoce que éste, desde un principio, se opuso a la formación de cualquier partido (nótese que esta declaración contradice la que años antes hiciera Beheshti en el sentido de que el imam había presionado al clero a organizarse y a formar el PRI) y dice: "Khomeini pensaba que la expansión del partido no beneficiaba al régimen islámico."[152] Esta opinión que Khamenei pone en boca de Khomeini contrasta con la que Rafsanjani le atribuye al imam: "el imam ha denominado a este partido las 'raíces de Satanás' ".[153]

En los informes de ambos, previos a la disolución del partido, se apunta como un factor fundamental el ya señalado faccionalismo que divide al clero. Dice Khamenei al respecto: "Los resultados de la unidad ideológica son casi nulos, al igual que los resultados (intentos) de unidad política", y más adelante confiesa que se había formado un Consejo Judicial cuyas funciones habían sido "Investigar los desacuerdos entre las facciones" el cual tuvo mínimos resultados. Khamenei aconsejaba que tanto él como Rafsanjani renunciaran al partido pero no que se disolviera. Por su parte, Rafsanjani emitió en su informe un juicio negativo respecto al partido y seguramente contó para ello con el respaldo previo de Khomeini. Declaró: "Ante todo debe-

---
[152] *Ibid.*, p. 12.
[153] *Ibid.*

ríamos determinar si nos beneficia tener un partido. . . Existen diferentes facciones con diferentes predilecciones las cuales se hayan enfrentadas entre sí."[154] Concluye que ningún miembro del régimen tiene "poder" de decisión y que la única fuente de poder y de estrategia política es el ayatollah. Con este tipo de declaraciones se comprende por qué Rafsanjani y Mussavi son llamados los representantes de la "línea del imam".

Con la disolución del PRI las facciones en pugna han hecho del Parlamento el foro de las principales maniobras políticas y ahí es donde Rafsanjani concentra su fuerza.

Todo parece indicar que Rafsanjani ha maniobrado de una manera muy hábil en la lucha por el poder. Sin atreverse a atacar frontalmente a Montazeri o a Khamenei los ha desprestigiado a los ojos de Khomeini y, especialmente en el caso de Montazeri, ha debilitado notablemente su posición. Khomeini tiene 87 años y ha sufrido ya tres crisis cardiacas. Su presencia en las querellas políticas es cada vez más reducida. El Consejo de Expertos, que tiene la misión principal de asegurar la sucesión y que tiene ya en sus manos el testamento político de Khomeini, seguramente no refrendará a Montazeri como el heredero universal del imam. Todo parece indicar que, tal como se prevé en la Constitución, a falta de un *mullah* que reúna las cualidades suficientes para aspirar al cargo de *vilayet e faquí* y a falta de consenso, habrá de nombrarse un Consejo de Liderazgo o directorio en el que seguramente Rafsanjani estará presente. En todo caso Rafsanjani parece ser el heredero político de Khomeini, mientras que Montazeri sería el heredero religioso del imam, lo cual apunta a la imposibilidad del régimen iraní de institucionalizar el carisma de Khomeini y de garantizar así la estabilidad política. De ser éste el desenlace, fracasaría lo esencial del proyecto integrista. En los años futuros se vería cada vez más una tendencia creciente a la especialización de los miembros del clero y a su separación en funciones religiosas y administrativas o políticas con una mayor intervención de elementos laicos.

---

[154] *Ibid.*, p. 13.

Anexos

LOS MARJA-E-TAQLIDS

(Fuentes de imitación)

Cinco personas ocupan actualmente el más alto rango en la jerarquía religiosa del shiismo en calidad de "Fuentes de imitación" para toda la comunidad shiita sin importar la nacionalidad de los fieles. En orden de importancia, por edad y méritos escolásticos, son:

Gran Ayatollah Hojat al-Islam va al-Muslimin, Haj-Sayyid Abol-Qassem Mussavi Kha'i (96 años, vive en Najaf, Iraq).

Gran Ayatollah Hojat al-Islam va al-Muslimin, Haj-Sayyid Shahabeddín Husseini Marashi-Najafi (94 años, vive en Qum, Irán).

Gran Ayatollah Hojat al-Islam va al-Muslimin, Haj-Sayyid Mohamed Kazem Shariatmadari (86 años, murió en 1985, vivía en Tabriz, Irán).

Gran Ayatollah Hojat al-Islam va al-Muslimin, Haj-Sayyid Ruhollah Mussavi Khomeini (83 años, vivía en Teherán, Irán).

Gran Ayatollah Hojat al-Islam va al-Muslimin, Haj-Sayyid Mohamed Reza Mussavi Golpayegani (82 años, vive en Qum, Irán).

Gran Ayatollah Hojat al-Islam va al-Muslimin, Haj-Sayyid Hassan Tabataba'i Qomi (81 años, vive en Mashad, Irán).

Los *marja-e-taqlids* antes mencionados, formalmente, al menos, deberían ser remplazados, a su muerte, por un segundo grupo de ayatollahs que les siguen en orden de importancia. Por sus méritos y edades la lista quedaría conformada de la siguiente manera:

Ayatollah Shaik Mohamed Taqi Qomi (vive en París).
Ayatollah Mohamed Khatami-Yazdi (vive en Yazd).
Ayatollah Haj-Sayyid Mohamed Sadeq Rubani (vive en Qum).
Ayatollah Shaikh Hussein-Alí Montazeri (vive en Qum, es el sucesor designado de Khomeini).
Ayatollah Mohamed Reza Alemi (vive en Teherán).
Ayatollah Alí Golzadeh Ghafouri (vive en Teherán).
Ayatollah Mohamed Hussein Javardi Amoli (vive en Qum).
Ayatollah Reza Bidabadi (vive en Qum).
Ayatollah Alí Akhbar Mishkini (vive en Qum).
Ayatollah Haj-Sayyid Morteza Jazayeri (vive en Qum).
Ayatollah Haj-Sayyid Mohamed Vahidi (vive en Qum).
Ayatollah Haj-Sayyid Mohamed Báqer Khonsari (vive en Teherán).

FUENTE: Amir Taheri. Según datos de 1985.
Nótese el predominio de la rama de sayyids llamada Mussavis.

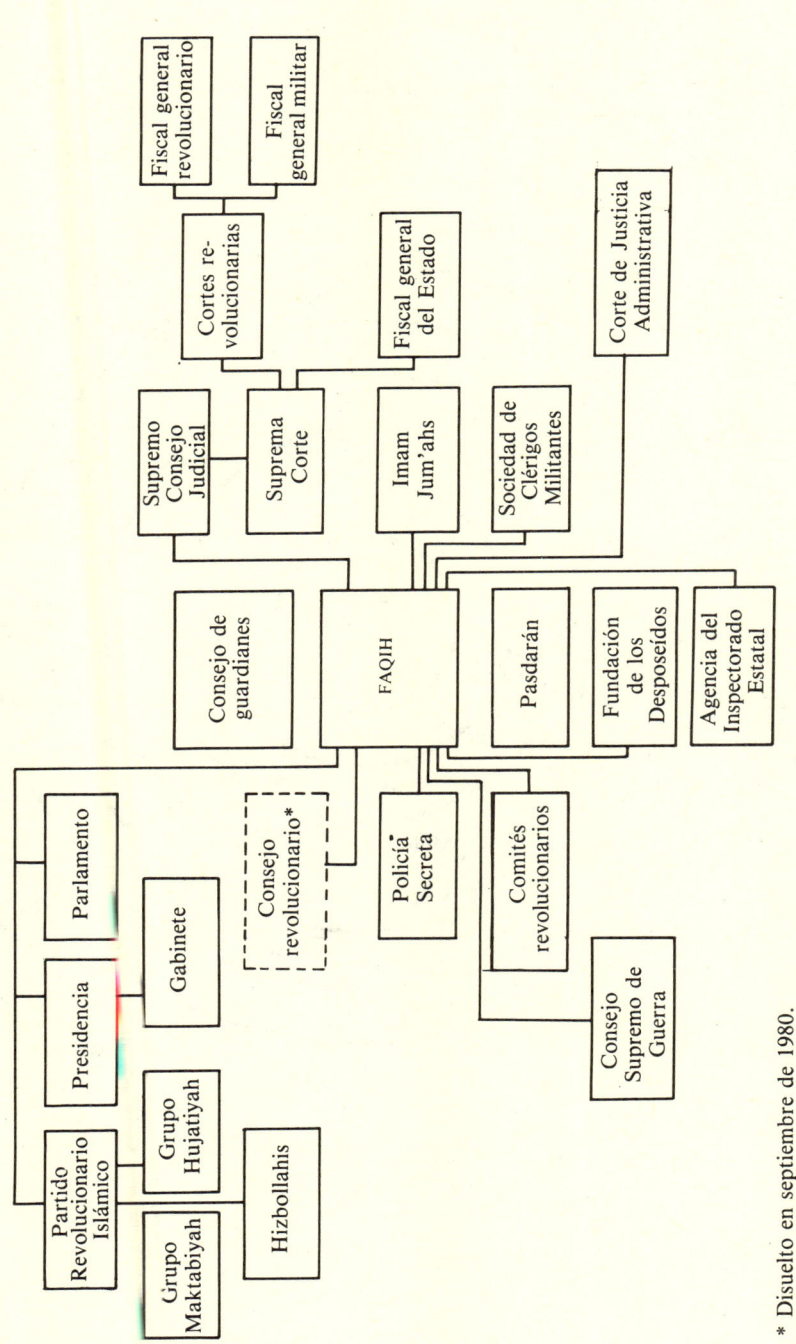

Organización del gobierno de la República Islámica de Irán

* Disuelto en septiembre de 1980.
Fuente: Shahrough Akhavi, "Clerical Politics in Iran since 1979", en *The Iranian Revolution and the Islamic Republic*, Conference Proceedings (Washington, D.C., Middle East Institute, 1982), p. 19.

164 LA REVOLUCIÓN ISLÁMICA-CLERICAL DE IRÁN

¿Quién gobierna la República Islámica?
La estructura social del poder político en la República Islámica

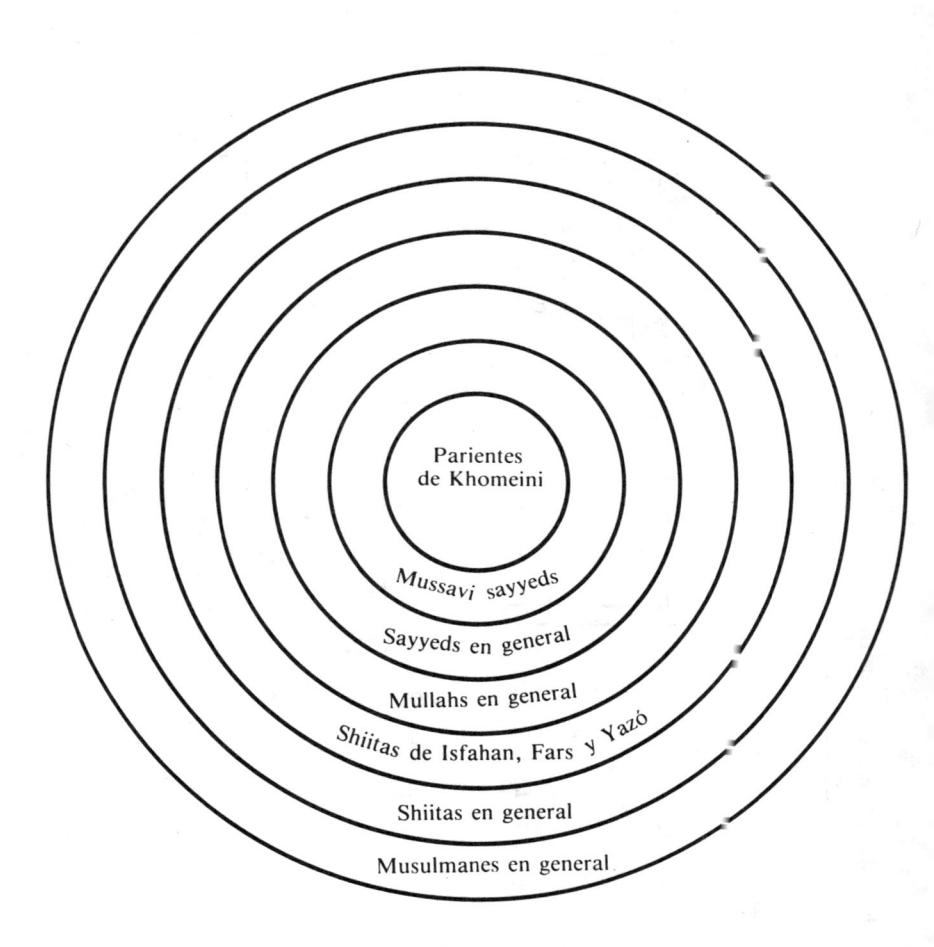

- Parientes de Khomeini
- Mussavi sayyeds
- Sayyeds en general
- Mullahs en general
- Shiitas de Isfahan, Fars y Yazd
- Shiitas en general
- Musulmanes en general

IV. LA EXPORTACIÓN DE LA REVOLUCIÓN: LA GUERRA CON IRAQ

El proyecto de política exterior del nuevo régimen

La política exterior se define como "el conjunto de las decisiones que determinan metas, sientan prioridades y cursos de acción para implementar tales decisiones". La política exterior se desarrolla en tres áreas interrelacionadas: las determinantes que influyen sobre ella, el diseño de la misma y su implementación.

a) Los factores que en un momento dado influyen significativamente en la política exterior de un país son: situación geográfica, capacidad militar, población, situación económica, grupos de presión, opinión pública, cultura e ideología.

b) La formulación o diseño de una política exterior se refiere a los procedimientos y personalidades que toman las decisiones. Ello incluye: la estructura institucional de un Estado, la interacción entre la élite gobernante además de las personalidades, formación y valores de los actores involucrados (evidentemente el Islam juega un papel muy importante como ideología).

c) La implementación de una política exterior, a diferencia de lo que ocurre con la política interna, depende de varios factores exógenos y es limitada por naturaleza.

En el caso de la República Islámica, resulta difícil determinar hasta qué punto el Islam ha sido fuente de motivación, de legitimación o simplemente de justificación en las decisiones de política exterior.

El proyecto de política exterior de la joven república está plasmado en la Constitución. En el capítulo titulado "El ejército y el libro" dice:

> Al organizar y equipar la defensa del país se debe prestar atención a que la Fe y el Libro son las normas. Por lo tanto, el Ejército Républicano Islámico, los *pasdarán*, son los responsables no sólo de defender las fronteras sino de cumplir la misión señalada en el Libro de hacer la guerra santa [*Yihad*] a manera de obedecer a Dios y de expandir el dominio de la Ley de Dios en el Mundo.

En el principio 9 se asienta el credo universal del Islam que no reconoce divisiones políticas: "De acuerdo con el Corán, todos los musulmanes son una sola comunidad religiosa y el gobierno islámico de Irán está obligado a basar sus políticas generales en lograr la unidad de las naciones islámicas y deberá ejercer un continuo esfuerzo para realizar la unidad política económica y cultural del mundo islámico."

El artículo 152 dice: "La política exterior de la República Islámica... busca lograr la terminación de todo tipo de dominación salvaguardando la completa integridad del territorio [iraní], practicando el no alineamiento respecto a las superpotencias y manteniendo relaciones específicas..."

El artículo 154 dice: "[La República] reconoce la libertad, independencia y régimen de justicia de todos los pueblos del mundo. Por lo tanto, si bien practicará la autolimitación con respecto a cualquier forma de intervención en asuntos internos de otros países, protegerá las luchas de los débiles contra los arrogantes en cualquier parte del mundo."

Como primer país del mundo en que el supremo jurisconsulto gobierna, Irán asume la misión de guiar a los demás pueblos en el establecimiento del gobierno justo, "el de los desheredados" Para Khomeini, pues, el conflicto con las superpotencias es inevitable y dice: "Debemos ajustar cuentas con las superpotencias y demostrarles que podemos dominar ideológicamente al mundo a pesar de los problemas que enfrentamos."[1] Pero además de "ajustar cuentas" directamente con las superpotencias "satánicas"; Irán asume la responsabilidad de ajustar cuentas con los clientes y amigos de éstas; los regímenes opresores "seudoislámicos" del Golfo y otras áreas que mantienen sojuzgadas a las poblaciones musulmanas en bien del imperialismo. En sus transmisiones Radio Teherán se refiere a Khomeini como "líder mundial de los oprimidos" y dice:

> Ésta es la voz de la justicia, la voz de los oprimidos, es la voz de la República Islámica de Irán. Musulmanes de todo el mundo, transmitimos nuestro programa desde Teherán, bastión de la República Islámica, para ser la luz de todos los oprimidos del mundo. Prometemos mantenernos fieles a nuestra misión islámica, la misión de justicia, bienestar y libertad.[2]

La visión de Khomeini en cuanto a la política exterior de su régimen islámico ha sido notablemente consistente. En su obra *Kash e*

---

[1] R. Ramazani, "Iran's Islamic Revolution and the Persian Gulf", en *Current History*, vol. 84, núm. 1 (enero de 1985), p. 5.

[2] Fred Halliday, "Iranian Foreign Policy since 1979", en Juan R. Cole y Nikki R. Keddie (eds.), *Shi'ism and Social Protest*, New Haven, Yale University Press, 1986, p. 102.

Assrar [Descubrimiento de secretos] muestra claramente su rechazo al sistema internacional existente y afirma que los Estados modernos "son producto de las ideas limitadas de los hombres ya que el mundo es el hogar de las masas de gente bajo la única ley de Dios".[3] Ya que la única "constitución" que el hombre puede aceptar es la que Dios transmitió vía el Corán, los Estados carecen de sentido y, más aún, son un desafío a la voluntad divina de que exista una sola *umma* (comunidad de creyentes) en el mundo.

Así pues, los Estados son sólo feudos de déspotas corruptos y opresores. Pero Khomeini va más allá y considera que la opresión interna sobre las poblaciones se reproduce entre Estados. Tan repudiables son los tiranos al estilo del sha como los tiranos internacionales, las superpotencias.

> No permitiremos que nos domine América o la URSS, somos musulmanes... y nuestro deber es resistirnos y no comprometernos con sus planes... Queremos una civilización que esté basada en el honor y los valores humanos fundamentales y que preserve la paz sobre estas bases.[4]

En el mismo sentido se expresa el premier Mussavi en una entrevista hecha por la CBS:

> Los valores han sido grandemente transformados en Irán y nuevos valores surgen en nuestra sociedad... Las luchas continuarán hasta que la región y el mundo sean restaurados sobre nuevos fundamentos... lo que se está gestando en el mundo islámico es el regreso a una identidad humana-islámica y la Revolución Islámica de Irán es el primer paso en ese sentido.[5]

Está bien claro que para Khomeini y sus seguidores su revolución no tendría sentido si se limitara sólo a Irán. La internacionalización de la misma es vital ya que Irán es la "vanguardia", una especie de país-profeta que "debe" llevar el mensaje de "redención" al resto del mundo. Mussavi agrega en la misma entrevista: "El Islam es una sagrada encomienda de Dios a la nación iraní que debe crecer en poder y resolución para extenderlo a todo el mundo... se abrirá así el camino para el establecimiento (apocalíptico) del reino del Imam-Mahdi (el Imam redentor)."[6]

---

[3] R. Ramazani, "Khumayni's Islam in Iran's Foreign Policy" en Adeed Dawisha (ed.), *Islam in Foreign Policy*, Cambridge, Cambridge University Press, 1983, p. 9.
[4] *Ibid.*, p. 17.
[5] *Ibid.*, p. 18.
[6] *Ibid.*

No es difícil comparar estas declaraciones con las de otras revoluciones anteriores. La Revolución Francesa tenía "la misión" de llevar la libertad y la democracia "a todo el mundo"; la Revolución Rusa era la vanguardia del proletariado en su lucha por establecer una sociedad comunista en todo el mundo. Sin embargo, en el caso de Irán, el mensaje va cargado de un poderoso celo religioso mesiánico que fácilmente puede contagiar a los demás países de la región. Un espíritu similar de renovación y purificación inspiró a grandes conquistadores iluminados del Islam: los Almohades y Almorávides —estudiados por Ibn Jaldún— Tamerlán, el Mahdi en Sudán (que pretendía llegar a orar a la Meca y Constantinopla), o los wahabitas-sauditas. Al igual que estos movimientos, que tuvieron una fuerte proyección internacional, el de Khomeini es intolerante y está imbuido de una visión maniquea afín a la de regímenes totalitarios. Ello explicaría, por ejemplo, la aparente terquedad e irracionalidad de continuar la guerra con Iraq. Un país musulmán con un régimen "corrompido e infiel" resulta mucho más intolerable que el Estado de Israel o que la presencia soviética en Afganistán.

En el caso de la política exterior iraní, al igual que en la interna, se presentan rasgos afines a los regímenes totalitarios —en su fase de consolidación— como son: *a*) ideología internacionalista: un llamado vehemente a la revolución mundial, en particular contra los enemigos declarados del régimen; *b*) mantener a toda costa una situación externa de tensión constante que permita tener movilizada a la población; *c*) rechazo absoluto a las normas establecidas de conducta internacional considerándolas ilegítimas; ello se reflejaría en el uso sistemático de la subversión en países vecinos junto con un lenguaje oficial agresivo y desafiante; *d*) exaltación de la lucha y el martirio; *e*) una fe ciega en la victoria final y en la justicia de la causa.[7]

De lo hasta aquí expuesto queda claro que existe un proyecto definido y muy ambicioso de política exterior en el cual es evidente que la versión integrista del Islam juega un papel fundamental. Asimismo, es evidente que la vocación "universal" de ese proyecto en realidad se ve limitada al mundo islámico. A pesar de su agresividad hacia las potencias occidentales (incluido el bloque soviético) en ningún momento hay una declaración de guerra a éstas sino una actitud que va desde proclamar el no alineamiento hasta las amenazas veladas que, de todos modos, sólo se cumplen en el ámbito regional del propio mundo islámico. También quedan claros tres objetivos al menos: *1*) la necesidad de renovar el Islam, que equivale a que los demás países acepten la versión integrista del mismo; *2*) asumir que los pueblos

---

[7] Carl Fiedrich y Zbigniev Brzezinsky, *Totalitarian Dictatorship and Autocracy*, Nueva York, Praeger, 1963, pp. 353-366.

musulmanes están oprimidos por gobiernos impuestos y que si se les ayudara a liberarse demostrarían que comparten la visión integrista del Islam que proclama Irán, y *3*) eliminar la influencia de las superpotencias en la región.

La exportación de la revolución

Al menos a nivel del discurso oficial de los líderes iraníes reconocen abiertamente que pretenden exportar la revolución, pero afirman que esto lo realizarán por el ejemplo y no por la fuerza. Así habla Khomeini al respecto: "No creemos en la exportación de la revolución por medio de la fuerza armada". En el programa del PRI se lee: "La revolución se extenderá (por sí misma) porque Irán establecerá un Estado perfecto que otros trataran de emular permitiendo así la expansión del Islam liberador."[8] Los canales que la República Islámica tiene a su disposición para "llevar su ejemplo a los demás países" son: organismos multilaterales, la propaganda, el apoyo a grupos de signo islámico, las peregrinaciones a los lugares santos, la subversión, el terrorismo y la guerra.

a) Con respecto a los organismos internacionales Irán ha mantenido una actitud sumamente recelosa, ya que como partes de un sistema internacional al que repudian, no pueden ser vistos sino como instrumentos poco confiables. Esta actitud se refleja claramente en la relación con las Naciones Unidas o la Conferencia Islámica que son bien usados como foros propagandísticos. No debe sorprender, pues, que el PRI propusiera la creación de nuevos organismos adecuados a los intereses iraníes con una Corte Internacional de Justicia Islámica que resolvería disputas entre Estados Islámicos o un Mercado Común Islámico que evidentemente quebrantaría la unidad regional representada por la Liga Árabe, además de proponer cambios drásticos en la Conferencia Islámica.[9]

---

[8] En este sentido el programa del PRI propone tres tipos de regímenes que, por su naturaleza, determinan tratos diferenciados por parte de la República Islámica. La clasificación se hace con referencia a su grado de apego al Islam. *1*) Estados gobernados por principios islámicos, con ellos se sostendría una relación de hermandad; *2*) Estados islámicos con un régimen secular pero nacionalista y con apoyo popular (Argelia podría entrar en este rubro) con ellos se tendrían relaciones amistosas; *3*) dictaduras opresoras que dependen de apoyos externos para sobrevivir. El PRI promete apoyar la subversión de grupos islámicos en estos países. Véase R. Ramazani, "Khumayni's. . .", *op. cit.*, p. 20.

[9] Cheryl Bernard y Zalmay Kalizad, *Iran's Islamic Republic*, Nueva York, Columbia University Press, 1984, p. 150.

b) Como la gran mayoría de otras revoluciones que la han antecedido, la islámica se preocupa por difundir en el exterior su nueva imagen con el fin de atraerse simpatías y de encontrar campos adecuados para lograr la "conversión" de algunos países sacándolos así del "pecado". Además de las consabidas transmisiones radiales con las que se bombardea especialmente a los países del Golfo, se emplean las misiones diplomáticas establecidas. Cada embajada cuenta con su sección de seguridad y en varios casos con *hezbollahis* entrenados que se encargan de mantener bajo control a las poblaciones iraníes en el exilio y, desde luego, de difundir la imagen islámica de Irán. Según Khomeini, sus misiones diplomáticas sólo imitan la acción del Profeta cuando éste envió delegados a países lejanos para propagar el mensaje de Allah.

c) Un canal de influencia sumamente eficaz han sido las peregrinaciones anuales hacia la Meca. En varias ocasiones Khomeini ha señalado que el *hayy* tiene un función primordialmente política y social antes que ritual y los monarcas sauditas han optado por no interferir en las manifestaciones antimperialistas, antisraelitas y antioccidentales de los peregrinos iraníes tratando de evitar que ellas deriven en actos de violencia, no siempre con éxito.

d) La subversión: teóricamente la Revolución Iraní rechaza los actos de subversión en los países vecinos. El premier Mussavi dijo al respecto:

> Hemos dicho una y otra vez que no tenemos intención de interferir en los asuntos internos de otros países... pero lo que está conmoviendo al mundo islámico es un movimiento que surge (inevitablemente) de esta Revolución y cada pueblo le dará a su movimiento la forma peculiar que derive de sus circunstancias.[10]

La supuesta espontaneidad de los movimientos afines al de Irán en los países vecinos es algo muy discutido. Sin embargo, no deja de ser comprometedor para Irán el hecho de que el Departamento Internacional de los *pasdarán* hayan sostenido una serie de encuentros con representantes de numerosos "movimientos de liberación" entre los que se cuentan grupos islámicos de Iraq, Omán, Islas Canarias, Líbano, Marruecos, las Filipinas, Bahrain, Arabia Saudita y Kuwait. Por los menos en el caso de Líbano, Bahrain, Iraq y Afganistán el régimen iraní no ha ocultado su apoyo directo. En este sentido, ha sido de gran utilidad el cuerpo de ulamas de otros países que se han mostrado receptivos a los llamados de Khomeini y pueden asumir un papel de liderazgo entre sus poblaciones.

---

[10] R. Ramazani, "Khumayni's...", *Ibid.*

e) Terrorismo: como se recordará (véase el capítulo II) Khomeini rechazó los actos violentos en general y los actos terroristas en particular como parte de una estrategia de lucha contra el sha. Cuando se han producido actos terroristas en otros países —secuestros, bombas, asesinatos— ligados claramente con grupos islámicos radicales, Teherán por lo general guarda silencio. Al respecto, el premier Mussavi declaró en septiembre de 1986: "Atacar gente en un avión o en una sinagoga no puede ser aceptado [como actos legítimos] de las fuerzas musulmanas revolucionarias."[11] En actos de este tipo realizados por grupos de oposición en los países del Golfo —principalmente Kuwait o Bahrain— hay muchas indicaciones de que Teherán ha estado involucrado pero esto no se ha probado plenamente.

Es bien sabido que al menos en un par de casos de secuestro de ciudadanos franceses o estadunidenses (especialmente el avión de la TWA en 1985) Irán interpuso sus buenos oficios y repudió el acto. Sin embargo, como quedó demostrado por el Irán-Gate, todo parece indicar que, si bien indirectamente, Irán ha fomentado esta práctica para coaccionar a las grandes potencias y a sus vecinos.

f) La guerra: en numerosas ocasiones Khomeini ha señalado: "No se requieren espadas para exportar la revolución... La exportación de ideas por medio de la fuerza no es exportación".[12] Dentro del marco doctrinal del shiismo duodecimano la guerra ofensiva se concibe sólo como *Yihad*, guerra santa, y ésta es una prerrogativa del Imam infalible. Sin embargo, la guerra defensiva (*jang-i difa'i*) es otro asunto ya que en este caso el faquí tiene la obligación de actuar. Este principio de legítima defensa es compatible con el artículo 52 de la Carta de Naciones Unidas. Sin embargo, definir la autodefensa resulta sumamente difícil, y más aún en el contexto del Irán revolucionario. Para Khomeini y los integristas no se trata de defender el "territorio nacional" con sus fronteras internacionalmente reconocidas, sino que el concepto de autodefensa primordialmente se refiere a la defensa del Islam con todas las ambigüedades que ello acarrea.[13] Las consecuencias de esta concepción particular son evidentes en el caso de la guerra con Iraq para explicar la imposibilidad de que los contendientes se entiendan y lleguen a un arreglo.

Todos estos canales de influencia para la política exterior iraní tienen una limitación y, a la vez, una ventaja para poder ser usados eficazmente. Aunque Khomeini pretende que su movimiento se universalice y no que sea sectario, es evidente que ha tenido mucha ma-

---

[11] Shireen Hunter, "Iran after the Ayatollah", en *Foreign Policy*, núm. 66 (primavera de 1987), p. 89.
[12] R. Ramazani, 'Khumayni's...'. *op cit.*, p. 36.
[13] *Ibid.*

yor influencia en las poblaciones shiitas que viven en los países vecinos. En principio, al menos, Khomeini tiene como aliados potenciales a los shiitas de Bahrain (72%), Iraq (60%), Qatar (80%) o Líbano (con más de 30% de shiitas). Tanto los gobiernos de estos países como Irán toman muy en cuenta este factor en sus relaciones bilaterales y en sus políticas domésticas hacia los shiitas. En ningún caso fue más evidente este factor que en el de Iraq en los meses previos a la guerra. Sin embargo, Irán no contó con que su víctima mantenía una ideología nacionalista capaz de enfrentar las reivindicaciones del Islam integrista.

La guerra con Iraq

Entre las determinantes, la formulación y la implementación de una política exterior, los espacios o brechas se van llenando alternativamente de ideología y pragmatismo. En el caso de Irán, aunque en la política exterior el Islam integrista —ideologizado— sea preponderante es evidente que muchas acciones sólo pueden entenderse como resultado del puro pragmatismo o la mera improvisación. En este sentido, la guerra con Iraq ha sido literalmente la prueba de fuego para el proyecto revolucionario de Irán y no sólo de su política exterior.

La naturaleza dualista de la revolución queda en evidencia al permitir los líderes iraníes que la revolución se internacionalice y que la guerra se internalice. Evidentemente, dada la obstinación de Khomeini en proseguir la guerra, es tan importante en el proyecto revolucionario iraní "liberar a los iraquíes" del régimen "corruptor" de Bagdad como hacer una reforma agraria o mejorar la distribución del ingreso dentro del propio Irán. Derrotar a Saddam Hussain es tan importante como la derrota del sha y la derrota del Mal.

Este dualismo inherente a la revolución tiende a convertirse en un dilema para el régimen. Éste parecía capaz de sostener sus cometidos al interior y al exterior viéndolos como una continuidad. Sin embargo, cada vez parece más evidente que tarde o temprano tendrá que decidir. No sólo la población ha tenido que soportar los efectos económicos de una guerra muy desventajosa sino que, de ser derrotado Irán, la revolución se vería evidentemente deslegitimada además de tener que enfrentar la posibilidad de un *dictat* impuesto por Iraq y sus aliados. Ante esta eventualidad, es muy posible que una buena parte del liderazgo, sin atreverse a expresarlo abiertamente, favorezca la solución negociada al conflicto antes de que las condiciones le sean totalmente adversas a Irán tanto externa como internamente. De continuar erosionándose la credibilidad de la hierocracia por su incapacidad de conducir la guerra es muy posible que terminará por verse desplazada total o parcialmente por otros actores, sean los partidos laicos liberales o los radicales o el ejército. Así pues, queda claro que el futuro del régimen revolucionario está íntimamente ligado con el desenlace de la guerra.

Las causas de la guerra

Ante el triunfo de la revolución se produjeron demostraciones de apoyo y entusiasmo en todo el mundo musulmán. Algunos de los acontecimientos más notables ligados con este hecho fueron: la toma de la gran mezquita en la Meca por un grupo de fundamentalistas (1981) y la insurrección de la Hermandad Musulmana en Siria en ese mismo año, al tiempo que se producían violentas demostraciones de repudio en toda la región contra la invasión soviética de Afganistán (por no mencionar actos de sabotaje en Bahrain y Kuwait y demostraciones importantes en Iraq contra los regímenes respectivos). En Occidente no faltaron los que advirtieron sobre el resurgimiento de una peligrosa ola de fanatismo religioso fundamentalista en el Oriente cercano y sobre el "anacrónico despertar de un milenarismo reaccionario y oscurantista".[14] Bernard Lewis señalaba, años después, que: "Hasta hace poco era considerado de mal gusto en Occidente decir que el Islam tenía alguna importancia en la política de los países musulmanes. Luego vino la reacción opuesta y se llegó a una situación en la que nada podía ser explicado sin el Islam."[15]

Aunque recibieron poca publicidad en los medios de prensa occidental, no cabe duda de que fue en Iraq donde se hicieron sentir, entre la población shiita mayoritaria, los efectos más importantes y a la vez más preocupantes para cualquiera de los regímenes del área. Al triunfo de Khomeini el líder de los shiitas iraquíes, Mohamed Báqer Sadr envió un mensaje de felicitaciones a su colega y amigo en el que decía: "Otros tiranos esperan aún para ver el día del juicio" en clara alusión al régimen baathista de Bagdad.[16] Al respecto, cabe recordar que durante su exilio en París, Khomeini había revelado los nombres de sus enemigos principales: el sha, el Gran Satán (EUA) y Saddam Hussain. En último lugar quedaban los sionistas. El sha había sido finalmente derrocado en enero de 1979. En noviembre de ese año el Gran Satán fue humillado por la toma de su embajada y Carter su-

---

[14] Mario Morales, *Milenarismo*, Barcelona, Gedisa, 1980, p. 31.
[15] N. Afsaneh, "Iran's Turn to Islam: From Modernism to a Moral Order", en *The Middle East Journal*, vol. 41, núm. 2 (primavera de 1987), p. 202.
[16] Dilip Hiro, *Iran under the Ayatollahs*, Londres, Routledge & Kegan Paul, 1985, p. 166.

frió un revés político definitivo. Faltaba, pues, Saddam Hussain, quien se había plegado dócilmente a los deseos del sha cuando éste le pidió que expulsara a Khomeini de Iraq poco tiempo antes de que triunfara la revolución.[17]

La buena acogida que recibió el mensaje del gran ayatollah Báqer Sadr contrastaba notablemente con los insultos que acompañaron la respuesta de Teherán ante el mensaje de felicitaciones enviado por el régimen del Ba'ath. Radio Teherán, desde sus primeras transmisiones propagandísticas hacía objeto de ataques al régimen de Bagdad al tiempo que exhortaba a los shiitas de Iraq a aceptar el liderazgo de Báqer Sadr a quien se referían como "El Khomeini de Iraq."[18] Además de la animosidad personal de Khomeini hacia Saddam Hussain hay otras razones para explicar su agresividad hacia el régimen de Bagdad y la política abierta de subversión que perseguía Irán antes de la guerra.

Desde la perspectiva de Teherán, lo único que se interponía para la expansión "lógica y natural" de la revolución en territorio iraquí era el régimen secular, socializante y autoritario del Ba'ath. Por lo demás, Iraq, más que ningún país de la región, reunía todas las condiciones favorables para realizar el proyecto de exportación de la revolución. Por otra parte la contigüidad geográfica y la estrecha interacción histórica y cultural de ambos países; pero, sobre todo, la presencia de la mayor población shiita fuera de Irán.[19] Esto sin mencionar que la hierocracia shiita iraní guarda estrechos vínculos sanguíneos con la de Iraq y con la de Líbano y que por siglos han mantenido un continuo intercambio sin importar las fronteras arbitrariamente establecidas por los poderes terrenales.

Además de estos factores, el liderazgo iraní reconocía, en términos realistas, condiciones objetivas que le permitirían intervenir en Iraq. En este sentido, contaban con el liderazgo carismático de Báqer Sadr y su gran popularidad entre la población shiita que, además, constituía en su inmensa mayoría el sector marginado dentro de la economía y política del país: los desposeídos iraquíes. Por otra parte, y quizás esto era uno de los factores más importantes, los shiitas iraquíes tenían ya una tradición de lucha autónoma que, por lo menos, se remontaba a la década de los sesenta. Esta lucha subversiva, cabe recordarlo, había sido paradójicamente alentada por el sha, junto

[17] Milton Viorst, "Iraq at War", en *Foreign Affairs*, vol. 65, núm. 2 (invierno de 1986-1987), p. 357.
[18] Dilip Hiro, *Ibid*.
[19] Además de los lazos religiosos que derivan de la presencia en territorio iraquí de casi todos los principales santuarios shiitas: la tumba de Alí en Najaf, la de Husayn en Kerbala y la del resto de los 12 imames en Bagdad y Samarra. De hecho, Irán sólo posee las tumbas del octavo Imam, Alí Al-Rida, en Mashad y de su hermana en Qum.

con la de los kurdos iraquíes, en su eterna guerra contra los regímenes "izquierdistas" de su vecino. Entre los grupos shiitas subversivos destacan dos: el Daw'ah (el llamado) y los Mujahiddín (guerreros de la fe) que directa o indirectamente estaban vinculados a Báqer Sadr.[20]

La creciente tensión entre los dos países, a lo largo de 1979 y 1980, pasó casi inadvertida en Occidente, más preocupado por la invasión de Afganistán y la crisis de los rehenes. Sin embargo, el régimen de Bagdad se veía cada vez más acosado por la posibilidad de una insurrección shiita, como la que había derrocado al sha, y más aún percibía la mayor amenaza en el respaldo abierto de Teherán. Ataques a las representaciones iraquíes en Irán, incidentes fronterizos provocados por los iraníes, propaganda contra el Ba'ath, actos terroristas contra funcionarios e instalaciones del gobierno, además de manifestaciones públicas preludiaban la posible caída del régimen. Ante la creciente inestabilidad política, la dirigencia del Ba'ath se dividió acerca de la forma de enfrentar la crisis tal y como ocurrió con el gobienro del sha. El único que claramente abogaba por una solución drástica era Saddam Hussain quien, sin ocupar la presidencia, era el hombre fuerte de Iraq.

El ayatollah Báqer Sadr había declarado al régimen del Ba'ath como "no islámico" y las manifestaciones de los sectores shiitas crecían cada vez más. En junio de 1979, Hussain ordenó el arresto de Báqer Sadr y las manifestaciones fueron violentamente reprimidas. En julio, Hussain aprovechó la situación crítica para persuadir al presidente Hassan al Bakr, enfermo ya desde tiempo atrás, de que le entregara el poder. Al mes siguiente, Hussain purgó al partido. Ordenó fusilar a 21 opositores acusándolos de estar implicados en un complot prosirio con lo cual quedó dueño de la situación. Al asumir las riendas del poder, Hussain estaba perfectamente consciente de la gravedad de la situación y, tomando muy en cuenta lo que había ocurrido con el sha, decidió salvar su régimen a toda costa tratando de evitar los errores de los Pahlevi. Anunció que su gobierno no estaba dispuesto a permitir la "politización de la religión" y advirtió a todos los sectores que "el uso de la religión como cobertura política" o "la orientación de las observancias religiosas con ánimo de provocar al régimen" sería objeto de un castigo ejemplar bajo "el puño de hierro de la Revolución".[21] Asimismo, declaró que la actitud de su partido hacia la religión y "ante el fanatismo sectario" debe estar "libre de ambigüedades":

---

[20] Hanna Batatu, "Iraq's Underground Shi'i Movements", en *Merip Reports*, vol. 12, núm. 1 (enero de 1982), p. 6.
[21] *Ibid.*, p. 7.

Ciertas fuerzas de oposición bajo el disfraz de las observancias religiosas buscan provocar al régimen e interferir en cuestiones de fe de manera insensible con el objeto de aislar [al gobierno] de sus masas [bajo el supuesto] de que cometeremos un error táctico [la represión] cuyas consecuencias sean generalizadas y explotadas en nuestra contra.[22]

Hussain conocía de las tácticas "martirizantes" de Khomeini, del integrismo radical y, a diferencia del sha, supo identificar rápidamente a sus enemigos. Saddam Hussain siguió una táctica dual de "garrote y zanahoria" —represión y cooptación— para enfrentar a los shiitas. Éste será el modelo que los demás gobiernos del Golfo, enfrentando similares problemas, utilizarían con buenos resultados.

A principios de 1980, el régimen de Bagdad decidió expulsar masivamente a la colonia iraní de Iraq y, en abril de ese año, tomó una decisión dramática al ordenar la ejecución del ayatollah Báqer Sadr y de su hermana. En Irán este acontecimiento causó una profunda impresión y Khomeini señaló tres días de duelo nacional.[23] La represión contra el Daw'ah se intensificó y los dirigentes del partido fueron muertos o encarcelados. Según el partido entre 1974 y 1980 habían sido asesinados 500 de sus miembros.[24]

Así pues, a mediados de 1980, gran parte de la oposición al régimen de Iraq estaba en el exilio, lógicamente refugiada en Irán, donde se formó la "Asamblea de la Revolución Islámica de Iraq" que agruparía a unos 300 000 shiitas iraquíes. Sin embargo, la cohesión y unidad de los iraquíes en el exilio no ha podido ser consolidada por Khomeini y ello reduce enormemente la credibilidad de un supuesto movimiento "de liberación iraquí".

La hierocracia se ha debilitado enormemente. No sólo fueron muertos Báqer Sadr y gran parte de la familia Hakim (1983)[25] sino que la situación de guerra ha hecho surgir en la hierocracia shiita de Iraq un sentimiento nacionalista y autonomista por lo que son frecuentes las disputas entre *mujtahids* persas y árabes. (Algo similar a lo que ocurre entre clérigos ortodoxos griegos y árabes en Siria y Líbano.)

La población shiita de Iraq es de 60%, pero hay que tomar en

---

[22] *Ibid.*
[23] Dilip Hiro, *op. cit.*, p. 167.
[24] Hanna Batatu, *Ibid.*
[25] Al respecto, cabe recordar que, una vez desaparecido Báqer Sadr, Teherán buscó un liderazgo alternativo para los iraquíes en el hijo del fallecido *marja e taqlid*, Mushin al Hakim, a quien de hecho vino a remplazar Khomeini. En octubre de 1980 el liderazgo iraní presentó ante la prensa al joven ayatollah Al-Hakim como la persona "idónea" para reunir las fuerzas anti Ba'ath. Sin embargo, tal cosa no ocurrió. Véase, Hanna Batatu, "Shi'i Organizations in Iraq: Al-Da'wah al-Islamiyah and al-Mujahidin", en Juan R. Cole y Nikki R. Keddie (eds.), *op. cit.*, p 199.

cuenta otros factores para medir su grado de amenaza a la estabilidad del régimen. En primer lugar, la hierocracia autóctona no tuvo un desarrollo paralelo a la de Irán y se ha mantenido en una posición de debilidad. Baste recordar que en las *madrasas* de Iraq, en 1957, había 2 000 estudiantes pero de éstos sólo 316 eran iraquíes. En Irán, al momento de la revolución, había unos 100 000 clérigos —aproximadamente uno por cada 45 000 iraníes— formando una red muy extensa de organización. En cambio, en Iraq la población clerical es insignificante. Según el censo de 1947, eran alrededor de 3 000[26] y, con una población actual de 15 000 000 se calcula que no serán, actualmente, más de 10 000 incluidos muchos de origen iraní. La existencia en el país de un régimen sunnita no ha favorecido la formación de una hierocracia shiita por lo que tradicionalmente la población local ha dependido de la hierocracia iraní. Tan sólo baste recordar que Khomeini permaneció 14 años en el país refugiado en Najaf y ejerciendo sus funciones de *mujtahid*. Aunque esto se debió a su exilio forzado, era común que muchos *mujtahids* iraníes emigraran a Iraq. Esta tradición, como se recordará, se remonta al siglo XVIII (véase el capítulo I). Hay otro factor que explica el fracaso de la pretendida insurrección shiita en Iraq y es que la gran mayoría de los shiitas se originó en tribus del sur del país que se convirtieron hace apenas 180 años en momentos en que el dominio otomano comenzaba a resquebrajarse en la región. Así pues, aunque estos conversos fueron "urbanizándose", carecen de una tradición arraigada que sea comparable a la de la población de Irán.[27]

No obstante las consideraciones anteriores, es un hecho que la población shiita de Iraq —al igual que la de los demás países de la región— constituye, generalmente, el núcleo de pobreza y marginación. En este sentido Saddam Hussain fue muy hábil al saber cooptarlos. A partir de 1980, se estableció un programa de inversiones para mejorar los servicios de las áreas deprimidas tan sólo superado por Arabia Saudita. Asimismo, se crearon fondos para la restaura-

---

[26] En cuanto al partido Daw'aw al Islamiyah, Hanna Batatu señala que se trata de una agrupación integrista formada por clérigos shiitas iraquíes, libaneses e iraníes. La agrupación se formó sobre todo como una respuesta a la penetración del comunismo a raíz de la Revolución de 1958 y durante mucho tiempo estuvo subvencionado por el sha. El partido se ha mostrado poco dócil a las exigencias de Khomeini. De hecho existen dos alas una llamada "de línea khomeinista" y otra llamada "de línea shariatmadarista" lo que dificulta enormemente su control y refleja la proyección dual de la revolución iraní en el exterior. Los *mujahiddín*, como los de Irán, fueron formados por estudiantes con una visión reformista del Islam, y su líder es precisamente Sayyid al Hakim hijo del mencionado Muhsim al Hakim. Cabe mencionar por último que el Daw'ah se ha expandido autónomamente y tiene ramales en Siria, Kuwait y Bahrain. Véase H. Batatu, pp. 191-199.

[27] *Ibid.*, p. 189.

ción y mantenimiento de los santuarios, especialmente shiitas y se trató de reducir al mínimo el problema de las diferencias doctrinales. Saddam Hussain inició un programa de visitas a los santuarios shiitas. Frecuentemente se le retrata haciendo sus oraciones como buen musulmán y en cierta ocasión declaró: "lucharé contra la injusticia con la espada de los imames", e hizo un llamado a lograr el "resurgimiento de los valores divinos". En otro discurso afirmó su calidad de *sayyid* (descendiente del Profeta) y dijo "tenemos derecho a decir —y no estaremos inventando historias— que somos 'nietos' del Imam Hussayn".[28]

Frente a los constantes ataques de Khomeini denunciando el carácter infiel y "extranjerizante" del régimen ba'athista, Saddam Hussain dijo que:

> ... la Revolución Árabe tiene la tarea de efectuar un cambio cualitativo en la sociedad [iraquí] en todos los campos... Tiene el deber de colocar a la "Nación Árabe" en una posición en que pueda defenderse y reconstruirse y lograr la justicia... Ésta es una Revolución Árabe cuya fórmula no es la misma que la religiosa y deriva sus valores centrales de su historia... La Revolución Islámica y cualquier otra revolución debe ser amistosa con la Revolución Árabe o no será Islámica.[29]

La disputa ideológica no puede ser más evidente como factor explicativo de la guerra.

Se enfrentan dos revoluciones y dos ideologías que pretenden ejercer su hegemonía en la región: el Ba'ath iraquí, que llegó al poder por un golpe de Estado y que dirige su revolución desde el Estado hacia la sociedad civil, es el heredero de la causa panárabe de Násser y del socialismo árabe al tiempo que ha luchado por crear una identidad nacional que permita al régimen aglutinar a la heterogénea población del país. Por ello el Ba'ath apela a una identidad histórica. Frente a la situación de guerra, el IX Congreso del partido, cambiando su línea tradicional, puso todo el énfasis en el concepto del nacionalismo —*wataniyyah*— sobre el panárabe —*qawmiyyah*.

La Revolución de Irán, en cambio, fue una revolución de la sociedad que capturó al Estado. En el Islam busca una fórmula de cohesión interna e internacional repudiando, al menos teóricamente, la identidad étnica, nacionalista.

Ambas revoluciones, surgidas en el contexto regional, pretenden ser la respuesta a la búsqueda de una identidad propia y de una vía independiente, una tercera vía en el contexto bipolar. Paradójica-

---

[28] R. Ramazani, "Iran's...", *op cit.*, p. 41.
[29] R. Ramazani, "Khumayni's...", *op cit.*, p. 29.

mente el ba'athismo viene a representar la "vieja opción" semidesacreditada en Egipto y en Siria; en cambio, el islamismo khomeinista o integrista viene a ser la vanguardia —a pesar de sus raíces medievales— la opción que se presume realmente autóctona y auténtica para la región.³⁰

La pugna ideológica entre Irán e Iraq —sin soslayar la que, en menor grado, se dará con las monarquías del Golfo—, se tradujo en una serie de incidentes armados a lo largo de su frontera común que culminarían en la guerra abierta. En este sentido, puede recriminarse a Iraq por haberse precipitado en la elección de la guerra como solución a su disputa sin agotar otros medios, pero no puede negarse que el régimen del Ba'ath, en última instancia, actuó en defensa de su supervivencia (frente a la amenaza de la exportación ideológica iraní).

El curso de la guerra

La disputa fronteriza

Además del antagonismo ideológico hubo otros factores colaterales que explican el estallido del conflicto. El cambio de régimen en Irán creó grandes expectativas en los países de la región. Irán había sido el pilar de la estrategia de defensa estadunidense en la zona. Dada la magnitud de sus recursos, el sha había podido ejercer una hegemonía virtual en el área a costa del resentimiento de sus vecinos árabes.³¹ Sin duda, Iraq era el que se sentía, con justa razón, el más agraviado. Pero a la vez, era el único que, por sus dimensiones, estaba tentado a frenar el "imperialismo" iraní en la región. La hostilidad de los Pahlevi hacia Iraq se remonta a 1958 cuando la monarquía hashemita fue derrocada por un golpe comunista a partir del cual se sucedieron en Bagdad regímenes de "izquierda" (considerados como una amenaza para Irán y para la estabilidad de la región en la visión estratégica de Estados Unidos) hasta llegar a 1968 cuando el partido Ba'ath tomó el poder.

Fuente constante de tensiones y conflictos entre los dos países había sido la delimitación de la frontera común sobre todo en el sur donde se concentran los recursos petroleros. La frontera había sido

---

³⁰ Dentro de este concurso de ideologías, no pueden sentirse exentos del todo los regímenes de Arabia Saudita —con su herencia wahhabita— y el de Libia con su Islam socialista.

³¹ En este sentido no puede olvidarse que los Emiratos Árabes habían sido despojados de tres islas por parte de Irán; Bahrain había sido amenazado con la anexión y Arabia Saudita había tenido que aceptar la intromisión de Irán en Omán y Yemen.

removida desventajosamente para Iraq en cuatro ocasiones a lo largo de este siglo. Primero por el Protocolo de Constantinopla de 1913, y por un arbitraje posterior de la Liga de Naciones que reconocía a Irán la anexión del territorio llamado Arabistán o Khuzistán (zona habitada por árabes que contenía ricos yacimientos petroleros).[32] En 1937 ambos países, con mediación de Turquía (Iraq alcanzó la independencia formalmente en 1932), firmaron un tratado de límites en el que las dos márgenes del río quedaban en manos de Iraq. Sin embargo, en 1958, al ser derrocada la monarquía en Iraq por los comunistas, el sha, violando el Tratado, comenzó a utilizar el río sin el permiso de Bagdad. Al llegar el Partido Árabe Socialista-Ba'ath al poder, en 1968, el sha decidió denunciar el Tratado de 1937 y comenzaron una serie de escaramuzas en la frontera. El sha intensificó la ayuda subversiva que desde años atrás daba a los kurdos iraquíes y a las agrupaciones shiitas para desestabilizar al nuevo régimen. Ante la hostilidad de Irán, los ba'athistas decidieron firmar un Tratado de Amistad con la Unión Soviética en 1972 fortaleciendo de esta manera su posición negociadora. Con la mediación de Argelia y de la OPEP ambos países firmaron un tratado de límites y buena vecindad en 1975 en el que Iraq se vio forzado a reconocer que la mitad oriental del río Shatt el Arab pasara, formalmente, a manos de su adversario. El sha, por su parte, se comprometía a suspender la ayuda a los kurdos y a reintegrar a Iraq 210 millas cuadradas de territorio que había ocupado en el norte.[33]

Lógicamente, al caer los Pahlevi, Iraq consideró que sería posible arreglar la vieja disputa fronteriza. Pero, dada la hostilidad de Khomeini hacia el régimen de Bagdad, esto no sucedería.

Bani Sadr, ya como presidente, se ufanaba de haber rechazado en tres ocasiones la negociación con Bagdad.[34] (Entre otras cosas, Iraq pedía que se le entregara el territorio prometido por el sha.) No sólo Khomeini rechazó cualquier intento de negociación sobre la base de que Saddam Hussain, en cumplimiento "servil" del Tratado de 1975, lo había expulsado a París; sino que comenzó nuevamente a alentar la insurrección de los kurdos y, como ya se ha mencionado, de los shiitas. Bani Sadr, en su calidad de "hijo predilecto del imam" y presidente de la República declaró cínicamente que: no podría impedir que su ejército avanzara sobre Bagdad "ya que consideramos que la

---

[32] N. Renfrew, "Who Started the War?", en *Foreign Policy*, núm. 66 (primavera de 1987), p. 99.

[33] El tratado fue considerado como "impuesto" para Iraq ya que su ejército había sido seriamente diezmado por los rebeldes kurdos tras varios años de guerra interna. Véase Renfrew, *op. cit.*, p. 102.

[34] *Ibid.*

nación islámica es una sola y el imam es su líder religioso para nosotros así como para los iraquíes y todo el Islam".[35]

Desde principios de 1980 Iraq había perdido toda esperanza de negociación y veía con impotencia que sus denuncias ante las Naciones Unidas y la Conferencia Islámica sobre las violaciones a su espacio aéreo y a su frontera, por parte de los iraníes, no tenían ningún efecto. Las relaciones entre ambos países se deterioraron rápidamente no sólo por la represión del Ba'ath contra los shiitas sino porque Iraq decidió también alentar la insurrección de los kurdos iraníes, árabes y otras minorías étnicas. En abril fue ajusticiado Báqer Sadr y ambos países rompieron relaciones en junio de 1980. Es probable que desde ese momento Saddam Hussain tomara la decisión de ir a la guerra.[36] Ambos países comenzaron a manejar la retórica de "liberación de los oprimidos" en los meses previos al conflicto.

Los kurdos forman 20% de la población de Iraq y 6% de la de Irán. Ambos países se disputan la representatividad legítima de esta etnia. Asimismo, Khomeini reclamaba para sí la representatividad de los shiitas iraquíes que forman un 60% de la población y, por su parte, Iraq se adjudicaba la representación del 3% de árabes que habitan en el Arabistán. Esta retórica no deja de recordar la que se empleó en las numerosas guerras balcánicas y en la Primera Guerra Mundial.

Bagdad había venido asilando a los miembros de la oposición antikhomeini que, uno a uno, habían sido derrotados y exiliados. En primer lugar llegaron los monárquicos con Shahpour Bakhtiar y el general Oveissi; más adelante llegarían los *mujahiddín* y el propio Bani Sadr. El régimen de Teherán culpó en varias ocasiones a Iraq por diversos intentos de golpe de Estado. (El más grave sin duda fue el que involucró a Qutzabdegh y Shariatmadari del que incluso se culpó a la monarquía saudita.) Estos exiliados, principalmente numerosos oficiales del ejército de alto rango, constituyeron una importante fuente de información para que Iraq tomara la decisión de ir a la guerra. Sin duda alguna, recibió la anuencia de los países del Golfo y de Jordania e, indirectamente, de Estados Unidos.[37] Sin embargo, el aliado formal más importante de Iraq, la Unión Soviética, se habría opuesto y todo parece indicar que, a través del Tudeh, informó a las autoridades iraníes sobre los planes de invasión de Bagdad. Khomeini, no obstante, desconfiaba del Tudeh y consideró ridícula la posibilidad de una invasión dada la supuesta inferioridad militar de los iraquíes.

[35] *Ibid.*
[36] Dilip Hiro, "Chronicle of the Gulf War", en *Merip Reports*, vol. 14, núm. 617 (julio-septiembre de 1984), p. 5.
[37] *Ibid.*

La guerra no fue planeada con el cuidado y el tiempo suficientes. Prueba de ello es que Hussain usó un plan británico de invasión de 1941 para entrar al Khuzistán.[38] Confiaba más en las circunstancias que parecían favorecer una fácil victoria, en primer lugar, la desorganización del Estado iraní, especialmente por la enorme purga del ejército que lo había dejado prácticamente inoperante; además, el rompimiento de Irán con su aliado y protector estadunidense por la situación de grave tensión entre ambos debido a la crisis de los rehenes. Otro factor fue el ya mencionado de las minorías étnicas en Irán que buscaban lograr su autonomía, en particular los árabes de Khuzistán y los kurdos eran vistos como aliados potenciales. Saddam Hussain, pues, concentró sus fuerzas en el área del Arabistán, justo en el lado oriental de Shatt el Arab donde esperaba que la población árabe lo recibiera como libertador y facilitara la consolidación de su posición para después forzar a Irán a una renegociación del Tratado de 1975. Por último, Hussain quería explotar, y de hecho lo haría, el temor y la animadversión de las monarquías del Golfo hacia el integrismo de Khomeini. Sin embargo, los objetivos precisos del régimen iraquí nunca quedaron en claro ni en el campo de batalla ni en el aspecto político; la guerra parecía más bien una "olla de presión" que hubiera estallado después de mucho tiempo.

Desde el punto de vista iraní hay que recordar que para los estrategas militares del sha, Iraq siempre había sido considerado el enemigo potencial más peligroso (descartando, desde luego, a los soviéticos). Pero, al mismo tiempo, se le consideraba demasiado débil y en una posición muy desventajosa para sostener una lucha —en todo caso defensiva meramente— frente a Irán. Se destacaban principalmente tres factores adversos mismos que curiosamente se siguen argumentando tras ocho años de guerra.

En primer lugar, el tamaño de la población, poco más de la tercera parte de la de Irán; en segundo lugar, el tamaño de la economía iraquí y sus recursos, lo que se refleja en su gasto militar. (Está por demás mencionar que las dimensiones del ejército y del arsenal iraní creado por el sha eran por sí solos suficientes para amedrentar a cualquiera de sus vecinos.) Por último, las condiciones geográficas del país —dominado por la gran meseta iraní y sin profundidad territorial— habían llevado a los propios iraquíes a diseñar su estrategia militar orientada a una guerra puramente defensiva. Por ello, la fulminante invasión de los iraquíes tomó por sorpresa a Teherán que tardó bastante tiempo en responder eficazmente a la agresión.

Como se ha podido apreciar en esta breve reseña de los antecedentes del conflicto, las condiciones propicias para el mismo estaban

---

[38] Amir Taheri, *The Spirit of Allah*, Bethesda, Adler & Adler, 1986, p. 271.

dadas desde tiempo atrás. En diversas ocasiones, la disputa fronteriza había mostrado fielmente el aumento de tensiones políticas entre los regímenes de ambos países.

A pesar de la larga historia de antagonismo y disputa entre Iraq e Irán, prácticamente no había estallado un conflicto abierto desde el siglo XVII. En el siglo XIX Rusia y Gran Bretaña, que se disputaban la hegemonía de la zona, evitaron un conflicto a través de sus clientes turcos y persas. En el siglo XX el alineamiento de Irán con Estados Unidos y de Iraq, aunque en fecha tardía, con la Unión Soviética, también parece haber sido definitivo para evitar una guerra. Sin embargo, en la década de los setenta ese alineamiento se resquebraja. A partir de la derrota de Estados Unidos en Vietnam y del boom petrolero, Irán e Iraq buscan una vía autónoma. La llegada de Khomeini al poder marca la culminación de este proceso en Irán mientras que la erradicación de los comunistas de Iraq (1978) ordenada por Saddam Hussain marca la culminación del proceso en Iraq pues a partir de entonces las relaciones con la URSS se enfrían notablemente. "Desalineados" los dos países luchan por imponer su propia hegemonía en el área esgrimiendo ideologías antagónicas.

El desarrollo del conflicto

El 17 de septiembre, Saddam Hussain denunció el tratado de 1975 y dijo:

> La *cliqué* gobernante en Irán persiste en usar la cara de la religión para fomentar la sedición y la división en las filas de la nación árabe... La cara de la religión es sólo una máscara que cubre el racismo persa y un resentimiento oculto hacia los árabes. La *cliqué* en Irán trata de instigar el fanatismo y el resentimiento y la división entre los pueblos de esta región (para dominarlos).[39]

El 22 de septiembre Iraq, en una operación que calificó de legítima defensa, invadió a Irán bombardeando diversos puntos estratégicos. El 28 de septiembre el Consejo de Seguridad de la ONU, por unanimidad, pidió el cese al fuego sin ningún resultado. Khomeini dijo: "Es el deber de todos los musulmanes luchar contra Bagdad y ayudar a los iraquíes a liberarse de la opresión ba'athista".[40] Saddam Hussain fue acusado de "megalomaniaco", de "agente del imperialismo" y de Kafir, no creyente, calificativos que en su momento se le imputaron al sha.[41]

[39] Hossein Bashiriyeh, *The State and Social Revolution in Iran*, Nueva York, S.T. Martin's Press, 1984, p. 367.
[40] *Ibid*.
[41] Desde la muerte de Báqer Sadr, Irán había concentrado tropas en la frontera.

De acuerdo con el gobierno iraquí sus objetivos serían:

> Restaurar completamente sus derechos sobre el río [El Shat el Arab es totalmente iraquí, totalmente árabe] y otros territorios árabes usurpados, poner fin a la interferencia y amenazas del nuevo régimen de Irán y recuperar las tres islas del Golfo arrebatadas por el sha a los Emiratos Árabes.[42]

Anunció que retendría el territorio del Khuzistán (como rehén) hasta que Irán estuviera dispuesto a negociar. Irán no tenía que dar muchas explicaciones limitándose a explotar su aparente situación de víctima agredida. Calificó la invasión como producto de una colusión entre el "infiel ateo" y los satánicos Estados Unidos, exaltando entre la población la vocación de martirio.

La guerra ha pasado por cuatro fases: *1*) la ocupación iraquí de territorio iraní, septiembre de 1980 a julio de 1982; *2*) la invasión iraní de territorio iraquí a partir de los últimos cuatro meses de 1982; *3*) el estancamiento y, *4*) la extensión de la guerra al Golfo involucrándose a las superpotencias.

1) La ocupación iraquí, como ya se mencionó, se centró en la provincia de Khuzistán o Arabistán y sus principales ciudades como Khorramshahr y Abadán. Contrario a lo que esperaban los iraquíes, los árabes de la región no los apoyaron y las fuerzas de Iraq fueron incapaces de tomar las principales ciudades como Dezfu, Susangard y Ahwaz. Particularmente importante fue la resistencia de los jóvenes iraníes en Khorramshahr que, como se mencionó en el capítulo III, tuvo un efecto definitivo en la decisión de Khomeini de llevar la guerra hasta sus últimas consecuencias. Los iraquíes sufrieron una grave derrota en Susangard (marzo de 1981) y el 24 de mayo de 1982 Khorramshahr fue recapturada con lo que se inició la retirada unilateral de Iraq para disponerse a librar una guerra defensiva. El 26 de octubre de ese año Bagdad ofreció reconocer el Tratado de Argel y poner fin a la guerra. En septiembre de ese año la Liga Árabe, reunida en Fez, propuso un plan de paz que incluía la retirada incondicional de los iraquíes y el pago de 100 billones de dólares a Irán como

---

El 4 de septiembre bombardeó cinco ciudades iraquíes mientras Khomeini, a través de la radio instaba a los habitantes de Basra a darle la bienvenida como libertador. Más adelante, Iraq añadiría a sus objetivos el de la liberación de las minorías étnicas oprimidas en Irán. Además de la retórica típicamente panarabista y nacionalista, Hussain utilizó slogans islamizantes como el de llamar a la guerra "la segunda Qadissiyah" en memoria de la histórica batalla en que los árabes derrotaron a los persas y les impusieron el Islam. Véase N. Renfrew, *op. cit.*, p. 103.

[42] *Ibid.*

compensación. Es bien sabido que Irán rechazó ésta y posteriores ofertas de paz. Sus condiciones han permanecido inalterables e inaceptables: el derrocamiento de Saddam Hussain y su enjuiciamiento, la salida del ba'ath y la virtual instauración de una República Islámica además de que se califique, en los foros internacionales, a Iraq como agresor.

2) La decisión de Iraq de invadir territorio iraquí luego de la expulsión de las tropas de Bagdad a finales 1982 marca el inicio de la segunda fase. Irán concentró sus ofensivas en dos áreas: al sur, en el puerto fronterizo de Fao y en el área de Basra y al norte, en la zona del Kurdistán. La nación kurda está fragmentada entre Turquía, Irán e Iraq y, a lo largo de este siglo, los tres países han alentado mutuamente la subversión de los kurdos en los países vecinos. Sin embargo, en esta ocasión, ante la gravedad del conflicto, los kurdos han quedado prensados por los beligerantes y se hallan en una situación crítica. Cuando se inició la guerra, prácticamente todas las minorías étnicas en Irán terminaron por cerrar filas en torno al régimen islámico disminuyendo notablemente el tono de sus reivindicaciones. Los únicos que no cedieron a la oleada patriótica fueron los kurdos que mantuvieron su insurrección hasta que los iraníes lograron sofocarla casi al mismo tiempo que salían los iraquíes. El gobierno islámico fue implacable con los rebeldes, simultáneamente alentó la subversión de los kurdos en el lado iraquí. Por su parte Bagdad ha combinado la represión con la cooptación; ha efectuado masacres y deportaciones masivas, mientras ha ofrecido una autonomía limitada.[43] Cuando Irán invadió el Kurdistán iraquí creó "zonas liberadas" donde los kurdos y shiitas cooperacionistas establecieron gobiernos provisionales, ambos bajo la promesa de que, si el régimen del Ba'ath es liquidado, quedarán dueños del poder.[44]

---

[43] Martin van Bruinessen, "The Kurds between Iran and Iraq", en *Middle East Report*, vol. 16, núm. 4 (julio-agosto de 1986).

[44] La "nación" kurda se encuentra repartida de la siguiente manera: en Turquía viven de 4 a 6 000 000; en Iraq, 2.5 millones y en Irán de 3 a 4 000 000. El primer impulso importante a la idea de un Estado kurdo fue dado por los soviéticos que durante la ocupación del norte de Irán en la Segunda Guerra Mundial crean la República Kurda de Mahabad en territorio iraní con la idea evidente de controlarla. Sin embargo, debido a la vehemente oposición de Estados Unidos y Gran Bretaña los soviéticos se vieron obligados a retirarse en 1946 y casi inmediatamente la República, junto con la del Azerbaiján, fue reabsorbida por el gobierno central iraní. Desde 1958, cuando fue derrocada la monarquía en Iraq, el sha alentó la insurrección de los kurdos iraquíes prometiéndoles respaldar la creación de un estado kurdo —en territorio iraquí—. Hasta la firma del Tratado de Argel en 1975, Irán dejó de alentar la insurrección y los iraquíes pudieron desmantelar eficazmente la rebelión. Como era de esperarse, la continua efervescencia de los kurdos en Iraq e Irán ha contagiado a los de Turquía. El gobierno turco en estrecha cooperación con el de Bagdad, ha repri-

Tras seis años de lucha, los iraníes han logrado —tomando en cuenta su supuesta superioridad— muy escasas victorias. Los iraquíes, en cambio, han demostrado su enorme capacidad defensiva. Año tras año han fracasado, con un gran número de víctimas, las "ofensivas finales" de Irán especialmente dirigidas contra Basra. El rotundo fracaso de la ofensiva de febrero de 1984 en el sur, donde murieron más de 20 000 iraníes, llevó al liderazgo islámico a cambiar su estrategia procurando coordinar cuidadosamente a su ejército regular y a los belicosos *pasdarán*. Tras una cuidadosa planeación, la ofensiva de febrero de 1986 permitió a los iraníes capturar la estratégica península de Fao situada frente al Golfo Pérsico desde donde Basra y Kuwait quedaban en una situación muy vulnerable además de que, prácticamente, se le cerraba a Iraq su salida al mar. Sin embargo, tal parece que los iraquíes ya habían previsto la pérdida de la península y mucho antes habían abandonado y desmantelado el puerto de Fao dejando sitiados dentro de él a los iraníes. El caso de Fao es ilustrativo de la estrategia iraquí que se basa en la estrategia de defensa, el uso de su superior equipo militar y la protección de su infantería con el fin de evitar al máximo las bajas. Bagdad prefirió mantener sitiados allí a los iraníes que intentar recapturar la ciudad por el gran número de víctimas que ello le podría causar a su ejército. Al mismo tiempo, pocos meses después, para contrarrestar el efecto psicológico adverso de la pérdida de Fao, sus tropas tomaron la ciudad iraní de Meharán con el objeto aparente de trocarla por Fao. Sin embargo, seis semanas después los iraníes la recapturaron obligando a los iraquíes a huir.[45]

3) La tercera fase es la del estancamiento. La guerra de trincheras se ha impuesto. Iraq se mantiene a la defensiva tratando de evitar al máximo el uso de su infantería y diezmando fácilmente al mal equipado y desorganizado ejército iraní. Para ello se ha valido no sólo de su artillería sino de minas, armas químicas y, sobre todo una fuerza aérea superior. Pero básicamente ha recurrido a la estrategia de lo que podría llamarse terrorismo económico y psicológico bombardeando implacablemente las refinerías y terminales petroleras de Irán, así como las principales ciudades tratando de que la población iraní presione a su gobierno a poner fin al conflicto.

---

mido a los rebeldes entrando incluso a territorio iraquí. Las posibilidades de éxito de los kurdos son muy escasas no sólo porque ninguno de los tres países que los contiene está dispuesto a permitir que surja un Estado independiente sino porque entre ellos mismos están sumamente divididos no sólo por diferencias culturales profundas sino por una notable fragmentación política siendo demasiados los partidos que pretenden el liderazgo.

[45] Milton Viorst, *op. cit.*, p. 352.

4) La llamada guerra de los petroleros está ligada con el terrorismo económico ejercido por la aviación iraquí. Esta fase se inicia desde agosto de 1982, cuando el régimen iraquí se veía ya obligado a retirarse de los territorios ocupados en Irán. El 12 de agosto, Iraq declaró la zona norte del Golfo como zona de exclusión amenazando con destruir a todos los petroleros que se dirigieran a Irán para abastecerse de petróleo. Concentró sus ataques aéreos a la isla de Kharj que es la más importante terminal petrolera de su adversario. Las exportaciones de Irán han caído dramáticamente, en la actualidad representan apenas la mitad de las de Iraq. En estos ataques fueron de vital importancia la superioridad aérea de Bagdad (que a diferencia de Irán ha podido mantener bien equipadas sus naves debido a la ayuda soviética) y el empleo de misiles franceses. Para octubre de 1987 se calcula que Iraq ha atacado 266 barcos e Irán 138.[46] Al llevar Iraq la guerra al Golfo no sólo ha buscado dañar la economía de su adversario sino, gradualmente, "internacionalizar" el conflicto en su favor.

La correlación de fuerzas

Antes de abordar el tema de la "internacionalización" del conflicto, es necesario tener al menos una idea aproximada de la correlación de fuerzas de los beligerantes. Como es de esperarse, la información al respecto es poco accesible. El conflicto Irán-Iraq resulta sumamente peculiar en el contexto del llamado Tercer Mundo donde la mayoría de las guerras se manifiestan como guerras civiles y en las que siempre han estado involucradas las superpotencias de manera más o menos indirecta con la capacidad de influir en forma definitiva en el resultado final. Como ya se ha dicho, en el caso de esta guerra hubo una previa "des-alineación" de los contendientes y la capacidad de las superpotencias de influir en los beligerantes ha sido sorprendentemente limitada. Ello se refleja en el hecho de que éste ha sido el conflicto más largo y más costoso de los que ha visto el Tercer Mundo desde 1945. Evidentemente, los beligerantes han demostrado una gran capacidad de autonomía en sus recursos y decisiones para poder llevar su guerra hasta donde lo han hecho.

La ya mencionada diferencia de tamaños en las poblaciones respectivas se refleja en los ejércitos de ambos países. Las fuerzas armadas de Irán cuentan formalmente con unos 550 000 hombres contra 750 000 de Iraq.[47] El ejército iraquí está mucho mejor organizado y equipado y el régimen ha logrado una mejor movilización. Sin embargo, Irán ha podido explotar su fervor ideológico con resultados

---

[46] Según datos de *The Washington Post*, octubre 13 de 1987.
[47] Milton Viorst, *op. cit.*, p. 349.

cuantitativos que, a primera vista, resultan sorprendentes. La composición demográfica de Irán es tal que cada año 422 000 jóvenes —1% de la población— alcanza la edad de conscripción de 18 años; en Iraq esta cifra es de 161 000. Sin embargo, la fuerza voluntaria y fanatizada de los *basij* que opera a través de 4 000 mezquitas, está abierta a menores de 18 años y a mujeres; en 1983 habían entrenado a un total de 2.4 millones de jóvenes y enviado a un total de 450 000 al frente;[48] en 1987 se estima que el total de hombres entrenados alcanza de 3 a 5 000 000 que están en reserva.

El ejército iraquí cuenta con 40 divisiones comparadas con seis que tenía al momento de la Guerra de 1973. Nueve divisiones están mecanizadas y las demás están bien equipadas. Iraq aumentó sus cuerpos de élite, las Guardias Republicanas, de seis a 17 brigadas, con un total de 250 000 hombres.[49] A pesar de su superioridad cuantitativa en número de soldados, las fuerzas iraníes están desorganizadas debido a que resulta muy difícil coordinar al ejército formal, los *pasdarán* y los *basijs*, lo que se refleja en el hecho de que Irán ha sufrido el doble de bajas que Iraq. En 1984 habían muerto 200 000 iraníes y la mitad de iraquíes. Hacia 1986, la cifra era de 300 000 iraníes muertos contra 150 000 iraquíes.[50]

En general, Iraq tiene una superioridad en armamento de cinco a uno frente a su adversario. Esto ha sido especialmente notorio en la fuerza aérea. Los aviones de combate iraníes son 100 contra 580 de Iraq, lo que da a este último una enorme ventaja ya que cuenta, además, con 400 helicópteros contra 150 de Irán (según estimaciones de 1986). Iraq cuenta con 4 000 tanques contra 1 000 de Irán y con el triple de piezas de artillería pesada que el régimen islámico.[51]

El aislamiento diplomático que el propio Irán se ha ganado lo coloca en una situación muy difícil para conseguir repuestos y nuevos armamentos. Puesto que su arsenal fue formado con equipo esencialmente estadunidense se ha visto imposibilitado para restaurarlo. Actualmente, Irán se abastece principalmente de países como Corea del Norte, China Popular, Siria y Libia. En cambio, Iraq —sobre todo a partir del momento en que Irán decidió llevar la guerra a su territorio— es abastecido plenamente por la Unión Soviética en cumplimiento de su tratado de amistad. Aunque la gran mayoría de su equipo es soviético, los iraquíes tienen acceso a los armamentos de Occidente, en general, más sofisticados. En este sentido destacan los

---

[48] Dilip Hiro, *Iran under...*, *op. cit.*, p. 237.
[49] F. Axelgard, "Iraq and the War with Iran", en *Current History*, vol. 86, núm. 517 (febrero de 1987), pp. 57-58.
[50] M. Viorst, *op. cit.*, p. 351.
[51] F. Axelgard, *op. cit.*, p. 58.

abastecimientos franceses y los estadunidenses que indirectamente les llegan vía Jordania, Egipto y Arabia Saudita.[52]

La adquisición de armamento está íntimamente ligada con la capacidad financiera de los beligerantes. En este sentido, Iraq también lleva una enorme ventaja ya que ha podido internacionalizar el costo de su defensa contando para ello con el apoyo irrestricto de las monarquías del Golfo que, de esta manera, consideran que pagan por su propia defensa. En cambio, Irán no tiene ningún apoyo financiero externo y su deuda, por las cuantiosas compras a crédito, es similar a la de Iraq estimándose en unos 50 billones de dólares. Evidentemente, ambos países dependen en gran medida de sus exportaciones petroleras para sostener su esfuerzo militar; sin embargo, esto es mucho más grave para Irán dado su aislamiento. Gracias a los certeros ataques iraquíes, los ingresos de Irán por concepto de petróleo (además de la drástica caída en los precios) cayeron de 20 billones, en 1978, a 1.2 billones en 1986 (con la excepción del año 1982-1983 cuando rebasaron los 20 billones). En ese año algunos funcionarios iraníes reconocieron que le sería muy difícil a Irán continuar la guerra si los precios y su capacidad exportadora seguían disminuyendo.[53] En cambio, Iraq, gracias a los oleoductos que ha construido a través de Kuwait y Turquía —para compensar el que Siria le cerró— aumentó sus exportaciones en 1986, hasta alcanzar los 2 000 000 de barriles contra 1.4 que exportaba en 1985. Sin embargo, dada la caída de los precios obtuvo tan sólo 9 billones (mucho más que Irán) contra 15 o 16 que esperaba.[54]

La última medida de la correlación de fuerzas es la dimensión ideológica que aunque intangible, ocupa un lugar fundamental en la gue-

---

[52] La deuda total de Iraq se estima entre 40 y 60 billones de dólares que desglosados corresponden: 30 a 40 billones a los países del Consejo de Cooperación del Golfo, principalmente Arabia Saudita y Kuwait; cinco billones a la URSS (créditos blandos a 20 años); siete billones a bancos occidentales. Sin embargo, en términos reales, su deuda es la que corresponde al último rubro; en 1984 y 1986 tuvo que renegociarla. Los países del Golfo no esperan que se les pague. Además del apoyo financiero algunos países como Yemen del Norte, Marruecos y sobre todo Egipto han aportado hombres para el ejército iraquí. Véase F. Axelgard, *op. cit.*, p. 58.

[53] *Ibid.*, p. 59.

[54] La ideología de Ba'ath (Partido Socialista del Resurgimiento Árabe) es una de las respuestas que las sociedades árabes han venido ensayando desde la caída del Imperio Otomano. El ba'athismo promueve la separación del Estado y la religión. Busca la creación de una nueva sociedad, libre del pasado opresor y que procura la modernización y la prosperidad material. El ba'athismo surge en Siria; su principal ideólogo fue Michel Aflag, cristiano educado en París y apegado a la doctrina panárabe que, por lo demás, es una solución a las divisiones doctrinales religiosas de Siria e Iraq. Michel Aflag y su ala del Ba'ath fueron depuestos en Siria y se refugiaron con los ba'athistas iraquíes. Siria e Iraq mantienen una disputa ideológica desde entonces, proclamándose ambos como legítimos representantes de la ideología original. Véase M. Viorst, *op. cit.*, p. 355.

rra. Ya se ha mencionado el antagonismo ideológico que contrapone a la revolución islámica y a la ba'athista. Evidentemente, cada una promete cosas distintas a sus respectivas poblaciones. De la viabilidad de esas promesas, aun en el contexto de la guerra, depende no sólo la moral de cada uno sino la credibilidad misma de los regímenes.

El ba'athismo tiene un proyecto nacional y social definido cuyo principal objetivo ha sido elevar el nivel de vida de la población apoyándose en la renta petrolera. A lo largo de la década de los setenta el Ba'ath efectivamente logró un sorprendente desarrollo económico con una distribución de riqueza mucho mejor que la del proyecto modernizador del sha aunque dependiendo de un régimen autoritario. Por su parte, el integrismo islámico de Khomeini ha prometido, ante todo, un cambio en los valores del ciudadano que, indirectamente, deberá traducirse en una vida mejor, pero sobre todo, garantiza la llegada al próximo mundo, al Paraíso. La abnegación, el sacrificio, el martirio son el camino de salvación bajo la guía iluminada de la hierocracia. El compromiso del clero revolucionario en este mundo se limita a guiar a los fieles y a proteger a los desposeídos.[55]

Saddam Hussain debe preocuparse por evitar un deterioro en el nivel de vida material alcanzado y ello es evidente, pues no sólo ha tratado de minimizar el número de víctimas en el frente sino que mediante fuertes subsidios ha tratado de aislar a la población civil de los efectos adversos de la guerra en la economía. En cambio, Khomeini sólo ha tenido que exacerbar la fe de sus fanáticos seguidores. La promesa de la revolución no es mejorar el nivel de vida sino llegar a orar a Najaf, Kerbala y Jerusalem donde el Imam-Mahdi reaparecerá e instaurará el reino del milenio. Pero, al mismo tiempo, Iraq no tiene más que defender eficazmente su territorio para ganar mientras que Khomeini tiene que destruir al régimen del Ba'ath y ganar la guerra para probar que Dios está de su lado.

La internacionalización del conflicto: la Guerra del Golfo

El conflicto entre Irán e Iraq ha tenido repercusiones evidentes en los países vecinos del Golfo que queriéndolo o no, se han visto involucrados. Al triunfo de la revolución, los países del Golfo percibieron, al igual que Iraq, una doble amenaza por parte de Khomeini: ideológica y militar. Dada su cercanía, los importantes contingentes de población shiita que tienen[56] y el carácter monárquico de sus regímenes,

---

[55] *Ibid.*, p. 358.
[56] La población total de los países del Golfo (incluidos Irán e Iraq es de

parecían candidatos ideales para la expansión del Islam integrista. Lo que no quedaba claro para estos países era la forma en que Irán pretendería exportarles su revolución: por la fuerza o por el ejemplo. Todo parece indicar que Irán optó, desde el principio, por la segunda táctica ya que había concentrado sus esfuerzos en Iraq y dado que los países del Golfo, por vulnerables que parecieran, estaban claramente alineados y protegidos por Occidente. Por su parte, los países del Golfo recurrieron a la concertación como mecanismo de defensa creando el Consejo de Cooperación del Golfo en el que participan los seis países árabes de la región: Bahrain, Kuwait, Qatar, Emiratos Árabes Unidos, Arabia Saudita y Omán.

En bien conocida la importancia estratégica del Golfo dadas sus enormes reservas petroleras. Siendo un área de "interés vital" para Occidente, tanto Estados Unidos como Gran Bretaña se han arrogado el derecho de velar por su seguridad. Sin embargo, una vez que Gran Bretaña se retiró de la zona en 1971, el sha —en el marco de la Doctrina Nixon— asumió el papel de guardián. Al caer el sha se hizo un vacío de poder que Iraq y Arabia Saudita pretendieron llenar. En cierta forma, Arabia Saudita ha asumido tal papel a través del Consejo de Cooperación que puede ser visto como un primer paso a la ansiada reunificación de las pequeñas monarquías de la península bajo su égida.[57]

En la esfera de la ideología han ocurrido los cambios más interesantes aunque menos perceptibles. Frente al Islam conservador, sustentado por las monarquías del Golfo, se levanta desafiante el Islam ideologizado, populista, de Khomeini que inevitablemente ha tenido una gran repercusión en la enorme población shiita de estos países.

Ellos tienen, frente a la visión de Irán, un doble estigma: por una parte, ser regímenes monárquicos y secularizantes y, por la otra, tener poblaciones shiitas marginadas y discriminadas dado que el régimen en todos estos países es sunnita como en Iraq. Como señala James A. Bill:

> Si bien todos los musulmanes dirían que hay un solo Islam —aunque existen muchas interpretaciones doctrinales del mismo— el hecho es

---

75 000 000, siete de los cuales son inmigrantes. Poco más de 50 000 000 son shiitas. En Qatar son el 16%; en Omán, el 4, en EAU, 18; en Kuwait, el 24; en Bahrain, el 70; en Arabia Saudita, 8; en Iraq, el 60; en Irán, 92 por ciento.

[57] A pesar de que Irán está enfrascado en su guerra con Iraq, Khomeini no ha renunciado al papel hegemónico de su país en el área. Como señala Rafsanjani: "Declaramos una vez más que la seguridad del Golfo *Pérsico* es más importante para nosotros que para cualquier otro... y lucharemos por mantenerla hasta donde podamos." Véase, M.R. Djaliti, "Le Colonel, L'Ayatollah et les autres", en *Politique Internationale*, núm. 3 (otoño de 1986), p. 30.

que, a partir de la Revolución en Irán, se ha establecido una división que minimiza las viejas querellas doctrinales.[58]

Así, pues, se establece un Islam conservador frente a un Islam revolucionario, integrista; también llamado respectivamente Islam del *establishment* e Islam populista o, en términos de Khomeini, Islam de los opresores y de los oprimidos. Como en el caso de otras revoluciones —poseedoras de la "verdad absoluta" o del papado en la Edad Media— la iraní pretende tener la autoridad moral para fustigar a los regímenes corruptos e incitar a los "oprimidos" a rebelarse. En este sentido cabe recordar las palabras de Khomeini:

> Esperamos que las cabezas de esos gobiernos, algunos de los que han dado rienda suelta a la lujuria. . . frivolidad o están envueltos en luchas fratricidas con sus vecinos o son lacayos serviles de Estados Unidos finalmente despertarán (con mi llamado) a la conciencia islámica humanitaria poniendo fin a sus sórdidos gobiernos y repudiando a las superpotencias tal y como esta heroica nación [Irán] lo ha hecho.[59]

Así como la Unión Soviética creó una *Comintern*, que más que fomentar la solidaridad entre los movimientos comunistas pretendía colocarlos bajo su control directo, los líderes iraníes, a través de sus congresos internacionales de clérigos en Teherán o Qum, buscan que Khomeini sea reconocido como líder supremo de una revolución que se pretende internacional, pero que deberá seguir las pautas de la iraní. En el segundo Congreso Mundial de Líderes de la Oración de los Viernes (13 de mayo de 1984) Khomeini dijo a los 500 clérigos reunidos:

> Ustedes deben discutir [estudiar] la situación en Irán; deben llamar a sus feligreses a la rebelión como en Irán. . . ulama, imames (como se usa el término en otros países) del Islam, cobren conciencia de que todos los poderes se han levantado en contra del Islam y no de Irán. . .[60]

En su acta final, los clérigos allí reunidos declararon: "aceptamos al ayatollah al Ozma, imam Khomeini como poseedor de las cualidades necesarias para ejercer el imamato [*sic* liderazgo] de los musulmanes e invitaremos a todos los musulmanes a seguirlo".[61]

Para enfrentar el creciente desafío al *statu quo* social y poder político representado por el Islam populista o shabi'a de Khomeini, las

---

[58] James Bill, "Resurgent Islam in the Persian Gulf", en *Foreign Affairs*, vol. 63, núm. 1 (otoño de 1984), p. 109.
[59] R. Ramazani, "Khumayni's. . .", *op cit.*, p. 38.
[60] *Ibid.*
[61] *Ibid.*

élites gobernantes del *establishment* toman medidas sin precedentes para demostrar su "fidelidad" al Islam. (Esto, como en el caso de Iraq, independientemente de las acciones represivas si así lo amerita la situación.)

En tres áreas se observan estos esfuerzos: *a*) la promoción oficial de la práctica de los rituales musulmanes, criticada por los fundamentalistas que claman por una vuelta sincera a los valores tradicionales; *b*) notables esfuerzos de los gobiernos por maquillar su alineamiento con las superpotencias, y *c*) grandes inversiones en áreas deprimidas de las sociedades respectivas y en obras caritativas. En los países del Golfo, principalmente, proliferan las "organizaciones islámicas" tanto gubernamentales como populares; los bancos islámicos ganan terreno a los bancos comerciales; abundan en todos los ministerios las secciones de "asuntos islámicos" y el gobierno estimula los "estudios islámicos" en las escuelas y universidades. Ello sin mencionar un verdadero *boom* en la construcción de mezquitas.[62] Sin embargo, debe hacerse notar que los gobiernos de estos países han alentado sobre todo a los grupos fundamentalistas sunnitas con fuerza legitimadora tras el trono y han seguido limitando el acceso de los shiitas a los puestos gubernamentales, al ejército y a la industria petrolera. No es de extrañar, entonces, que los oprimidos del Islam fomenten sus organizaciones autónomas: sus *diwaniyahs* (lugares de asamblea), sus *hussayniyahs* (donde se congregan en el *muharram*) y sus mezquitas, fenómeno muy parecido al que se observó en el Irán prerrevolucionario.

El caso de Arabia Saudita merece una mención aparte. Khomeini no ignora que la primera revolución fundamentalista* triunfante ocurrió en la península arábiga con el ascenso del *wahhabismo*.[63] El *wa-*

---

[62] La situación ha llegado a extremos absurdos. En la mayoría de los países del Golfo el número de mezquitas se ha triplicado en promedio durante los últimos ocho años; Kuwait cuenta con 560; EAU con cerca de 1 800; Bahrain, con sólo 350 000 habitantes tiene 1 000 mezquitas y Qatar 600; Arabia Saudita tiene 20 000 y están en construcción otras 2 000. Véase James Bill, *op. cit.*, p. 116.

* Dada su esencia integrista, unitarista, el wahhabismo, al igual que el Islam de Khomeini, se mostró totalitario en el sentido de intolerante con cualquier forma de desviación doctrinal. Condenó las prácticas shiitas de culto a santones, imames y santuarios como prácticas politeístas. Ello los llevó a declarar el *yihad* contra los shiitas en 1803 cuando los santuarios shiitas de Najaf y Kerbala fueron arrasados; en 1803, un shiita asesinó al monarca saudita. Aunque los sauditas tendieron a distanciarse del wahhabismo, los shiitas siguieron manteniendo, hasta hoy, un *status* de inferioridad en toda la península.

[63] Todavía a principios de este siglo los peregrinos shiitas en la Meca debían renegar de su credo para ser admitidos en el recinto sagrado, lo que hacían mediante la práctica del *taquiyeh* o disimulo. Se les exigía proferir alabanzas a los tres primeros califas reconocidos por la sunna y vituperados por el shiismo. Incluso hoy en día Kho-

hhabismo ha sido descrito como una versión puritana del sunnismo que, en su dimensión ideológica y fundamentalista, impulsó al clan saudita a luchar por la reunificación de la península y la expulsión de los otomanos corruptos de las tierras santas del Islam. En este sentido, ni Khomeini ni los sauditas olvidan que a nivel doctrinal el *wahhabismo* fue particularmente hostil e intolerante con el shiismo que fue perseguido como sectario y herético.

Aunque los sauditas paulatinamente fueron distanciándose del *wahhabismo*, los shiitas han seguido manteniendo, hasta nuestros días, un *status* de inferioridad en toda la península. Por ello, han reclamado —a partir del triunfo de la revolución en Irán— un trato más justo y, sobre todo, una verdadera tolerancia religiosa a sus creencias. Especialmente, han comenzado a hacer públicas sus celebraciones, como las grandes procesiones en el Ashura, prácticas que las monarquías sunnitas habían limitado a la intimidad de los hogares shiitas. Asimismo, han reclamado su derecho a tener acceso a mejores trabajos. Aunque los gobiernos del área han procurado mejorar las condiciones socioeconómicas de sus ciudadanos shiitas, existen muchas tensiones latentes porque su *status* legal y posibilidades de participación no se han modificado.[64]

La presencia anual de más de 100 000 peregrinos shiitas iraníes que visitan la Meca es, sin lugar a dudas, una fuente constante de incitación para los shiitas del Golfo y ha sido un factor de tensión constante entre Riyad y Teherán. Para Khomeini resulta inconcebible que los lugares santos del Islam estén en manos de los sauditas a los que no ha dudado en acusar de corruptos y aliados del Gran Satán. Por eso, cuando ocurrió la muerte de los peregrinos iraníes en 1987, Rafsanjani declaró: "Los gobernantes de Arabia Saudita, los guardianes de la Meca, han de ser borrados de la faz de la tierra."[65]

Además de las tensiones entre Irán y los países del Golfo por la cuestión de las poblaciones shiitas y el antagonismo ideológico, evidentemente lo que más irrita a Teherán es el apoyo financiero y

---

meini emplea el término wahhabista con un sentido despectivo para referirse a los secularistas y occidentalizantes. Véase Jacob Goldberg, "The Shi'i Minority in Saudi Arabia", en Juan R. Cole y Nikki R. Keddie, *op. cit.*, p. 232. Véase también Edward Mortimer, *Faith and Power*, Londres, Faber & Faber, 1982, p. 323.

[64] En 1979 y 1980 el régimen saudita tuvo que enfrentar las más importantes revueltas desde que se estableciera el reino. Estas revueltas ocurrieron en la rica región petrolera de Al-Hasa donde está concentrada la minoría shiita y coincidieron con la toma de la Gran Mezquita en la Meca en noviembre de 1979. Véase *Ibid.*, p. 244.

[65] Como se recordará esta situación culminó en 1987 con la muerte de unos 300 peregrinos iraníes que provocaron a las fuerzas de seguridad saudita en la Meca. Véase John Greenwald, "Guerra en todos los frentes", en *Contextos*, núm. 83 (octubre de 1987), p. 17.

logístico de estos países a Iraq, además del hecho de que ha ido colocándose bajo la protección de Estados Unidos que, de esta manera, apoya indirectamente a Iraq.

LAS SUPERPOTENCIAS

Desde 1964, en sus primeras obras, Khomeini había hecho evidente su profundo desagrado hacia el sistema internacional dominado por las superpotencias: Estados Unidos es peor que Gran Bretaña, y ésta es peor que Estados Unidos, la URSS es peor que ambas y cada una es peor que las otras'',[66] dice Khomeini. La Constitución de la República Islámica recoge la esencia de este pensamiento: "Irán no se alineará con respecto a los poderes dominantes", y el principio 153 excluye cualquier posibilidad de dar a un "gobierno extranjero" control sobre los recursos naturales, el ejército, la cultura o la economía. El lema que resume el fundamento de la nueva política exterior iraní es sin duda *nah sharq, na gharb*, "ni Oriente ni Occidente". Pero ciertamente, no se trata de un neutralismo "positivo" (acomodaticio y oportunista como el de Násser) ni de un neutralismo pasivo ni de un "no alineamiento" alineado (como el de Cuba o Libia) sino, al menos hasta ahora, de un neutralismo agresivo que trata de crear un área de influencia exclusiva para Irán y su revolución.

Al respecto, cabe recordar otra interesante declaración de Khomeini cuando Reagan y Gorbachov se reunieron por primera vez en Ginebra (noviembre de 1985):

> La mayor preocupación de las dos superpotencias no es la "Guerra de las Galaxias" ni la carrera armamentista sino el movimiento revolucionario de los musulmanes y de los oprimidos a nivel mundial.[67]

En esta declaración Khomeini delata nuevamente la idiosincrasia iraní en la que está muy arraigada la idea de conspiración de las potencias para ejercer su dominio. En cuanto a las ideologías el desprecio de Khomeini hacia los ideales occidentales y "orientales" (soviéticos) queda perfectamente expresado en las siguientes apreciaciones del imam: "El ideal de la sociedad propuesta por Marx y Lenin es

---

[66] Zalmay Khalizad, "Islamic Iran: Soviet Dilemma", en *Problems of Communism*, vol. 33, núm. 1 (enero-febrero de 1984), p. 7.
[67] Daniel Pipes, "Fundamentalist Muslims between America and Russia", en *Foreign Affairs*, vol. 64, núm. 5 (verano de 1986), p. 939.

un 'campo de concentración' y el de Occidente es un 'burdel a escala universal'."[68]

Estados Unidos

La neutralidad proclamada por ambas superpotencias al inicio de la guerra no es sinónimo de indiferencia. Si bien, como se ha explicado, el relativo desalineamiento de los beligerantes les dificulta seriamente su intervención, hay otros factores que, indirectamente al menos, les permite a ambas mantener su presencia y ejercer su influencia. Pueden señalarse tres canales a través de los que se ejerce esta influencia: *a*) la dotación de armamento; *b*) la influencia política y económica; *c*) su injerencia a través de terceros países más o menos involucrados en el conflicto.

La Doctrina Carter

Ha sido frecuente en los conflictos de Medio Oriente que los eventos moldeen las decisiones de política exterior de las potencias y no al revés. Apenas unas horas después de que los estadunidenses proclamaran su neutralidad ante el conflicto, Arabia Saudita les pedía su intervención contra eventuales agresiones iraníes; entonces Carter decidió el envío de los aviones-radares AWACS (Airborne Warning and Control Systems). El envío de estos sofisticados aviones era congruente con la doctrina del presidente Carter según la cual Estados Unidos estaba listo para usar la fuerza para proteger a sus amigos en el Golfo frente a cualquier amenaza (de hecho la doctrina en sí no era sino una reedición de la Doctrina Eisenhower de 1958), y a defender los intereses estadunidenses en el área. Carter percibía en ese momento una doble amenaza: los soviéticos en Afganistán y los khomeinistas en Irán, ambos demasiado cerca del Golfo, a lo que respondió con la creación de la RDF (Rapid Deployment Force). Los sauditas, por su parte, respondieron al gesto de "solidaridad" estadunidense garantizando el abastecimiento del mercado petrolero ante la inminente reducción de las aportaciones de Irán e Iraq y protegiendo de esta manera los precios.[69]

La administración Reagan

Horas antes de que Reagan tomara posesión de su cargo, en enero de 1981, los rehenes de la embajada estadunidense en Teherán fueron li-

---

[68] Amir Taheri, *op. cit.*, p. 298.
[69] M. El Azhary, "The Attitudes of the Superpowers towards the Gulf War", en *International Affairs*, vol. 59, núm. 4 (otoño de 1983), p. 611.

beraderos. Para ese momento todo parecía indicar que ni los soviéticos ni los iraníes tenían intenciones sobre el Golfo; la presencia de la Rapid Deployment Force estadunidense en el océano Índico era suficiente garantía de seguridad y, por otra parte Washington y sus aliados europeos estaban más tranquilos, ya que Arabia Saudita y los productores independientes de petróleo habían demostrado su capacidad para mantener el mercado aislado de los efectos de la guerra. Es en el plano diplomático donde la administración Reagan parecía tener serias dificultades ya que aparentemente la URSS tenía una clara ventaja, pues mantenía relaciones con ambos beligerantes: tenía un tratado de amistad con Iraq, al cual servía como principal abastecedor de armas y lazos comerciales firmes con Irán. Sin embargo, su presencia en Afganistán fue un factor que rápidamente envenenó sus relaciones con el ayatollah.

En la práctica, Reagan siguió de hecho los lineamientos de Carter dejando en el último plano la posibilidad de acercamiento hacia Irán y fortaleciendo en cambio su presencia militar con el ánimo de intimidar a los revolucionarios. En este sentido, logró facilidades logísticas en Paquistán y apoyó la rebelión en Afganistán contra los soviéticos. Asimismo, organizó una serie de maniobras conjuntas con varios países de la región, africanos y árabes, para demostrar la efectividad de la Rapid Deployment Force y, en un acto de gran trascendencia política y estratégica, vendió los AWACS a Arabia Saudita. Con ello Arabia Saudita venía a convertirse en la depositaria de la confianza estadunidense en el área, nuevo pilar de la seguridad occidental, causando con ello profundo malestar en Israel. Indirectamente, Estados Unidos buscó un acercamiento con Iraq señalado en varios hechos. En primer lugar destaca la condena estadunidense en el Consejo de Seguridad de la ONU, al ataque israelí sobre el reactor atómico iraquí.[70]

El comercio estadunidense con Iraq creció de 1981 a 1984 en un billón de dólares y en ese año las relaciones diplomáticas fueron restablecidas (se habían suspendido desde la guerra de 1967). El compromiso de Washington con los países árabes en su guerra contra Irán parecía sólido hasta que estalló el escándalo provocado por la venta

---

[70] La guerra Irán-Iraq así como la intervención indirecta de las superpotencias ha sido un elemento que ha desatado innumerables realineamientos entre los países árabes e Israel. No deja de ser notorio que Israel busque, por sorprendente que parezca, un acercamiento a Irán. Aunque ve con beneplácito que sus archienemigos estén destrozándose; un cálculo más realista le lleva a concluir que más le favorecería una derrota iraquí por sus graves consecuencias sobre la causa panárabe y Palestina. Aparentemente Israel ha vendido armas a Irán por valor de unos 200 000 000 de dólares y ha manifestado su preocupación por la colonia judía en Irán. Véase Peretz Kidron, "Iran and the Contras: what Israel was Playing for", en *Middle East International*, núm. 294 (febrero de 1984), p. 12.

de armas estadunidenses a Irán. En última instancia, el Irán-Gate puso de manifiesto el doble juego de Estados Unidos (la Unión Soviética también peca de jugar dos cartas) frente a sus aliados árabes y, del lado iraní, la fuerza de una facción del liderazgo islámico que buscaba propiciar un acercamiento con Estados Unidos. No se trató de un simple trueque de armas por rehenes. A pesar del cambio de régimen en Irán, el valor estratégico del país para Estados Unidos no ha cambiado.

Como se señaló en el capítulo anterior, la denuncia del contacto con el Gran Satán quedó envuelta en la lucha faccionalista que divide al clero en el poder.[71]

En todo caso, está claro que Rafsanjani estuvo al frente de los que buscaron el acercamiento y que contó con el respaldo inequívoco de Khomeini. Ésta es quizás una de las más claras muestras de pragmatismo en la política exterior iraní ya que evidentemente Teherán comprende que su arsenal, heredado por el sha, requiere de repuestos estadunidenses y que, para ganar la guerra, al menos debe eliminarse el respaldo de Estados Unidos a los países árabes del Golfo. Aun después de revelado el trato o pacto satánico en Irán los líderes involucrados quisieron evitar un rompimiento total. Un examen de las 40 declaraciones del liderazgo iraní entre el 4 de noviembre de 1986, día de las primeras revelaciones a la prensa mundial, y el 22 de julio de 1987, cuando los estadunidenses escoltaron los primeros barcos de Kuwait, revelan que Teherán mantenía la esperanza de un diálogo. Por ejemplo, en abril de 1987 Rafsanjani dijo: "No estamos contentos con los problemas causados a Reagan y a la Casa Blanca. . . [por la venta de armas].''[72]

Esto fue lo más cercano que estuvo Teherán de llegar a un termidor en su política exterior. Sin embargo, las presiones internas en Estados Unidos debidas al escándalo y las externas procedentes de los "amigos" árabes de Washington obligaron a la Casa Blanca a tratar de enmendarse lo mismo que Irán volviendo ambos a sus posiciones antagónicas.

[71] Quizá los primeros indicios de ese acercamiento, propiciados por el propio Irán puedan encontrarse en 1985 cuando Rafsanjani con gran interés y vehemencia, se empeñó en terminar con el secuestro de un avión comercial estadunidense salvando a los pasajeros. En julio de ese año el vocero del Parlamento (Rafsanjani) declaró: "No tenemos intención de mantener nuestras relaciones rotas para siempre (con EUA). . ." y en el mismo sentido el Gran Faquí (Khomeini) declaró que "establecería relaciones (aun con) Washington si éste se comportara adecuadamente". Véase R. Romazani, "Iran: Burying the Hatchet, en *Foreign Policy*, núm. 60 (otoño de 1983), p. 62.

[72] R. Ramazani, "The Iran-Iraq War and the Persian Gulf Crisis", en *Current History*, vol. 87, núm. 526 (febrero de 1988), p. 63.

Hábilmente los países del Golfo —en beneficio indirecto de Iraq— aprovecharon las vergonzosas revelaciones para forzar a Reagan a demostrar su cometido con ellos. Como diría un funcionario kuwaití:

> La petición de Kuwait [a Estados Unidos de que le abanderara sus petroleros] fue en parte para probar el compromiso de Estados Unidos de proteger a los Estados moderados del Golfo de la agresión iraní...[73]

Sin embargo, hubo otras razones para que Washington decidiera involucrarse tan directamente en el conflicto.[74] Puesto que Washington se mostró en un principio indeciso ante la petición de Kuwait éste no dudó en acudir a los soviéticos. El 2 de marzo se firmó el acuerdo con Moscú y cinco días después, la Casa Blanca anunció que aceptaba la petición kuwaití. Al respecto declaró el secretario de Defensa Weinberger: "Si Estados Unidos se hubiera rehusado, se habría producido en el Golfo un vacío que la Unión Soviética hubiera aprovechado en su favor."[75]

Desde que Carter admitió al sha en Estados Unidos (octubre de 1979), provocando con ello la toma de los rehenes, ninguna acción estadunidense había causado una reacción tan violenta en Irán como la entrada en el Golfo de los barcos-escolta enviados a Kuwait (22 de julio de 1987).[76] (A los ojos de Irán, la fuerza internacional —"cristiana"— en el Golfo era comparable a la de las cruzadas.) Este hecho estuvo directamente ligado con las demostraciones de los peregrinos iraníes en la Meca que culminaron con la muerte de aproximadamente 400 de ellos. Como señala Gary Sick, ex asesor de Carter, la facción que había apoyado el acercamiento a Washington con el respaldo de Khomeini "tenía que buscar la manera de redimirse tanto interna como internacionalmente".[77] La provocación en la Meca fue el inicio de una serie de "brabuconadas" de Irán contra

---

[73] *Ibid.*, p. 61.
[74] Al respecto cabe recordar que en febrero de 1987 se produjo una gran ofensiva iraní sobre Basra misma que estremeció a todas las capitales árabes del Golfo. La llamada ofensiva "Kerbala V" provocó el éxodo de la ciudad mencionada de más de medio millón de habitantes; sin embargo, los iraquíes detuvieron el avance iraní provocando una gran masacre con más de 40 000 guardias revolucionarios muertos. Fue este hecho el que impulsó a Kuwait a pedir la protección de las superpotencias. *Ibid.*, p. 62.
[75] *Ibid.*, p. 63.
[76] Para finales de 1987, Estados Unidos tenía 32 barcos en la región (la más grande desde 1945, además de la presencia de barcos británicos, alemanes, belgas, franceses, italianos y seis barcos soviéticos. El ex presidente Carter dijo que Estados Unidos estaba actuando "como un beligerante".
[77] Khohn Greenwald, *op. cit.*, p. 18.

Washington, contra los países del Golfo y contra Francia con la que a raíz de un incidente diplomático se rompieron relaciones. La escalada en estas provocaciones culminaría en fecha más reciente con el enfrentamiento entre fuerzas navales estadunidenses e iraníes y con el rompimiento de relaciones con Arabia Saudita. Pero el verdadero beneficiario sería Iraq, tal y como lo había previsto Teherán, ya que en abril de 1988 logró —en medio del enfrentamiento Estados Unidos-Irán— recapturar la península de Fao asestando un duro golpe a los iraníes que perdieron así su única posición de importancia ganada tras ocho años de guerra.

Los estrategas estadunidenses se habían mostrado sumamente preocupados por los avances iraníes desde Fao. En su visión estratégica Washington aplica la teoría del dominó al Golfo. Si cae Iraq las monarquías del Golfo serían, por sí solas, incapaces de resistir a las hordas iraníes y, posiblemente, a las insurrecciones internas. El establecimiento de una República Islámica en Iraq atizaría el fuego en Líbano y Palestina. Siria quedaría prensada entre shiitas y forzada a someterse a la política iraní que la llevaría a una guerra con Israel. Al respecto, no deja de ser significativo que Damasco se haya distanciado en los últimos años de Teherán advirtiéndole que no permitiría, por ningún motivo, la invasión de un segundo país árabe, en clara alusión a Kuwait.[78] El otro cálculo, no menos aterrador para los estrategas estadunidenses, es la derrota de Irán. Si Irán termina por romper los vínculos tácticos que mantiene con Occidente, como de hecho se está dando, caerá inevitablemente bajo la influencia soviética. Dado el mal desempeño de la economía iraní y la facción del clero radicalizada que tiende a predominar, Irán podría, fácilmente, ser víctima de una revolución "comunista" al verse derrotado Khomeini en la guerra.

La Unión Soviética

En gran medida, la revolución iraní ha sido una revolución de independencia, de defensa de la identidad propia de un país del tercer mundo contra la tendencia globalizadora de la economía que, bajo el liderazgo de las potencias capitalistas, tiende a corroer las fronteras nacionales y la identidad nacional de los países más débiles. La reacción de los iraníes contra la occidentalización llevada a cabo por el sha fue en defensa del último reducto de su identidad nacional. Por ello, cuando se le preguntó al presidente premier Musavi por qué es más dura y constante la crítica hacia Occidente que hacia la URSS dijo: "No recibimos tanto daño [en nuestra identidad cultural] de ellos

---

[78] R. Ramazani, "Iran: Burying...", *op cit.*, p. 54.

como de Estados Unidos en los últimos 50 años."[79] No es un descuido por parte de Mussavi pasar por alto la ocupación soviética del norte de Irán durante la Segunda Guerra Mundial ya que el mayor daño que pudo sufrir el país fue en términos del colonialismo cultural occidental.

Esto no quiere decir que exista una buena relación con los soviéticos ni que Irán considere que esto sea posible. Al igual que México respecto a Estados Unidos, Irán guarda un resentimiento histórico hacia los rusos por la ocupación y amputación de territorios del norte (véase el capítulo I). Asimismo, es motivo de tensión la infiltración de la ideología comunista que fue perseguida por el sha y rechazada por el clero debido a su "ateísmo". Esto nos lleva a un tercer elemento de conflicto: el "cautiverio" de grandes contingentes de población musulmana en las repúblicas soviéticas de Asia Central y el intento reciente de "sovietizar" Afganistán.

A pesar de sus profundas diferencias, los soviéticos vieron en la Revolución Iraní una gran oportunidad de atacar los intereses occidentales de la región y, desde un principio, intentaron cooptarla. Al respecto, debe recordarse que en noviembre de 1978 Brezhnev tomó posición advirtiendo a Estados Unidos que "cualquier interferencia —menos aún militar— en los asuntos de Irán será considerada por la URSS un asunto de seguridad interna";[80] la actitud soviética contrasta notablemente con la relativa indiferencia mostrada hacia el movimiento de Mossadeq (1953).

Una vez que cayó el sha, Moscú no ocultó su regocijo: "la caída del sha ha creado serias grietas en el cerco de seguridad estratégico norteamericano construido al sur de la Unión Soviética",[81] mismas que Carter y Reagan tratan de parchar con su RDF situada eso sí en el mar, ya no en tierra, al sur de Irán. Brezhnev felicitó a Teherán por su decisión de retirarse del CENTO y de eliminar los "puestos de radar" estadunidenses situados en la frontera común.

El coqueteo soviético fue aún más lejos. En el XXVI Congreso del PCUS, Brezhnev alabó a la Revolución Iraní diciendo: "Es un evento mayúsculo en la escena mundial que tiene una naturaleza específica. Aunque sea compleja y contradictoria es esencialmente una revolución antimperialista." La apreciación del líder soviético es justa pero contrasta notablemente con la visión doctrinal del marxismo-leninismo expresada en *La gran enciclopedia soviética*:

> Como todas las religiones, el Islam ha jugado un papel reaccionario siendo el arma en manos de las clases explotadoras y un instrumento

---

[79] Shireen Hunter, *op. cit.*, p. 82.
[80] Zalmay Khalizad, *op. cit.*, p. 3.
[81] *Ibid.*

para la opresión espiritual de los trabajadores y la sujeción de las gentes del Este por parte de los colonialistas...[82]

Khomeini está perfectamente consciente del antagonismo irreductible que ideológicamente opone al Islam y al comunismo y no tardó en responder a los soviéticos. En 1979 Khomeini declaró:

> Hoy, el mundo del Islam está en manos de América... pero estamos en guerra con el comunismo internacional tanto como con los saqueadores occidentales. El peligro representado por los poderes comunistas no es menor que el de los americanos.[83]

Las relaciones con el partido prosoviético Tudeh comenzaron a deteriorarse a fines de 1982 cuando Irán decidió llevar la guerra a territorio iraquí contraviniendo la petición de Moscú. A finales de ese año un diplomático soviético desertor entregó a los británicos documentos que probaban ampliamente los nexos entre la URSS y el Tudeh. Esta información pasó a manos de la hierocracia y, a principios de 1983, fueron arrestados los líderes del partido.

A raíz de estos acontecimientos fueron expulsados 18 diplomáticos soviéticos. La cuidadosa red tendida por el Tudeh y que aparentemente penetraba en los más altos niveles de la burocracia y el ejército quedó al descubierto.[84] Las relaciones con Moscú alcanzaron su punto más bajo. Los miembros del Tudeh expulsados instalaron en Baku (URSS) el equivalente a una Radio Martí llamada Voz Nacional de Irán que transmite en farsi mensajes subversivos calificando al régimen iraní de fascista-religioso. La purga anticomunista que se operó en el gobierno fue un duro golpe a la facción radical del clero que comenzó a verse identificada con los comunistas.[85] La situación

---

[82] R. Alí, "The Muslim Minority in the Soviet Union", en *Current History*, vol. 78, núm. 456 (abril de 1980), p. 177.

[83] Dicho tratado fue firmado bajo presión soviética al ocupar territorios al norte del país y daba derecho a Moscú de intervenir en Irán si un tercer país lo invadía. Los Pahlevi lo desconocieron; sin embargo, fue invocado por los soviéticos en 1941 dando lugar a su intervención y en 1978 fue nuevamente invocado por Brezhnev para evitar la posible intervención estadunidense. Al igual que el "entendimiento" anglo-ruso de 1907 se trata de un tratado de seguridad Este-Oeste que pasa por encima de la voluntad soberana de Irán. Véase Daniel Pipes, *In the Path of God: Islam and Political Power*, Nueva York, Basic Books, 1983, p. 155.

[84] Gary Sick, "Iran's Quest for Superpower Status", en *Foreign Affairs*, vol. 65, núm. 4 (primavera de 1987), p. 710.

[85] Las purgas anticomunistas continuarían hasta fechas recientes. Así como en la época del terror de Beheshti fueron purgados los elementos "liberales prooccidentales", los miembros del clero identificados como radicales fueron acusados de ser comunistas de clóset. En enero de 1986 fueron arrestados varios miembros de los Fidaiyín e Khalq identificados como prosoviéticos.

continuó deteriorándose hasta que en enero de 1986 fue retirado el embajador iraní en Moscú.[86]

Pero desde luego, el principal punto de tensiones entre Teherán y Moscú ha sido la cuestión de Afganistán (por no mencionar la venta de armas soviéticas a Iraq con base en su Tratado de Amistad de 1972). En 1980, Khomeini declaró al respecto:

> Condeno vehementemente la ocupación salvaje de Afganistán por los agresivos saqueadores del Este y espero que la noble gente musulmana de Afganistán logre la victoria. . . y se libre del así llamado campeón de la clase trabajadora.[87]

Al igual que con el Asia Central sovietizada, la historia de Irán está estrechamente entrelazada con la de Afganistán, aunque en ambos casos se trata de áreas predominantemente sunnitas. En Afganistán, la población shiita es sólo 8% del total y como en otros países donde es minoritaria no sólo corresponde al sector más atrasado y marginal de la sociedad sino que carece de una hierocracia capaz de ejercer su liderazgo. No obstante, cuando triunfó Khomeini en Irán, los shiitas afganos le dieron su apoyo y esperaron su ayuda. Por sorprendente que parezca, Khomeini consideró como demasiado "retrógrados" a los shiitas afganos y prefirió dar su apoyo inicial a los grupos fundamentalistas sunnitas que luchaban contra los soviéticos. (*Hizb al Islam*, Partido del Islam.) Entre los shiitas ha apoyado al grupo llamado Nassir que combate contra otros grupos guerrilleros shiitas. Sin embargo, los iraníes se han mostrado incapaces de controlar a los grupos afganos y han preferido crear una especie de legión extranjera de los *pasdarán*, con afganos exiliados en Irán debidamente adoctrinados, que actúan directamente bajo órdenes de Teherán.[88] La posibilidad de Irán de influir en el desenlace del conflicto se ha visto enormemente reducida debido a la guerra con Iraq en la que incluso ha forzado a los refugiados afganos a intervenir como parte de sus tropas.[89] En el reciente acuerdo logrado por las superpotencias

---

[86] Gary Sick, *op. cit.*, p. 711.
[87] *Ibid.*, p. 711.
[88] David Edwards, "Shi'i Political Dissent in Afganistan", en Juan R. Cole y Nikkie Keddie (eds.), *op. cit.*, pp. 224-227.
[89] Irán propuso en 1981 una solución "islámica" a la crisis afgana: *1)* retirada incondicional de la URSS; *2)* reconocimiento de la autodeterminación política de los afganos; *3)* creación de una fuerza de paz formada por tropas de Irán y Paquistán y otros países musulmanes; *4)* creación de un Consejo Islámico que actuaría como Gobierno Provisional (equivalente al que fuera el Consejo Revolucionario de Irán) formado por 30 clérigos, que garantizaría elecciones libres para una nueva Asamblea

en Ginebra, Irán quedó excluido aunque esperaría que Paquistán actuara como garante de la "identidad islámica" del futuro gobierno afgano.

La violencia y agresividad de la retórica iraní en contra de la Unión Soviética contrasta con los hechos. Evidentemente Irán ha quedado aislado a nivel diplomático de Occidente. Sin embargo, a nivel comercial, y de relaciones económicas en general, no se han cerrado sus fronteras. En el caso de la Unión Soviética es sorprendente que, al tiempo que se deterioraban sus relaciones políticas, crecían los acuerdos de cooperación y se incrementaba el flujo comercial. En septiembre de 1985, una delegación iraní visitó Moscú y se firmó un amplio acuerdo comercial. En diciembre de 1986 se restablecía la Comisión Permanente de Cooperación Económica Soviético-Iraní tras seis años de inactividad. En febrero de 1987 el Ministro de Relaciones Exteriores de Irán visitó Moscú. Se restableció la exportación de gas a la URSS suspendida desde antes de la revolución, y se establecieron exploraciones conjuntas petroleras en el mar Caspio.[90] Cabe hacer notar que este acercamiento se da en momentos en que se incrementa la presencia estadunidense en el Golfo y que la Unión Soviética se muestra ya poco efusiva hacia la Revolución Iraní consciente de que hay pocas posibilidades de cooptación. Al respecto, Andrei Gromyko, presidente del Soviet Supremo, dijo a Velayati durante su visita: "Nuestra evaluación de la guerra y la de ustedes no coincide... la Unión Soviética invariablemente ha favorecido el ponerle fin tan pronto como sea posible y buscar un arreglo pacífico..."[91]

El poeta alemán Hans Magnus Ensenzberger comentaba en una entrevista, a fines de los setenta, que:

> La URRS y Estados Unidos comparten algo más que un poder militar y político a cuyo amparo han conseguido la hegemonía mundial. Comparten más allá de sus divergencias y similitudes en sus regímenes políticos y sus modos de producción, una fe; la fe en la razón administrativa. Unos reclaman para sí la herencia del socialismo científico, mientras los otros se proclaman herederos del positivismo calvinista. Los dos coinciden en que, fuera del ámbito de sus respectivos idearios... se extiende el siniestro desierto del irracionalismo.[92]

Constituyente que definiría el nuevo tipo de gobierno (seguramente una República Islámica). Véase R. Ramazani, "Khumayni's Islam...", *op cit.*, p. 28.

[90] Esta decisión contraviene una disposición del *Mjylis* de 1940 en que se prohibía dar concesiones de exploración a los soviéticos en el norte del país. Véase Shireen Hunter, *op. cit.*, p. 86.

[91] No hay que olvidar que en esos momentos la Unión Soviética había aceptado gustosamente abanderar los barcos petroleros kuwaitíes. Véase R. Ramazani, "The Iran-Iraq...", *op. cit.*, p. 64.

[92] Mario Morales, *op. cit.*, p. 31.

Nada más adecuado para describir la frustración de las superpotencias ante la Revolución Iraní y la Revolución Ba'athista, sin la posibilidad de cooptar a una u otra. Su parálisis se refleja claramente en el Consejo de Seguridad que se ve imposibilitado para actuar en este conflicto tanto como en otros que han afectado al Tercer Mundo donde las superpotencias no han podido ponerse de acuerdo.[93] Aunque, en este caso, es por la incapacidad de influir definitivamente en los beligerantes y forzarlos a acatar las diversas resoluciones adoptadas.

El alineamiento del mundo árabe

Los intentos de mediación de algunos países del área, como Paquistán, India, Turquía, Argelia o de la Conferencia Islámica han fracasado ante la intransigencia iraní. En este sentido, es ilustrativa la opinión de Khomeini respecto a la mediación de esta última:

> Sus esfuerzos de mediación son contrarios al precepto coránico que requiere que "si una tribu invade a otra entonces todas las demás están obligadas a defender a la agredida hasta que la primera obedezca a Dios.' Una vez que lo haga, habrá paz.[94]

Por lo demás, la guerra ha provocado, más que intentos de mediación, un realineamiento de los países musulmanes al lado de uno u otro beligerante. Esto es más claro en el campo árabe al que se hará sólo breve referencia.

La división tradicional de estos países entre los del frente de la firmeza y los moderados, ha tendido a diluirse gradualmente. Si bien en un principio los países identificados como prosoviéticos y antisionistas radicales —Libia, Siria, Yemen del Sur, Argelia y la misma

---

[93] El Consejo de Seguridad de las Naciones Unidas, encargado de velar por la paz mundial, ha tenido una actitud meramente reactiva frente al conflicto Irán-Iraq en sus diferentes fases interviniendo sólo en momentos ardientes y produciendo varias resoluciones como la 479 (1980), la 514 (1982), la 522 (1982), la 540 (1983), la 552 (1984) que han pedido el cese al fuego, cese al ataque de buques mercantes petroleros, cese a los bombardeos de objetivos civiles. En la Resolución 582 (1986) se condenó el uso de armas químicas por parte de Iraq y en la 598 (julio de 1987) se pide cese al fuego, liberación de prisioneros de guerra, retorno a las fronteras reconocidas y creación de un cuerpo imparcial para deslindar responsabilidades y se amenaza con aplicar sanciones de no acatarse la resolución. Iraq, como es sabido, se ha plegado a la mayoría de las resoluciones buscando terminar la guerra mientras que Irán se rehúsa a hacerlo pues en ninguna de ellas se acusa a Iraq de ser el agresor inicial. Véase Santiago Quintana Pali, "Mantenimiento de la paz y la seguridad: el caso de la Guerra Irán-Iraq" (ponencia) CEAA, El Colegio de México, 1987, pp. 10-12.

[94] R. Ramazani, "Shi'is in the Persian Gulf", en Juan R. Cole y Nikkie Keddie, *op. cit.*, pp. 36-37.

OLP— se acercaron a Irán, uno a uno fueron replegándose. Sorprendentemente, uno de los primeros fue la OLP. A raíz de la invasión israelí a Líbano en 1982, Arafat pidió a los iraníes refuerzos y Saddam Hussain propuso a Khomeini suspender las hostilidades para enfrentar el problema, a lo cual el imam se rehusó y, a cambio, mandó 2 000 *hizbollahis* a Líbano que sólo atizaron a los shiitas libaneses que se oponían tanto a la OLP como a los israelíes invasores. (En gran parte, el alineamiento de Damasco con Teherán se explica por la necesidad que tienen los sirios de controlar a los shiitas en Líbano.) La OLP tampoco contaba con el apoyo sirio ya que Arafat se había rehusado a seguir los lineamientos de Damasco, en cambio, había recibido un constante apoyo del régimen de Bagdad todo lo cual determinó que Arafat rompiera sus nexos con Irán. Al mismo tiempo, Khomeini veía con malos ojos el secularismo socialista de la OLP y ello se refleja en la declaración que hiciera el presidente Alí Khamenei: "Los palestinos son débiles porque su actuación no va de acuerdo con los principios islámicos genuinos... la gente que habla en nombre de los palestinos nunca invoca el nombre del Islam."[95] (Curiosamente, el secularismo que criticaban en la OLP no fue tomado en cuenta en el caso de Turquía que es uno de los principales socios comerciales de Irán.)

El primer viaje oficial del presidente Alí Khamenei fue a Damasco, Trípoli y Argel. Se trataba de hacer los preparativos para una conferencia internacional que reuniera a los países del "frente de la firmeza" en el que se daría la bienvenida al nuevo aliado, Irán, un país no árabe. Sin embargo, para ese momento Irán ya había invadido territorio iraquí y resultaba sumamente incómodo para estos países continuar su relación con Teherán. Además del retiro de la OLP, Argelia se rehusó a asistir a tal acto aduciendo que, en el pasado, había actuado como mediadora entre Irán e Iraq y que no quería dañar su política panmaghrebiana hacia Túnez y Marruecos, cercanos aliados de Bagdad. Yemen del Sur tampoco asistiría ya que ello dañaría su política de acercamiento al resto de la Península Arábiga.[96]

Siria y Libia permanecieron como los únicos aliados de Teherán. Sin embargo, los países del Golfo han ejercido las mayores presiones sobre Damasco para alejarlo del ayatollah.[97]

En la cumbre de la Liga Árabe de noviembre de 1987, Hafez el

---

[95] Dilip Hiro, *Iran under*..., *op. cit.*, pp. 347-348.
[96] M.R. Djalili, *op. cit.*, p. 43.
[97] Al respecto cabe recordar que el rey Hussein de Jordania, desde que arregló sus diferencias con Siria, ha actuado como mediador oficioso entre Damasco y Bagdad. En abril de 1987 logró que los presidentes Assad y Hussain se entrevistaran. Véase, Khohn Devlin, "Syria and Lebanon", en *Current History*, vol. 87, núm. 526 (febrero de 1988), p. 79.

Assad se sumó a las resoluciones finales en las que: *1*) se condena la ocupación iraní de territorio iraquí y que Irán no haya acatado la resolución 598 del Consejo de Seguridad; *2*) se ofrece solidaridad de los países árabes a Iraq, y *3*) se ofrece solidaridad a Kuwait al enfrentar la agresividad del régimen iraní.[98]

En el caso de Libia, el compromiso con Irán es más bien retórico. Qaddafi encuentra en la amistad con Khomeini un soporte legitimador a su supuesto régimen islámico. La visita de Rafsanjani a Trípoli en 1985, terminó con la firma de una "alianza estratégica" que preveía la creación de un ejército para la liberación de Jerusalén y la creación de una Organización Islámica Internacional Revolucionaria, una especie de *Comintern*.[99]

Algunos analistas han señalado con cierto sarcasmo que Khomeini no ha logrado exportar su revolución más allá de Beirut. En efecto, quizás Líbano ha sido el país más receptivo al "ejemplo" iraní lo cual no deja de ser notable en el contexto de un país que se consideraba, como Irán, uno de los más avanzados y occidentalizados del Medio Oriente. Sólo a grandes rasgos podemos señalar algunos datos interesantes sobre el shiismo en este país en relación con Irán. La población shiita de Líbano alcanza 30-35% del total y es más grande que la cristiana que cuenta con aproximadamente 900 000 personas. Desde la Edad Media, Líbano fue refugio de los ulama shiitas y muchas familias están emparentadas con la hierocracia de Iraq e Irán. El principal líder shiita era Musa Sadr, nacido en Qum y nacionalizado libanés, amigo de Khomeini y fundador del grupo AMAL que equivale a la Daw'ah de Iraq. A la muerte de Musa Sadr en 1978, el grupo se dividió con dos líderes: Nabih Berri y Mussavi. El primero representa a la facción mayoritaria y autónoma, mientras el segundo a la radical plenamente identificada con Khomeini y que actúa en coordinación con los *hizbollahis* enviados desde Teherán. Es muy significativo el siguiente comentario de Hussain Mussavi: "No creemos en la existencia de un Estado llamado Líbano y consideramos que todo el mundo islámico es nuestra patria."[100]

Irán ha alentado abiertamente la lucha de liberación de los pales-

---

[98] Detrás del arrepentimiento sirio hay dos hechos importantes. Uno es que Siria ha iniciado la explotación del petróleo en su territorio y ya no requiere del petróleo iraní; además, Arabia Saudita ha prometido proveerle de petróleo y aumentar sus "aportaciones" al desarrollo de ese país. Por otra parte, Damasco ve con creciente desconfianza el apoyo de Irán a las facciones más radicales del shiismo libanés, principal protagonista de secuestros a occidentales que crean serios problemas para Damasco. Véase Khohn Devlin, *op. cit.*

[99] M.R. Dalili, *op. cit.*, p. 44.

[100] Dilip Hiro, *Iran under. . .*, *op. cit.*, p. 345.

tinos, los libaneses y los afganos. El embajador iraní ante el Vaticano dijo:

> Estos pueblos tienen el derecho a defenderse como sea... Esta honorable forma de defensa es un derecho que todo ser humano libre posee; morir por esta noble causa es, desde nuestro punto de vista, el martirio que conduce a Dios.[101]

En Baalbek están los cuarteles del AMAL Islámico de Mussavi, de los *hizbollahis* y de la misteriosa Yihad Islámica autora de secuestros y actos terroristas y que recibe entre 15 y 20 000 000 de dólares anuales de parte de Khomeini.[102] Independientemente de sus diferencias, los shiitas libaneses —identificados como en otros países con los sectores más pobres y marginados— lograron hacer fracasar la ocupación israelí y forzaron la retirada de las tropas enviadas por Washington y París además de mantener en jaque al gobierno cristiano de Gemayel poniendo en entredicho la supuesta hegemonía siria en el país. En la visión estratégica de Teherán, los shiitas libaneses juegan un papel fundamental en los planes de destrucción de Israel (siempre y cuando Khomeini logre que sus ejércitos lleguen siquiera a Basra).

Un efecto más importante que las victorias de los shiitas libaneses ha sido demostrar al resto del mundo árabe la fuerza del Islam como *ideologie movilizatrice*, ya que en tres años lograron lo que la OLP no ha logrado en 20: Israel se tuvo que retirar unilateralmente de un territorio ocupado sin garantías de seguridad siquiera. Para los grupos integristas que operan en el mundo árabe es de gran trascendencia saber que Irán no cuenta ya con el monopolio del integrismo triunfante. No sólo los conflictos sociales y políticos de la región se expresan cada vez más en términos religiosos sino que el mismo conflicto árabe-israelí tiende a traducirse en términos de guerra santa ya que el propio Israel es víctima de una fuerte tendencia fundamentalista judía.[103]

---

[101] *Ibid.*, p. 347.

[102] Muchas aldeas libanesas de población shiita han abrazado con fanatismo la figura de Khomeini y lo veneran como imam. Teherán, por su parte, imprime en sus estampillas postales las fotos de los mártires libaneses muertos en actos suicidas contra tropas israelíes, estadunidenses, o del gobierno de Gemayel. Véase R. Ramazani, "Iran: Burying...", *op. cit.*, p. 57.

[103] Curiosamente, uno de los efectos de la guerra Irán-Iraq ha sido precisamente provocar que el fundamentalismo islámico acabe por adoptar rasgos étnicos locales. Una investigación que reporta Shireen T. Hunter, realizada en 15 países musulmanes, ha mostrado que la influencia política e ideológica de Irán en los movimientos fundamentalistas es mínima e inexistente salvo en los casos de facciones importantes en Líbano, Iraq, Kuwait y Bahrain que, sin embargo, cuentan con la contraparte "nacionalista o autonomista". Al respecto véase el artículo de Ehud Sprinzak y Robin

Efecto último del conflicto Irán-Iraq para las ideologías que compiten en el Medio Oriente ha sido la contaminación mutua de los beligerantes, campeones cada cual de ideologías concebidas como antagónicas. De esta forma, el integrismo universalista de Khomeini se ha infectado de nacionalismo étnico y doctrinal shiita, mientras, el secularismo panarabista del Ba'ath se ha infectado de islamismo sunnita y de nacionalismo iraquí.

Los efectos de la guerra en Irán

Como parte final de esta tesis cabe analizar las repercusiones políticas y económicas que la guerra ha tenido sobre el régimen revolucionario hierocrático de Irán. Con mucho acierto el ministro de Relaciones Exteriores de Iraq, Tareq Aziz, señalaba los efectos perversos que seguramente tendría sobre Irán el hecho de haber brincado de la revolución al conflicto internacional sin poder consolidar logros en el interior del país. Sin embargo, no es fácil calcular los efectos distorsionadores que la guerra ha tenido sobre el régimen político y económico de la revolución, sobre todo porque, a diferencia de otras, la Revolución de Irán, como ya se señaló, tenía un carácter dual. No fue una revolución con fines puramente internos sino una revolución política e ideológica y con un carácter que se pretende universal así es que, para el régimen iraní, la guerra era parte inevitable de su proyecto. Lo que es cuestionable es el costo de la misma y sus alcances.

La Revolución de Irán se ha planteado como una revolución "abierta", lo que la diferencia del ensimismamiento de otras a nivel internacional en el momento de su consolidación. Ello ha impedido que se instaure un régimen monolítico y una economía pretendidamente autárquica. ¿Hasta qué punto esto ha sido efecto de la guerra y hasta qué punto ha sido efecto de la ideología islámica-shiita?, no es posible determinarlo. El hecho es que el régimen hierocrático con todas sus tendencias totalitarias guarda un cierto pluralismo que se refleja en el acendrado faccionalismo que permea todos los asuntos del Estado desde la conducción de la guerra hasta la planeación económica.

La conducción de la guerra

Como es de esperarse, el régimen iraní ha tratado de ocultar el intenso debate que existe en torno a la conducción de la guerra y que refle-

---

Wright, "A Holy War Could Worsen Confrontations in the Middle East", en *Los Angeles Times*, 26 de marzo de 1987.

ja el faccionalismo polarizado que divide a la hierocracia shiita en este asunto como en otros. En muchas ocasiones se ha mencionado la estructura antijerárquica del shiismo dada la absoluta "libertad de pensamiento" de los mujtahids. A pesar de que sus actuales funciones como élite gobernante le imponen a la hierocracia cierta disciplina burocrática, sin duda la figura carismática del imam Khomeini es un factor de cohesión muy importante lo mismo que la situación de crisis permanente debida a la guerra. Sin embargo, ni siquiera en esta cuestión Khomeini ha logrado crear un oasis de consenso y la lucha de las facciones ha alcanzado en este punto niveles realmente peligrosos por sus repercusiones internacionales al grado de hacer cuestionable el beneficio político doméstico de la continuación de la guerra.

En este apartado sólo mencionaremos tres casos de efectos políticos adversos de la guerra: las divisiones en el ejército, la lucha parlamentaria y una breve alusión al Irán-Gate que ya se trató en el capítulo anterior.

a) Las fuerzas armadas de Irán, como las de otros países de la región, están divididas como una extensión del faccionalismo del gobierno. A diferencia de otras revoluciones, Irán —debido sobre todo a la guerra— no pudo terminar el proceso de desmantelamiento del ejército heredado por el sha, el cual, como se recordará (véase el capítulo III) fue dominado por Bani Sadr. Paralelamente se formó el característico ejército popular: las Guardias Revolucionarias y el ejército juvenil de fanáticos, los basijs. Las Guardias Revolucionarias son la imagen refleja del ejército regular con sus fuerzas de agua, tierra y aire; sin embargo, cada cual tiene diferente tradición. El ejército regular, aunque purgado de sus cuadros dirigentes, es un ejército con entrenamiento occidental mientras el otro es improvisado. A lo largo del conflicto ha sido prácticamente imposible coordinarlos. El comandante del ejército, coronel Shirazi, y el de las Guardias Revolucionarias, Mohsen Rezaie, han peleado constantemente sobre las estrategias a seguir, teniendo el primero el respaldo del gobierno y el segundo el del Parlamento (lo que recuerda el enfrentamiento entre Beheshti y Bani Sadr con Khomeini mediando entre ellos). En este sentido es ilustrativa la siguiente exhortación de Khomeini:

> Ustedes deben entender que deben pensar no en términos de pertenecer al ejército o a los *pasdarán* o a los *basij*. Deben entender que si hay disputas entre ustedes estamos condenados aquí y ahora ante Dios.[104]

---

[104] Gary Sick, *op. cit.*, p. 109.

Tanto el ejército como los *pasdarán* tienen representación en el Consejo de Defensa Supremo, pero recientemente Shirazi fue depuesto. La falta de coordinación llevó a que en la más reciente "ofensiva final" de diciembre de 1986 se produjera el mayor número de bajas del lado iraní, en las filas de las Guardias Revolucionarias. (Puesto que los pasdarán y basij —con sus llaves de plástico para abrir las puertas del Paraíso— prefieren los ataques en masa buscando el martirio, son fáciles víctimas de las minas y del armamento iraquí).

b) El escándalo del Irán-Gate produjo una violenta sacudida tanto en la Casa Blanca como en Teherán. La facción moderada de Rafsanjani con una visión pragmática y con el aval de Khomeini consideró indispensable acercarse al Gran Satán para adquirir armas y repuestos —requeridos para cambiar el curso de la guerra— a cambio de rehenes estadunidenses en Líbano. Cuando la facción radical descubrió el asunto no se detuvo para contrariar al imam. El hijo del ayatollah Montazeri, para desgracia de su padre, intentó secuestrar a McFarlane en Teherán y más tarde filtró la noticia de su visita a un periódico libanés. El Hojjat al Islam Mussavi Koinha —líder de los estudiantes que tomaron la embajada— declaró: "Debemos mantener en este país condiciones tales que hagan a Estados Unidos perder toda esperanza [de reconciliación]."[105] Algunos radicales fueron a dar a la cárcel, incluido el equipo de Montazeri, y se desató una campaña de los moderados que acusaban a sus opositores de marxistas de clóset.

c) Sin embargo, el Irán-Gate fue sólo un reflejo del profundo debate que divide a la hierocracia y a la sociedad iraní. Lo que más preocupa a Khomeini —quien, en esta cuestión, ha asumido una responsabilidad directa— es que la legitimidad de la guerra se está erosionando por tres vías: *1)* a partir de 1982 es una guerra ofensiva que se está librando fuera de las fronteras contra un país musulmán; *2)* la absoluta ineficiencia de las fuerzas armadas de Irán que producen sólo víctimas y no victorias, y *3)* la creciente incapacidad del gobierno iraní de aislar a la población civil de los efectos de la guerra no sólo por el creciente número de víctimas sino por los graves daños económicos. Todo esto se traduce en una lenta pero significativa deslegitimación de la hierocracia y de su ideología islámica. El 10 de abril de 1985 estallaron demostraciones antigubernamentales en Teherán y otras ciudades. Fue la primera vez, desde la revolución, que ocurrirían este tipo de demostraciones masivas. Las protestas eran contra

---

[105] La única victoria sustantiva de los iraníes, la toma de Fao en febrero de 1986 (misma que acaban de perder) fue resultado de un cuidadoso pero excepcional esfuerzo de planeación y coordinación entre el Ejército y los *pasdarán*. Véase Shireen Hunter, *op. cit.*, p. 81.

la política económica y contra la guerra. El régimen tuvo que organizar contramovilizaciones masivas y desatar a los *hizbollahis* para amedrentar a la población.[106]

En gran medida estas protestas fueron organizadas por el único partido de oposición formal que subsiste, el Movimiento de Libertad Iraní bajo el liderazgo de Mehdí Bazargán (tolerado como reliquia simbólica del nacionalismo mossadeqista). Bazargán no ha dejado de denunciar en el foro del Parlamento el monopolio del poder en manos de la hierocracia y la violación de libertades individuales. A través de periódicos, cartas y libros ha criticado al régimen constantemente. En las elecciones parlamentarias de 1984 no participó como protesta por la falta de libertades. En febrero de 1985 sus oficinas fueron saqueadas por los *hizbollahis*. Mientras Khomeini insiste en derrocar a Saddam Hussain, Bazargán insiste en que, una vez expulsados los iraquíes de Irán, se debe negociar con ellos sobre la base de que Iraq es el agresor. Bazargán no está solo. Cuenta con el apoyo de la hierocracia ortodoxa que igualmente considera que la guerra sólo puede ser defensiva. El ayatollah Al-Ozma, Qumi Tabataba'i, públicamente condenó la guerra y negó la calidad de mártires a los jóvenes que iban al frente. Khomeini tuvo que justificarse diciendo que condenaba a los que dentro y fuera de Irán

> quieren que paguemos el costo [de legitimidad] de hacer la paz con Hussain... él no es un verdadero musulmán, trata de destruir a Irán y al Islam, ésta es una guerra defensiva. Cuando se hace indispensable uno debe levantar la espada y luchar contra los enemigos del Islam aun si se pretenden musulmanes.[107]

El movimiento de oposición, que aboga por una versión más relajada del Islam y más apolítica, ha ido absorbiendo en sus filas no sólo a los elementos de la clase media moderna que sigue constituyendo la base administrativa del Estado, sino también al bazaar y al clero tradicional, el cual en gran medida continúa con la línea de Shariatmadari. Khomeini comienza a perder credibilidad, si no legitimidad, y ello se refleja en el hecho de que la Organización de Seguridad Interna se elevó a rango de ministerio desde 1984 con Mussavi Koinha como procurador general. En 1985, luego de las demostraciones en

---

[106] En su libro *La Revolución en dos movimientos* —que ha vendido más de 100 000 ejemplares— Bazargán propone un régimen islámico atemperado dando prioridad a los derechos humanos y las libertades civiles. Bazargán descalificó las elecciones parlamentarias criticándolas como "traicioneras e ilegítimas". Véase Shaul Bakhash, *The Reign of the Ayatollahs*, Londres, Basic Books, 1986, p. 256.

[107] *Ibid.*, p. 258.

Teherán, sin dar explicaciones, Khomeini ordenó que se retirarán sus fotografías e imágenes de un gran número de lugares. Consciente de que el fanatismo exacerbado de los desposeídos no puede sostener indefinidamente la guerra declaró: "Tengo miedo de que, como Hitler, pasemos a la historia como gente que logró rápidas victorias seguidas por la derrota definitiva."[108]

La conducción de la economía

La gran pregunta sin resolver para la Revolución Islámica es cómo lograr la justicia social y económica. El Corán y la sunna tienen poco que decir respecto a lo que es la "economía islámica". Las interpretaciones a este respecto dadas por los *mujtahids* shiitas son escasas y confusas (véase el capítulo III) tomando en cuenta que los miembros del clero entrenados en el medio de la *madrasa* poco o nada tenían que ver con cuestiones de política económica y planeación si acaso con cuestiones de contabilidad para distribución de limosnas y mantenimiento de edificios. Por ello se ha dicho que los clérigos shiitas administran la economía de la república como la de una "parroquia rural". El Islam a la vez se pronuncia por la situación de igualdad de los hombres ante Dios como por la defensa de la propiedad privada. Sin embargo, los impuestos que fija el Islam como legítimos no permiten al Estado moderno pensar siquiera en una distribución del ingreso por esta vía.[109] (Dentro de la tradición shiita estos impuestos eran absorbidos por el clero pues el Estado monárquico era ilegítimo.) Dentro del ámbito de la política económica, las facciones son muy claras entre los que abogan por una orientación social de la economía y los que abogan por una orientación tradicional individualista.

Las acusaciones mutuas de la facción moderada —liberal— y la radical —socialista— de alineamiento con el pensamiento de los grandes sistemas de producción o simplemente con soviéticos y estadunidenses delata a la incapacidad de la ideología revolucionaria para crear, en el campo de la economía, una tercera vía. Ésta no siempre va más allá de una economía mixta improvisada y endeble sujeta a las presiones de una y otra facción por liberalizarla o socializarla y, por extensión, de privilegiar las relaciones comerciales con uno u otro bloque mundial. Al igual que otras revoluciones del Tercer Mundo,

---

[108] Amir Taheri, *op. cit.*, p. 299.
[109] Estos impuestos son el llamado *zakat*, limosna para los pobres; *kums*, una quinta parte del ingreso para los *sayyids* (los descendientes del Profeta); el *radd mazalim*, el costo de la "indulgencia" para que se le perdone a uno trabajar para el Estado —en ausencia del Imam— y el *sawm*, cuotas para que los *mujtahids* ayunen y hagan oraciones en favor de alguien. Éstos son los impuestos principales que operan dentro del shiismo. Véase Hanna Batatu, "Shi'i Organizations. . .", *op cit.*, p. 89.

la iraní encuentra como principal limitante a su ideología la incapacidad de crear una economía autárquica que le impida verse sujeta a las infiltraciones "capitalistas" y "comunistas" tratando de escapar de la transnacionalización de la economía mundial.

El artículo 44 de la Constitución dice que el sistema económico está integrado por tres sectores: gubernamental, cooperativo y privado, integrados mediante la planeación central. Sin embargo, se privilegia al sector público que está formado por "todas las principales industrias, fábricas, comercio exterior, minas, banca, seguros, energía, medios de comunicación", y, además, en el artículo 43 el Estado se hace responsable de satisfacer las necesidades básicas de la población: alimentación, vivienda, vestido, salud, educación y bienestar de la familia. Así pues, todo parecería indicar el proyecto de un capitalismo de Estado con una orientación social de Estado benefactor paternalista típico de economías "centralmente planificadas".

El sector cooperativo o social queda descrito en términos nebulosos: "El gobierno se compromete a apoyar este sector con créditos sin interés y evitando la creación de monopolios." Por lo que toca al sector privado parece una parte meramente residual: "Consta de aquellas porciones de la agricultura, industria, comercio y servicios que suplementan las actividades del gobierno y del sector cooperativo."[110] La Constitución prohíbe los monopolios, pero en su artículo 47 dice: "La propiedad personal obtenida por medios legítimos será respetada." Desde luego se plantea la pregunta: ¿hasta qué punto se permite la acumulación de riqueza y cuáles son los medios legítimos?

Aunque a primera vista la Constitución podría aparecer demasiado radical sólo refleja la estructura económica real de Irán. El Estado rentista de los Pahlevi había sido el que "artificialmente" había propiciado la creación de una burguesía capitalista industrial altamente protegida, muy pequeña y con una alta concentración de ingreso, estableciendo para ella una infraestructura y supliéndola en una serie de áreas que requerían grandes inversiones o que implicaban un alto riesgo. La burguesía tradicional, como la de otras sociedades musulmanas, es una burguesía esencialmente comercial con una capacidad financiera incipiente. Evidentemente, puesto que la burguesía moderna estaba identificada por completo con los intereses extranjeros y con el sha fue destruida por los revolucionarios, quedando, como sector privado propiamente, el bazaar, cuya actividad comercial no podía menos que ser protegida por el nuevo régimen hierocrático dados los nexos históricos, culturales, ideológicos, financieros e incluso sanguíneos que los atan. No obstante, el clero también se comprometió con un sector de la sociedad nuevo en la escena política: los desposeí-

---

[110] Hussein Bashiriyeh, *op. cit.*, p. 126.

dos por lo que las presiones en favor de una política populista o francamente socialista son muy grandes. El compromiso doble de la hierocracia con estos sectores llega a hacerse contradictorio y ello se refleja en las luchas de las facciones.

El desempeño de la agricultura

Khomeni había prometido que restauraría la "salud agrícola" dañada, según él, desde la Revolución Blanca (véase el capítulo I). El régimen declaró el Yijad contra el atraso agrícola. Se creó así la Yijad Sazandeghi (Guerra Santa para la Reconstrucción) que debía resolver el problema del campo dotándolo de la infraestructura necesaria. Sin embargo, los mayores reclamos en el campo eran en favor de continuar la reforma agraria que el sha sólo había dejado a medias y a la cual el clero se oponía. Tras seis años de debates en el Parlamento, la máxima concesión que hizo el clero fue la repartición de 63 000 hectáreas que habían permanecido en disputa desde el triunfo de la revolución, beneficiando a unas 100 000 familias, afectando a 5 300 propietarios.[111] El reparto de tierra respondió sobre todo a un intento desesperado por resolver la eterna crisis de producción. Las estadísticas dispersas que se tienen sobre la nueva república sugieren que la agricultura no ha tenido un desempeño mejor que bajo el antiguo régimen. La producción de trigo de 1983 fue de 6 000 000 de toneladas. Pero este era el nivel de 1976, sin mencionar que la demanda fue de 9 000 000 de toneladas. La producción de arroz, en 1983, fue de 1.3 millones de toneladas, cifra inferior al promedio de producción entre 1973 y 1977 y con una demanda mucho mayor. (El consumo de cereales importados pasó de 25 a 35% del total.) La producción de carne cayó dramáticamente a 450 000 toneladas, comparada con 700 000 que se producían antes de la revolución.[112] La explicación de este fenómeno es que la guerra causó graves daños en la producción si se recuerda que Iraq invadió una extensa zona en el suroeste de Irán y provocó éxodos masivos de población rural. Otro factor estructural es el de precios de garantía muy bajos que sólo subsidian a la ciudad

---

[111] El principal argumento del Consejo de Guardianes para resistir estas expropiaciones fue que se afectaba el sagrado derecho de propiedad privada. En 1984 se creó el Ministerio de la Cruzada para la Reconstrucción. Desde 1979 opera también en el campo el Comité para el Auxilio que cuenta con 530 ramales en 40 000 aldeas y provee asistencia social a 1.1 millones de familias mientras la cruzada se encarga de llevar educación e infraestructura. Véase Shaul Bhakash, *op cit.*, p. 263.

[112] Wolfgang Lautenshlager (ed.), "The Effects of an Overvalued Exchange Rate on the Iranian Economy", en *International Journal of Middle Eastern Studies*, vol. 18, núm. 1, 1986, p. 47.

frente al campo, o de subsidios a las importaciones de alimentos. En 1983 se importaron cuatro billones de dólares en alimentos.

Ante la continua merma en los ingresos de los pequeños agricultores, el gobierno ha estimulado a estos últimos a que transporten su propia producción a las ciudades para venderla eliminando el papel de intermediario del bazaar. Un síntoma evidente de la ruina de los agricultores es la emigración de campesinos a las ciudades. Teherán alcanza ya 10 000 000 de habitantes, casi la cuarta parte de la población total del país, mientras que en 1976 su población era de 4.5 millones. Se estima que a partir de la revolución cada año ha ingresado medio millón de habitantes.[113]

La industria: las nacionalizaciones

Como en la agricultura, la política gubernamental ha sido la de buscar la autosuficiencia estimulando la producción a pequeña escala. La gran mayoría de los proyectos faraónicos del sha fueron abandonados o reducidos en escala salvo aquellos considerados estratégicos como la industria del acero, petroquímica, cobre y electricidad. Si bien el gobierno pretendía destacar el desarrollo rural mediante la creación de polos de desarrollo industrial en las provincias, esto no ha sido posible. Además, a diferencia del campo, las industrias fueron severamente afectadas por las nacionalizaciones y este sector ha quedado prácticamente en manos del Estado que no tiene recursos para echarlo a andar.

Como es lógico suponer, la actividad industrial se vio paralizada en los años revolucionarios de 1978 y 1979; de hecho, la producción en este sector ha venido cayendo de 20% a 30% por año desde 1979.[114]

Tras la destrucción de la pequeña élite que constituía el sector financiero e industrial, el régimen hierocrático asumió el control. El 8 de junio de 1979 fueron nacionalizados los 27 bancos privados que existían, 13 de los cuales tenían capital extranjero. El director de la Organización de Planeación y Presupuesto justificó la medida por la inminente quiebra de los bancos, para detener la fuga de capitales

[113] A pesar de que la República Islámica proclama que ha aumentado los precios de garantía frente a los del Imperio, la verdad es que la inflación y el valor declinante del rial frente al dólar han reducido los ingresos del medio rural. Por ejemplo, el precio de garantía del trigo en 1984 fue de 51 000 rials por tonelada, seis veces el valor nominal prerrevolucionario; sin embargo, en términos reales es apenas el precio de 1978. Véase Anthony Hyman, "How Iran's Economy Keeps Going", en *Middle East International*, núm. 259 (septiembre de 1985), p. 15.

[114] Hussein Razavi, y Firouz Vakil, *The Political Environment of Economic Planning in Iran: 1971-1983*, Boulder, Westview Press, 1984, p. 108.

y para imponer "normas islámicas" en el crédito (véase el capítulo III). El 14 de junio, el Consejo Revolucionario aprobó otra ley llamada de nombramiento de administradores de empresas que permitía al gobierno nombrar administradores para las empresas acéfalas, aunque en muchos casos los obreros ya se habían adelantado creando sus propios consejos de administración. Finalmente, el 5 de julio, el Consejo aprobó la medida más importante: la "Ley para la protección y expansión de la industria iraní" que permitía nacionalizaciones en tres categorías: *a)* industria pesada, incluyendo la metalmecánica, química, astilleros y minería; *b)* industrias donde figuraran "accionistas corruptos" ligados al antiguo régimen, y *c)* industrias con serias dificultades económicas. Hasta 1982 continuaron las nacionalizaciones con lo que el régimen de terror acabó purgando a los elementos "corruptos, liberales occidentalizados" herencia del antiguo régimen. La Fundación Pahlevi fue transformada en la Fundación para los Desheredados que se encargó de llevar a cabo las nacionalizaciones persiguiendo a "todos aquellos que adquirieron riqueza a través de sus relaciones con esa familia [con los Pahlevi]".[115] Tras el decreto de diciembre de 1982 de Khomeini (véase el capítulo III) con el que se inicia el termidor, vino un proceso de revisión en el que se descubrió que muchas de las empresas eran muy costosas debido al monto de sus deudas. Al final de la ola de nacionalizaciones se creó la Organización Iraní de Industrias Nacionales que contó con 550 empresas, aproximadamente, y cerca de 150 000 trabajadores, además de 91 agroindustrias con 40 000 trabajadores. (La Fundación para los Desheredados quedó dueña de varios inmuebles de oficinas y departamentos que repartía entre los mustazafín.)[116] El Ministerio de Comercio quedó dueño de 17 de las principales firmas comerciales dedicadas a la importación de bienes y al almacenaje. En total, 85% de las industrias está en manos del Estado y la burocracia prácticamente se duplicó de 1978 a 1984.[117]

El gobierno ha creado una política proteccionista para estimular a la producción industrial doméstica, sobre todo a la pequeña y mediana industrias, con lo cual la producción en este sector creció 15% en 1982. Sin embargo, debido a la escasez de productos, su mala cali-

---

[115] Shaul Bakhash, *op. cit.*, p. 181
[116] La Fundación de los Mustazafín fue creada en 1979. La fortuna de los Pahlevi representaba una quinta parte del total de los bienes privados de Irán. A esta fundación se sumaron las fortunas de los grandes empresarios Elqanian, Wahabzadeh, Sadet y Yazdani. La fundación posee cerca de 300 empresas y es administrada por Khomeini. En 1984 se lanzó el proyecto de construir 50 000 casas para los desposeídos. Véase Dilip Hiro, *Iran under...op. cit.*, p. 253.
[117] Anthony Hyman, *op. cit.*, p. 15.

dad y el tipo de cambio que se mantiene artificialmente alto se ha favorecido un enorme mercado negro.

Por lo que respecta a la industria pequeña y tradicional, la OIT estimaba en 1986 que los establecimientos que empleaban menos de 10 personas en Irán absorbían 80% de la fuerza de trabajo industrial. La mayor parte de estas actividades se desarrollaban en el llamado sector tradicional artesanal dedicado principalmente a la fabricación de alfombras en aldeas y bazaares y al procesamiento de frutas secas y conservas. El empleo en este sector pasó de 5.5 millones, en 1976, a 5 000 000 en 1983, mientras que las industrias modernas apenas proveen 500 000 empleos. El resto de los empleos urbanos está en el sector servicios. La considerable proliferación de vendedores ambulantes o callejeros sugiere que la pequeña industria y la construcción han sido seriamente afectadas o que ni siquiera han crecido.[118]

El problema de la distribución del ingreso

En 1986 el régimen iraní publicó cifras alarmantes sobre la distribución del ingreso las cuales indican que éste, con respecto al antiguo régimen, prácticamente no se ha modificado.[119] El 20% de la población recibe 50% del ingreso; en Estados Unidos recibe 39.9; en Gran Bretaña, 39.7, y en Egipto 48.7. El periodo posrevolucionario ha sido de considerable desempleo.[120] (En Irán 41% de la población es menor de 26 años. A pesar de la guerra, el desempleo en 1936 es de 3.9 por ciento.)[121]

El debate continuo entre las facciones del clero ha hecho todo menos resolver el problema. Entre los que se presentan como la facción moderada que defiende al bazar se encuentra como líder informal al sucesor aparente de Khomeini, el ayatollah Montazeri; el líder de la facción radical que pugna por estatizar la economía es el premier Mussavi, junto con la burocracia gubernamental. En medio de ellos, a la izquierda del centro, se encontraría Rafsanjani quien supuestamente sigue la línea del imam. En la posición más conservadora se encuentra el Consejo de Guardianes que se ha opuesto a las medidas que afectan la propiedad privada desde el reparto de tierras hasta la nacionalización del comercio exterior. Khomeini ha intervenido en diversas ocasiones mediando entre las diferentes posturas unas veces

---

[118] W. Lautenshlager, *op. cit.*, pp. 45-46.

[119] El salario para los trabajadores era de 35 000 rials o 350 dólares al tipo oficial (1985) pero en términos reales, era la mitad. Véase Anthony Hyman, *op. cit.*, p. 16.

[120] *Contextos*, núm. 83 (octubre de 1987), p. 8.

[121] Shireen Hunter, *op. cit.*, p. 83.

respaldando a Rafsanjani, otras a Mussavi, otras al Consejo de Guardianes y en otras al bazaar. En este contexto, es significativa la declaración que hizo el imam frente a los continuos ataques del gobierno a los bazaaris: "Si ustedes lo permiten, el capital que han retenido [los bazaaris] volverá a circular en los bancos y la gente encontrará apoyo a sus actividades, se sentirán seguros y se darán cuenta de que la República Islámica apoya las actividades [privadas] de la gente."[122]

La siguiente declaración del premier Mussavi contrasta claramente con el tono conciliador de la anterior hecha por el imam. Además, ilustra perfectamente la esencia de la pugna entre las facciones de "derecha" e "izquierda" que enfrenta al clero consigo mismo y delata sus compromisos cada vez más contradictorios con los bazaaris y con los desposeídos o mustazafín:

> Se dice que el uso de cooperativas de consumo lleva a la abolición de los métodos tradicionales de distribución [el bazaar]. . . ¿Pero acaso han desaparecido los gremios de comerciantes [por las medidas del gobierno]. . .? Cuando se trata de apoyar a los desposeídos esta gente [los bazaaris] dice que se toman medidas de izquierda y que el sector privado está amenazado, que el bazaar está amenazado. . .[123]

Aunque el patrón de distribución del ingreso se mantiene igual, ha habido un cambio de beneficiarios en favor de los bazaaris. El Consejo de Guardianes ha sido particularmente activo en la defensa de sus intereses vetando los intentos por nacionalizar el comercio exterior o los intentos por imponer una regulación estatal al comercio doméstico y la distribución de bienes. No obstante, el nuevo majlis electo en 1984 ha resultado más radical y logró que se aprobara un reglamento derivado del artículo 49 constitucional, según el cual se permite confiscar toda la riqueza obtenida por medios contrarios al Islam. La ley queda en términos tan ambiguos que promete una nueva ola de confiscaciones dirigida especialmente contra supuestos miembros del *anciene régime* "que tenían participación en empresas de capitales británicos, americanos e israelíes", pero también constituye una amenaza latente al bazaar.

En efecto, el bazaar ha sido hasta ahora —como burguesía comercial— el más beneficiado de la situación económica que vive Irán. Ha lucrado a través de la distribución de bienes escasos y de la importación de los mismos con un tipo de cambio sobrevaluado. La justificación oficial de la sobrevaluación es que esto permite abaratar la importación de insumos con un amplio esquema de aranceles. Sin

---

[122] Shaul Bakhash, *op. cit.*, p. 262.
[123] Dilip Hiro, *Iran under...op. cit.*, p. 246.

embargo, el efecto real es adverso. Los excesivos controles burocráticos, lo costoso de los productos sustituidos y la incapacidad de satisfacer la demanda interna provocan el contrabando. La ganancia no es para los productores locales que no llegan a establecer una sana correlación costo-beneficio, sino para los comerciantes que operan en el mercado negro o adquieren licencias para importación.

Antes de la revolución no había un mercado negro de divisas puesto que no había restricciones. Sin embargo, ante la situación de escasez de divisas debida a la guerra y a las importaciones masivas el gobierno islámico se rehusó a devaluar. El valor real del rial pasó a 150 unidades por dólar en 1981, 250 en 1982, y 550 en 1984.[124] Ante la fuga de capitales, el gobierno tuvo que poner un impuesto del 100% sobre la compra de divisas. Además, dada la insuficiente producción interna y la escasez de bienes importados y de divisas, se ha limitado la oferta de bienes por tres vías: a) se racionan los bienes básicos, especialmente alimentos; b) se hacen loterías para la adquisición de bienes duraderos, y c) el comercio privado aumenta sus precios. La brecha entre las ganancias del Estado, a través de sus centros de distribución y de sus industrias, y las del comercio privado es enorme.[125] En 1984 el procurador Tabrizi estimaba que los bazaaris habían tenido ganancias por 100 billones de rials desde la revolución y denunciaba la corrupción de funcionarios gubernamentales que vendían licencias para importación a los bazaaris.[126] En cambio, dentro de la lógica del clero más conservador, un sector comercial próspero significa mejores donaciones al clero para sus obras "caritativas".

Como se pude apreciar, los bazaaris se han aprovechado de una política económica estatal de dudosa efectividad, pero se mantienen en una situación de inseguridad ante los embates y críticas de los radicales. Ha habido campañas antilucrativas del tipo de las que lanzara el sha y la amenaza de nacionalizar el comercio. Esta propuesta es interpretada de diversas formas: para unos quiere decir que el gobierno usará racionalmente sus divisas con un control de importaciones estricto por medio de licencias y un control de cambios regido por un presupuesto anual fijo de divisas disponibles. Este sistema es muy similar al que implantara Reza Sha en 1931 cuando estableció el Acta de Monopolio Estatal del Comercio Exterior. Otros van más lejos y consideran que, además, el gobierno debe controlar la distribución

[124] De 1976 a 1980 el valor del rial se mantuvo entre 70 y 71 unidades por dólar. En 1980, aduciendo razones ideológicas se fijó el valor del rial respecto a los DEG del FMI pasando a 93 unidades por dólar. Véase W. Lautenshlager, *op. cit.*, p. 41.

[125] Según estimaciones del Banco Central el gobierno importó en 1983 mercancías por valor de nueve billones de dólares; y el sector privado importó cuatro billones de dólares en ese año. *Ibid.*, p. 42.

[126] *Ibid.*

interna de los bienes a través de cooperativas o centros estatales eliminando totalmente al comerciante. (Sorprendentemente hay quienes argumentan que el Islam —fundado por un comerciante en un medio comercial— no asigna papel alguno al intermediario.)[127]

En agosto de 1984 cuando se suscitó el debate sobre esta cuestión Khomeini intervino:

> Si el bazaar es incapaz de hacer algo entonces el gobierno debe asumir la responsabilidad... pero si el bazaar es capaz entonces no hay que impedírselo; esto sería contrario a la *sharia*. La gente no debe ser privada de su libertad. Por ejemplo, en la importación de bienes la gente debe comprar lo que desee, el gobierno debe sólo vigilar que tales bienes no sean contrarios a la *sharia*.[128]

El sector externo

Se pueden anotar tres datos sobresalientes en la balanza comercial de Irán a raíz de la revolución. En primer lugar, al igual que ha ocurrido con la agricultura, se observa una tendencia negativa a las exportaciones y positiva en importaciones, con un predominio absoluto del petróleo como fuente de divisas. Dada la situación de guerra, Khomeini no ha podido cumplir su promesa de romper la dependencia del petróleo. Ante esta alarmante situación el presidente Khamenei anunció, en agosto de 1985, la creación de una comisión gubernamental para estudiar la promoción de exportaciones no petroleras. Sin embargo, el ministro de Industria Pesada ha expresado que en términos realistas se requeriría de un plan de 20 años para lograr una diversificación como la que se desea.[129] Entre tanto, el petróleo es la principal fuente de financiamiento para las importaciones y para la guerra. Entre 1973 y 1983 el Banco Mundial reporta que Irán mostró una tasa positiva promedio en sus importaciones de 3.5%, señal de un deterioro continuo en los términos de intercambio. De manera significativa la exportación de mercancías se ha concentrado en las economías industriales, las cuales reciben 66% de las exportaciones iraníes, cifra que se mantiene sin cambios desde 1965. El resto de las exportaciones va, al Tercer Mundo 28%, y 6% a países socialistas.[130] Se observa, en el renglón de las importaciones, un cambio drástico respecto a Estados Unidos. En 1983, 70% de las importaciones iraníes procedieron de Japón, Europa Occidental y Canadá, y 10% de los países socialistas con un 20% restante que procedió de sus nuevos

---

[127] *Ibid.*, p. 4.
[128] *Ibid.*
[129] Anthony Hyman, *op. cit.*, p. 14.
[130] Akhavi Sharough, *op. cit.*, p. 9.

socios regionales, principalmente Turquía y Paquistán.[131] En enero de 1985 fue restaurado el Consejo Regional de Desarrollo que incluye a Irán, Turquía y Paquistán y que fuera creado originalmente por el sha. Ante la escasez de divisas, Irán ha acudido a mecanismos de trueque con sus principales socios: Japón, Turquía y Paquistán. El trueque ha llevado a situaciones anómalas como tener una balanza comercial favorable con Japón; por otro lado, Turquía ha aumentado 10 veces su comercio con Irán desde 1980.[132]

Sin embargo, el régimen tomó la sabia precaución de no acudir al mecanismo del endeudamiento. En 1978 la deuda externa era de 15 billones de dólares y en 1983 se redujo a 1.1 billones (aunque su deuda actual de guerra asciende a aproximadamente 50 000 millones de dólares en créditos). El costo de la guerra se calcula en tres billones anuales a lo cual hay que sumar la importación de bienes no militares. En 1983 las reservas de oro del país eran de casi seis billones de dólares[133] (sin considerar que ése fue el último año del *boom* petrolero).

Se estima en más de 150 billones de dólares los daños de la guerra (dato de 1986). En 1983 el presupuesto nominal para la guerra fue de siete billones de dólares o 15% del presupuesto nacional, pero si se consideran los gastos relacionados, el sostenimiento de los *basijs*, el pago de pensiones y compensaciones a los veteranos y sus familiares, los gastos pueden representar 30% del presupuesto total de 45 billones.[134]

Los ingresos del gobierno

Con una agricultura deficiente, una industria muy débil con grandes requerimientos de importaciones, una monodependencia virtual de las exportaciones petroleras y un mercado de precios deprimido, aislado diplomáticamente y manteniendo una guerra sumamente costosa es sorprendente que el gobierno iraní se haya sostenido. En términos reales, los ingresos petroleros están por debajo de los niveles prerrevolucionarios y han continuado deteriorándose a partir de 1983 debido a los ataques iraquíes y a la caída en los precios. El gobierno tiene tres formas de ajustar su gasto: *a)* reduciéndolo, *b)* endeundándose y *c)* aumentando impuestos. Básicamente, el financiamiento del déficit ha sido a través de la deuda interna. En 1982 el déficit fue de 3 400 billones de rials de los que 2 800 fueron financiados por la Banca. Hubo, además, una emisión primaria de dinero con la consiguiente inflación que promedió 22%. Sin embargo, el ajuste mayor a largo

---

[131] R. Ramazani, "Iran: Burying. . .", *op. cit.*, p. 63.
[132] Anthony Hyman, *op. cit.*, p. 14.
[133] Akhavi Sharough, *Ibid.*
[134] Dilip Hiro, *Iran under. . .*, *op. cit.*, p. 239.

plazo ha sido a través del recorte al presupuesto. El gasto gubernamental pasó de ser el 47% del PNB, en 1979, a 34 en 1981 (ello equivaldría a una reducción del gasto gubernamental estadunidense de 450 billones de dólares). Por sorprendente que parezca, parte de la reducción se operó en el sector militar que pasó a representar 27% del PNB, en 1978, a 15 en 1982. La reducción se explica por un recorte en el gasto prebendatario que tenía que hacer el sha para mantener la lealtad de sus oficiales, por la aparición de un ejército popular y por la dificultad de comprar equipo militar en Occidente.[135] Sin embargo, también han sido afectados los proyectos de desarrollo sin que el gobierno haya podido realmente asumir el papel de Estado benefactor que se pretendía en la Constitución si no es gastando buena parte del presupuesto en atender a las víctimas de guerra.

A diferencia de la revolución ba'athista, la islámica no prometió mejorar los niveles materiales de vida de los iraníes. Prometió defender a los bazaaris de la amenaza capitalista representada por la Banca comercial y los supermercados del sha, y lo hizo al estatizar dicho sector y ponerlo bajo control; a los desposeídos les prometió defender los valores islámicos y dar un sentido trascendente a sus vidas, y lo hizo dándoles la oportunidad del martirio en la guerra santa que libra Irán en nombre del Imam oculto.

---

[135] W. Lautenschlager, *op. cit.*, p. 34.

ANEXOS

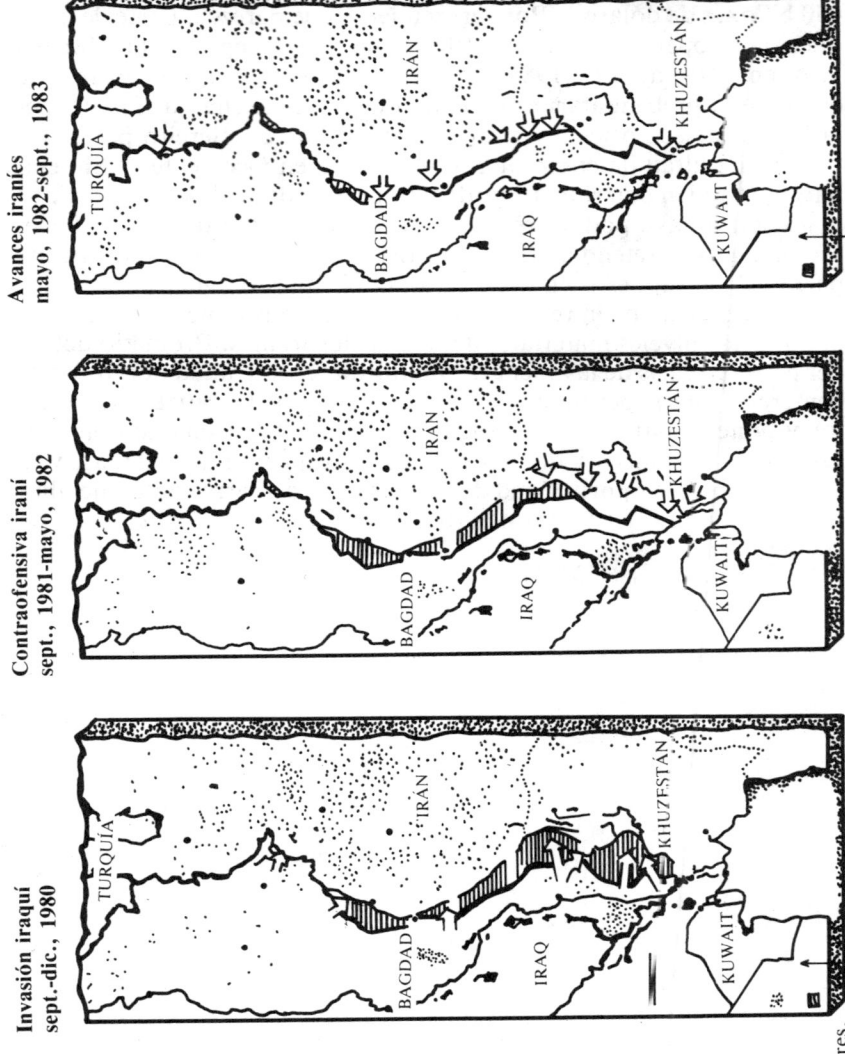

Invasión iraquí
sept.-dic., 1980

Contraofensiva iraní
sept., 1981-mayo, 1982

Avances iraníes
mayo, 1982-sept., 1983

Territorio ocupado por Iraq

Territorio ocupado por Irán

Fuente:
The Times, Londres.

La guerra de los petroleros en el golfo

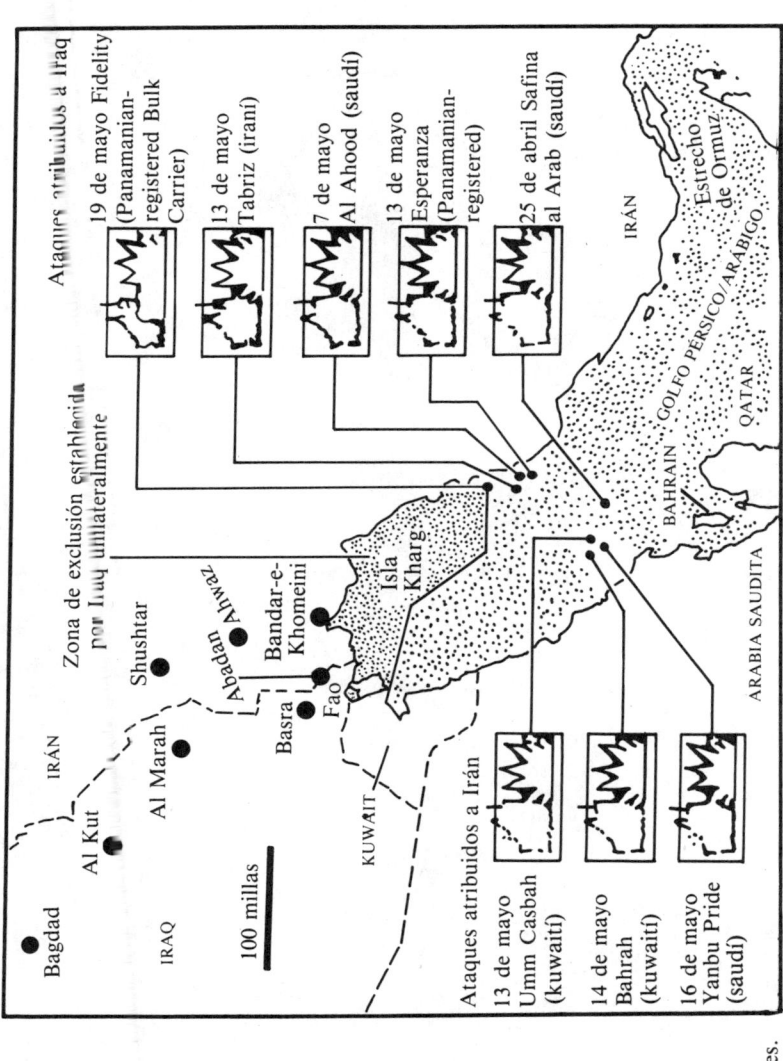

Ataques atribuidos a Iraq

- 19 de mayo Fidelity (Panamanian-registered Bulk Carrier)
- 13 de mayo Tabriz (iraní)
- 7 de mayo Al Ahood (saudí)
- 13 de mayo Esperanza (Panamanian-registered)
- 25 de abril Safina al Arab (saudí)

Zona de exclusión establecida por Iraq unilateralmente

Bagdad
Al Kut
Al Marah
IRAQ
Shushtar
Abadan Ahwaz
Basra
Fao
Bandar-e-Khomeini
Isla Kharg
IRÁN
KUWAIT
ARABIA SAUDITA
BAHRAIN
QATAR
GOLFO PÉRSICO/ARÁBIGO
Estrecho de Ormuz
IRÁN

100 millas

Ataques atribuidos a Irán

- 13 de mayo Umm Casbah (kuwaití)
- 14 de mayo Bahrah (kuwaití)
- 16 de mayo Yanbu Pride (saudí)

Fuente: *The Times*, Londres.

POST SCRIPTUM

La herencia del ayatollah Khomeini a Irán

Con la aceptación por parte de Irán de la Resolución 598 del Consejo de Seguridad de las Naciones Unidas —que puso fin a la guerra con Iraq— y con la reciente muerte del ayatollah Khomeini (3 de junio de 1989) casi un año después, se cierra la primera etapa de la Revolución Islámica clerical de Irán.

Pocas horas después del fallecimiento del imam, Irán conoció el contenido de las 30 páginas que conforman su ya célebre *Testamento*. En él, Khomeini aconseja a sus "hijos huérfanos", evitar la importación de bienes de consumo no indispensables, avanzar hacia una economía lo más autárquica posible, destruir a los "hipócritas" opositores al régimen islámico, desconfiar de los soviéticos —el Pequeño Satán— y seguir odiando al Gran Satán —Estados Unidos—, así como a las "criminales y corruptas" monarquías seudoislámicas del Golfo. Mención especial en el documento merecen los "detestables" regímenes de Iraq y de Israel.

Pero, además de estos "sabios" consejos, ¿qué es lo que el ayatollah le hereda a Irán?

Khomeini deja a los iraníes un sistema político totalmente nuevo que ha remplazado al modelo militar dictatorial de la monarquía Pahlevi. Les deja, también, un nuevo proyecto de modelo económico de desarrollo y una difícil tarea de reconstrucción nacional, así como de reconstrucción de las relaciones exteriores del país tras la devastadora "guerra santa" de ocho años contra Iraq.

El sistema político heredado por Khomeini

El ayatollah Khomeini rechazó los modelos políticos e ideológicos de Occidente: repudió el nacionalismo por considerarlo causa fundamental de la fragmentación y corrupción de la gran comunidad musulmana o *umma*; rechazó el comunismo por considerarlo un "campo de concentración social ateo"; rechazó el capitalismo por considerarlo un "burdel a escala mundial". En suma, el khomeinismo se planteó como una tercera vía en la que el Islam, el Islam shiita, ofrecía todas las respuestas. En esencia, Khomeini convirtió al Islam en una ideología de lucha que permitió crear un nuevo Estado sobre las bases de una revolución antimonárquica y antioccidental. ¿Pero qué ofrecieron Khomeini y sus seguidores a los iraníes en lugar de las instituciones políticas dictatoriales de los Pahlevi?

En la práctica, el clero revolucionario tuvo que optar por crear un sistema dual en el que se mezclaron instituciones tradicionales islámicas e instituciones republicanas de corte occidental que habían sido introducidas a Irán desde la revolución liberal de 1906.

Este dualismo se plasmó en el concepto mismo de República Islámica y de régimen hierocrático-parlamentario con el que he descrito el actual gobierno clerical iraní.

En la República Islámica se dio la división clásica occidental de poderes —Ejecutivo, Legislativo y Judicial— pero la Constitución se basó en las disposiciones coránicas y la representación quedó prácticamente monopolizada por el clero shiita. De hecho, los iraníes adquirieron un doble *status*: a la vez ciudadanos de una República con derecho a votar y ser votados, y también súbditos de Dios y su ley.

A los clérigos khomeinistas les preocupó crear un sistema de pesos y balanzas que impidiera el ejercicio dictatorial del poder. Para ello, el ejecutivo fue dividido en cuatro cargos: el faquí, representante de la autoridad divina y líder espiritual máximo (cargo que recayó en el ayatollah Khomeini); el presidente, electo por el pueblo cada cuatro años; el primer ministro, e incluso el vocero del Parlamento (cargo que ocupó Rafsanjani).

El poder legislativo quedó dividido entre la Asamblea de Representantes o *Majlis* (con 270 diputados) y el Consejo de Guardianes (12 miembros) que equivaldría a una especie de senado. El *Majlis* legisla en cuestiones mundanas mientras el Consejo de Guardianes revisa la islamicidad de las leyes y tiene poder de veto.

El poder judicial quedó depositado en el Supremo Consejo Judicial, en el faquí, y en el Consejo de Expertos (que fue el que formalmente elaboró la Constitución de 1979).

Sin duda, puede decirse que el sistema político heredado por Khomeini a Irán es moderno en el sentido de que es ampliamente participativo y, si bien no existen partidos políticos, sí hay pluralismo. Esta paradoja aparente se explica por el hecho de que, como ya se señaló, el clero shiita monopoliza la representación de los ciudadanos pero éste no actúa como institución monolítica. Por el contrario, tiene una arraigada tradición de descentralización; aun Khomeini —en su calidad de máxima autoridad— se vio imposibilitado para disciplinarlo en diversos momentos críticos.

De hecho, el clero se dividió en dos facciones principales que han actuado como dos grandes partidos: los moderados dirigidos por el antes vocero del Parlamento, Rafsanjani, y los radicales dirigidos por el antes presidente de la República, Khamenei.

El modelo económico de Khomeini

En los planos económico y social puede decirse que la revolución clerical fue hecha para conservar y proteger a los sectores más tradicionales y "atrasados" de la sociedad iraní: el clero mismo, el bazaar o burguesía comercial y los desposeídos (campesinos, desplazados por la reforma agraria de los Pahlevi de 1963). Estos sectores se aliaron para hacer la revolución y para destruir a la pequeña élite capitalista-industrial ligada a los grandes capitales occidentales y que estaba encabezada por el propio sha y su familia. Eventualmente, la mejor garantía de seguridad que los grupos revolucionarios encontraron fue la estatización de las grandes industrias del sector capitalista avanzado. Sin embargo, en el largo plazo, dicha estatización masiva ha resultado muy ineficiente y el gobierno islámico enfrenta presiones crecientes para la reprivatización sobre todo con miras a lograr la reconstrucción del país.

Las perspectivas de la República Islámica

El ayatollah Khomeini se mantuvo en el poder durante una década contraviniendo todos los pronósticos, incluido el suyo propio. Su presencia fue un factor clave para la consolidación de la República Islámica a pesar de la guerra con Iraq. Pero su precaria salud fue también un factor de inestabilidad que alentó la lucha faccionalista del clero por el poder.

Desde mi punto de vista, la forma en que se operó la reciente transición en Irán no hizo sino poner en evidencia cuál fue el balance final de esta lucha. Todo parece indicar que hubo un acuerdo entre las dos facciones, entre el "hombre fuerte de Irán", Rafsanjani, y el líder de los radicales, Alí Khamenei. De esta alianza táctica surgió un triunvirato: Hujjat al Islam Rafsanjani quedó como presidente de la República, Hujjat al Islam, Alí Khamenei ocupó el cargo de faquí dejado por Khomeini y el hijo de éste, Ahmed Khomeini, quedó como *wasi* o albacea del Testamento Político de su padre.

El 17 de agosto de 1989 Rafsanjani, candidato único a la presidencia y triunfador en las elecciones presidenciales, tomó posesión de su cargo. Uno de sus primeros actos de gobierno fue eliminar a los líderes radicales de su régimen entre los que se contaban el ministro del Interior, Alí Mohtashemi, el de Economía, Jamad Irvani y el de Inteligencia, Rayshieri.

Los triunviros

Desde 1985, Rafsanjani se perfilaba ya como el "hombre fuerte de

Irán". Logró la confianza de Khomeini para que se le nombrara comandante en jefe de las fuerzas armadas en la guerra con Iraq. Obtuvo su apoyo en las negociaciones de armas con Estados Unidos que condujeron al escándalo del Irán-Gate. Por si fuera poco, influyó en el ayatollah para la disolución del PRI y, finalmente, convenció al imam de detener la guerra con su vecino. Khomeini reconoció posteriormente que haber aceptado la Resolución 598 de Naciones Unidas había sido como "tomar un vaso de veneno puro".

Ahmed Khomeini estuvo al frente de la oficina personal de su padre desde 1979. Pocos meses antes de que muriera Khomeini, se le ascendió, dentro de la jerarquía clerical, al rango de *hujjat al Islam*, lo cual dio lugar a especulaciones acerca de si sería el sucesor del imam. Al respecto, hay que señalar que tal posibilidad estaba descartada. En efecto, el ayatollah siempre se opuso a que los miembros de su familia cercana ocuparan cargos públicos y mucho menos hubiera permitido que se diera algo similar a una sucesión dinástica. No obstante, Ahmed Khomeini tiene un poder *de facto* como árbitro en la política iraní y es el fiel de la balanza en la "banda de los tres" que gobierna hoy a Irán.

En cuanto al tercer triunviro, Alí Khamenei, hay que destacar que sin duda ocupa el cargo que formalmente concentra más prestigio y poder, el cargo de faquí que dejara Khomeini. Sin embargo, tal y como lo reconoció el propio Khamenei, está muy lejos de tener la autoridad del extinto ayatollah.

Por lo mismo, ha mantenido un bajo perfil de actividad hasta el momento. Ello no obsta para decir que la alianza táctica que mantiene con Rafsanjani es bastante frágil. Están en juego decisiones fundamentales para el futuro de la República como lo son: abrir la economía al capital extranjero, privatizar empresas y, sobre todo, restablecer vínculos con Occidente. Rafsanjani tendrá que gobernar con un Parlamento compuesto principalmente por radicales que el pasado 16 de agosto eligió como su vocero al ayatollah Kharrubi reputado como antioccidental. Dicho Parlamento no dudará en buscar el apoyo del faquí Khamenei.

El extinto imam Khomeini dejó bien trazada para sus herederos su línea política, "la línea del imam", mezcla de un Islam ideológico y de pragmatismo puro. De un lado de la línea quedaron los radicales que pretenden ser los intérpretes ortodoxos de la misma; del otro, quedaron los moderados que hablan de la urgente necesidad de ser pragmáticos y de llevar a cabo profundas reformas que permitan a Irán su pronta reconstrucción. En medio queda la que he llamado "banda de los tres" con el doble reto de no salirse de la "línea del imam" y de lograr, al mismo tiempo, el apoyo efectivo de radicales y moderados.

La reconstrucción de la política exterior de Irán

El ayatollah Khomeini le heredó a Irán una deuda de guerra estimada en 50 a 60 billones de dólares principalmente en créditos que obtuvo de los países socialistas que lo apoyaron (Corea del Norte, China, Checoslovaquia, Libia y Siria). Además, le heredó a las familias iraníes cerca de 1 000 000 de muertos, más de 1 000 000 de exiliados y numerosas facciones opositoras a su régimen que están refugiadas en países vecinos y que aguardan la oportunidad de reaparecer en escena.

Pero sin duda, el legado más costoso para Irán es la falta de un acuerdo de paz definitivo con su vecino. Hasta ahora, Irán demanda a Iraq que vuelva a reconocer el Tratado de Argel de 1975 que fijaba los límites fronterizos entre ambos países. Sin embargo, dicho acuerdo, causa formal de la guerra, es claramente desventajoso para Bagdad. Por otra parte, al menos técnicamente, Iraq ganó la guerra y retiene en su poder 386 millas cuadradas de territorio de su enemigo. De hecho, ambos ejércitos se mantienen atrincherados a lo largo de las 700 millas de la frontera común mientras las fuerzas de Naciones Unidas supervisan el precario cese al fuego de acuerdo con lo estipulado en la Resolución 598 del Consejo de Seguridad.

Hay evidencia de que ambos países, especialmente Irán, están reabasteciendo sus arsenales. Sin embargo, ambos reconocen que no es viable reiniciar la guerra. Por el contrario, todo parece indicar que han entrado a un periodo de guerra fría en la que evitarán enfrentamientos directos pero harán del Medio Oriente un tablero de ajedrez donde proyectarán sus aspiraciones hegemónicas sobre la región. A este propósito se prestan áreas conflictivas como Líbano y los territorios ocupados de Palestina. De hecho, Iraq apoya a los cristianos libaneses mientras Irán respalda a los musulmanes a través de Siria, su aliada durante la guerra.

Esta situación se ve favorecida, además, por el vacío de poder relativo que existe en la región a raíz de la creciente distensión soviético-estadunidense.

Otra consecuencia interesante de la guerra Irán-Iraq ha sido el peculiar realineamiento de los países árabes en la región. Desde 1980 los países árabes del Golfo Pérsico —Arabia Saudita, Bahrain, Kuwait, Qatar, los Emiratos Árabes y Omán— se unieron para constituir el Consejo de Cooperación del Golfo, cuyo propósito principal es unir esfuerzos frente a la amenaza del Irán revolucionario y, sobre todo, dar apoyo financiero y logístico a Iraq. El régimen de Bagdad está consciente de que no habría podido sostener la guerra sin el apoyo de los países árabes. En enero de 1989 creó el Consejo Árabe de Cooperación que incluso a algunos de sus aliados más cercanos durante la guerra: Jordania, Egipto y Yemen del Norte. Dicho Consejo —a instancias de Arabia Saudita— se vinculará paulatinamente al del Golfo. Todos estos realineamientos han influido fuertemente en los países árabes radicales, como Libia, que se reconcilió con Egipto, y en la OLP que ha avanzado a posiciones más moderadas. Sólo Siria se mantiene aislada dentro del mundo árabe debido a las profundas diferencias de su régimen con el de Iraq.

Por su parte, Irán ha desviado su atención hacia la cuestión afgana. Al parecer ha optado por jugar una doble carta. Por un lado mantiene buenas relaciones con Paquistán, aliado de Estados Unidos y, por el otro, Rafsanjani ha procurado estrechar sus lazos con la Unión Soviética. Moscú apoya la creación de un gobierno de coalición en Afganistán en el que tengan cabida tanto los comunistas de Najibullah como los grupos islámicos guerrilleros. Por su parte, Washington desea la total expulsión de los comunistas. Teherán espera tener un papel más destacado con su vecino una vez que se defina la situación.

En el panorama regional queda aún pendiente la cuestión de la exportación de la Revolución Islámica. Ésta era una prioridad para Khomeini y de hecho puede considerarse como la causa fundamental de la guerra con Iraq. Este país, junto con los del Golfo, además de Líbano, tienen importantes contingentes de población shiíta. Sin embargo, las campañas propagandísticas del interior de estos países, así como los excesos cometidos por el propio régimen islámico han logrado desactivar, relativamente, el entusiasmo revolucionario potencial que existía en la población shiita fuera de Irán.

Ello no obsta para señalar que la revolución khomeinista ha marcado profundamente al Islam contemporáneo. A pesar de su relativo desprestigio como modelo a seguir, no puede negarse el hecho de que, después de Khomeini, el Islam se ha dividido en un Islam del *establishment* y en otro fanático, revolucionario y popular. El primero es religión de Estado, ideología oficial —con tintes populistas— de la gran mayoría de los países musulmanes; el segundo, es un Islam subversivo en manos de grupos fundamentalistas cuya expresión extrema está en Líbano. De ahí la importancia que los países árabes conceden a organismos como el Consejo de Cooperación del Golfo o el Consejo Árabe de Cooperación mediante los cuales pueden intercambiar informes de inteligencia para contrarrestar colectivamente cualquier brote subversivo islámico.

Por último, queda por mencionar la reconstrucción de las relaciones de Irán con las potencias occidentales satanizadas por Khomeini. Parte de la herencia de éste consistió en haber exacerbado el tradicional sentimiento xenófobo de los iraníes, del cual los radicales son los máximos oponentes.

De ahí que Rafsanjani enfrente fuerte oposición a su proyecto de restablecer lazos con la Unión Soviética, con Estados Unidos y con Europa Occidental. Sin embargo, aún antes de la muerte de Khomeini, ya se había comenzado el deshielo en las relaciones soviético-iraníes. En enero de 1989, Khomeini envió una carta a Gorbachov en la que le hacía notar que el comunismo estaba muerto y lo instaba a convertirse al Islam. Al mismo tiempo, le agradecía que hubiera decidido reabrir al culto un número importante de mezquitas en las repúblicas musulmanas soviéticas. En febrero, el ministro de Relaciones Exteriores soviético, Schevarnadze, visitó Teherán y se entrevistó con el ayatollah. Poco antes de la muerte de éste, se había aprobado una visita oficial de Rafsanjani a Moscú. Aún en pleno periodo de duelo oficial por la muerte de Khomeini (40 días según el rito shiita) Rafsanjani, en su calidad de candidato a la presidencia realizó tal visita. Él y Gorbachov se identificaron como pragmáticos y firmaron una serie de auerdos de cooperación, principalmente a través de la frontera común.

En cuanto a Estados Unidos, hay que señalar que la reciente reedición de la crisis de los rehenes cautivos en Líbano dio a Rafsanjani la oportunidad de acercarse a Washington. Al igual que en 1986, cuando estalló el escándalo del Irán-Gate, Rafsanjani propuso que fueran descongelados los 12 billones de dólares que Irán reclama a los bancos estadunideses a cambio de su apoyo para liberar a los rehenes. No obstante, Rafsanjani, como ya se mencionó, enfrenta la oposición del clero radical que se encontraba atrincherado literalmente en el Parlamento. Sin su apoyo el presidente iraní no puede avanzar en las negociaciones.

La lucha faccionalista, dentro del marco de las instituciones republicano-islámicas, que tanto exasperaba al ayatollah Khomeini, sigue presente en Irán y debe ser tomada en cuenta para explicar la política del país en los próximos años. A pesar de la alianza táctica que mantienen los triunviros, es previsible que el faccionalismo del clero tienda a agudizarse en la medida en que el nuevo régimen enfrente la toma de decisiones impostergable para lograr la reconstrucción del país. El otro escenario posible es que Rafsanjani logre mantener al triunvirato y espere a que las elecciones parlamentarias de 1991 logren la salida de los radicales y le permitan poner en marcha su programa.

A pesar de los excesos de la Revolución Islámica, de la intransigencia ideológica de Khomeini y del mal estado que guarda la economía, Irán, a diferencia de los países vecinos, cuenta con un sistema político moderno, esencialmente pluralista y democrático. Esta característica institucional, resultado de la revolución, será sin duda un factor clave en la rápida reconstrucción del país, lo cual eventualmente permitirá a Irán recuperar el *status* regional y mundial que le corresponde.

BIBLIOGRAFÍA

Libros

Abrahamian, Ervand, *Iran between two Revolutions*, Princeton, Princeton University Press, 1982, 553 pp.
Arjomand, Said, *The Shadow of God and the Hidden Imam*, Chicago.
Arjomand Gellner, E. (ed.), *From Nationalism to Revolutionary Islam*, Albany, State University of New York Press, 1984, 256 pp.
Bakhash, Shaul, *The Reign of the Ayatollahs*, Londres, Basic Books, 1986, 290 pp.
Bashiriyeh, Hossein, *The State and Revolution in Iran: 1962-1982*, Nueva York, St. Martin's Press, 1984, 203 pp.
Bayat, Mangol, *Mysticism and Dissent: Socioreligious Thought in Qatar Iran*, Syracusa, Syracuse University Press, 1982.
Behrang, *Irán: un eslabón débil del equilibrio mundial*, México, Siglo XXI, 1980, 320 pp.
Bernard, Cheryl y Zalmay Khalilzad, *Iran's Islamic Republic*, Nueva York, Columbia University Press, 1984, 239 pp.
Briére Claire y Pierre Blanchet, *Iran: la revolución en nombre de Dios* (entrevista a Michel Foucault), México, Terra Nova, 1980, 239 pp.
Brinton, Crane, *The Anatomy of Revolutions*, Nueva York, Vintage Books (edición revisada), 1965.
Cisneros Pineda, Fernando, *Shi'ismo y revolución*, México, El Colegio de México, CEAA (tesis de maestría), 1986, 177 pp.
Cole Juan R. y Nikkie Keddie, Nikki, R. (eds.), *Shi'ism and Social Protest*, N. Haven, Yale University Press, 1986, 325 pp.
Constitución de la República Islámica de Irán, 1979.
Curtis, Michel, *Religion and Politics in the Middle East*, Boulder, Westview Press.
Dawisha, Adeed (ed.), *Islam in Foreign Policy*, Cambridge, Cambridge University Press, 1983.
El Corán.
Encyclopedia of Social Sciences, 1968.
Exposito, John L. (ed.), *Islam and Development*, Nueva York, Syracuse University Press, 1982, 268 pp.
_____, *Islam and Politics*, Nueva York, Syracuse University Press, 1984, 273 pp.
Farvar, Taghi, *Aspects of the Iranian Revolution*, Ginebra, United Nations University, 1980, 35 pp.
Fisher, Michael, *Iran: From Religions Dispute to Revolution*, Cambridge, Harvard University Press, 1980, 314 pp.
Gil Villegas, Francisco, *Patrimonialismo islámico e imperialismo occidental*,

México, El Colegio de México, CEI (tesis de licenciatura), 1977, 278 pp.
Graham, Robert, *Iran: the Ilusion of Power*, Londres, Croom Helm, 1978, 276 pp.
Gurdon, Hugo, *Iran: the Continuing Struggle for Power*, Cambridge, Chire, Menas Press, 1984, 88 pp.
Halliday, Fred, *Irán: dictadura y desarrollo*, México, FCE, 1981, 439 pp.
Henry, Y., *Pensées Politiques de l'Ayatollah Khomeyni*, París, Editions ADPF, 1980, 78 pp.
Hiro, Dilip, *Iran Under the Ayatollahs*, Londres, Routledge & Kegan Paul, 1985, 416 pp.
Hussain Asaf, *Islamic Iran*, Nueva York, St. Martin's Press, 1985, 225 pp.
Morales, Mario, *Milenarismo*, Barcelona, Gedisea, 1980, 125 pp.
Mortiner, Edward, *Faith and Power*, Londres, Faber & Faber, 1982, 432 pp.
Muhajeri, Masih, *Islamic Revolution: Future Path the Nations*, Teherán, CTDDC, 1983, 180 pp.
Noori, Yahya, *Islamic Government and Revolution in Iran*, Glasgow, Royston Limited, 1985, 74 pp.
Pahlevi, M.R., *Misión para mi país*, Buenos Aires, Goyanarte, 331 pp.
Pipes, Daniel, *In the Path of God: Islam and Political Power*, Nueva York, Basic Books, 1983, 373 pp.
Piscatori, J. (ed.), *Islam in the Political Process*, Cambridge University Press, 1984, 240 pp.
Quintana Pali, Santiago, *Irán: Islam y nacionalismo*, México, UNAM, 1986, 36 pp.
Ravazi, Hossein y Firouz Vakil, *The Political Environment of Economic Planning in Iran, 1971-1983*, Boulder, Westview Press, 1984, 194 pp.
Rubin, Barry, *Paved with Good Intentions*, Nueva York, Oxford University Press, 1980, 426 pp.
Ruiz Figueroa, Manuel, *El Islam responde*, México, FCE, 1974.
Saikal, Amin, *Rise and Fall of the Shah*, Princeton, Princeton University Press, 1980, 279 pp.
Statiscal Centre of Iran, *A Statiscal Reflection of the Islamic Republic of Iran*, Teherán, SCI, 1986, 260 pp.
Teheri, Amir, *The Spirit of Allah*, Bethesda, Adler & Adler, 1986, 349 pp.
Zonis, Marvin, *The Political Elite of Iran*, Princeton, Princeton University Press, 1971, 389 pp.

Artículos

Abrahamian, Ervand, "Alí Shariati: Ideologie of the Iranian Revolution", *Merip Reports*, vol. 12, núm. 1 (enero de 1982), pp. 24-30.
Afsahneh, Najamabadi, "Iran's Turn to Islam: From Modernism to a Moral Order", *The Middle East Journal*, vol. 41, núm. 2 (primavera de 1987), pp. 202-217.
Akhavi, Shahrough, "Institutionalizing to New Order in Iran", *Current History*, vol. 86, núm. 517 (febrero de 1987), pp. 53-84.

_____, "La institucionalización del nuevo orden en Irán", op. cit., pp. 5-11.
Alí, R. "The Muslim Minority in the Soviet Union", *Current History*, vol. 78, núm. 456 (abril de 1980), pp. 175-186.
Arani, Sharif, "Iran", from the Shah's Dictatorship to Khomeini's Demagogic Theocracy", *Dissent*, vol. 27, núm. 1 (invierno de 1980) pp. 9-26.
Arjomand Said, "Iran's Islamic Revolution in Comparative Perspective", *World Politics*, vol. 38, núm. 3 (abril de 1986).
Ashraf, Ahmed, "Bazaar and Mosque in Iran's Revolution", *Merip Reports*, vol. 13, núm. 3 (marzo-abril de 1983), pp. 16-18.
Ayoob, M., "Between Khomeini and Begin the Arab Dilema", *Worlds Today*, vol. 39, núm. 38 (julio-agosto de 1983), pp. 254-263.
Axelgard, F., "Iraq and the War with Iran", *Current History*, vol. 86, núm. 517 (febrero de 1987), pp. 57-83.
Batatu, Hanna, "Iraq's Underground Shi'i Movements", *Merip Reports*, vol. 12, núm. (enero de 1982), pp. 3-9.
Bayat, Margol, "The Iranian Revolution of 1978-1979", *Middle East Journal*, vol. 37, núm. 1 (invierno de 1983), pp. 30-42.
Behrooz, Ali, "Irán considera el siguiente movimiento", op. cit., p. 11-14.
Beylau, Pierre, "Jomeini: golpe al corazón del Islam", op. cit., pp. 25-38.
Bill, James, "The politics of Extremism in Iran", *Current History*, vol. 81, núm. 471 (enero de 1982), pp. 9-36.
_____, "Resurgent Islam in the Persian Gulf", *Foreign Affairs*, vol. 63, núm. 1 (febrero de 1984), pp. 108-127.
Calder, Norman, "Accomodation and Revolution in Imami Shi'i Jurisprudence: Khumayni and Classical Tradition", *Middle Eastern Studies*, vol. 18, núm. 1 (enero de 1982), pp. 3-20.
Clawson, Patrick, "Iran's Economy: Between Crisis and Colapse", *Merip Reports*, vol. 11, núm. 6 (julio-agosto de 1981), pp. 11-15.
Contextos, núm. 83 (octubre de 1987), Fatemi, Khosrow, "Los tres mil días del ayatolah Khomeini", op. cit., p. 3-5.
Cottan, Richard, "The Iran-Iraq War", *Current History*, vol. 83, núm. 562 (enero de 1984), pp. 9-40.
_____, "Revolutionary Iran", *Current History*, vol. 78, núm. 453 (enero de 1980), pp. 12-35.
_____, "Revolutionary Iran and the War with Iraq", *Current History*, vol. 80, núm. 462 (enero de 1981), pp. 5-40.
Devlin, John, "Syria and Lebanon", *Current History*, vol. 87, núm. 326 (febrero de 1988).
Djalili-Mohamed Reza, "Le Colonel, L'Ayatollah et les autres", *Politique Internationale*, núm. 33 (otoño de 1986), pp. 39-47.
El-Azhary, M., "The Attitudes of the Superpowers in the Gulf War", *International Affairs*, vol. 59, núm. 4 (otoño de 1983), pp. 609-620.
Esposito, John, "Islam in the Politics of the Middle East", *Current History*, vol. 85, núm. 508 (febrero de 1986), pp. 53-58.
Faroughy, Ahmad, "Fuerza y debilidad del régimen Iraní", *Le Monde* (junio de 1986), pp. 10-11.
Fathi, Asjhar, "Role of the Traditional Leader in the Modernization of Iran,

1890-1910", *Int. J. Middle East Studies*, vol. 11, núm. 1 (febrero de 1980), pp. 87-98.

Ferdows, Emad, "The Reconstruction Crusade and Class Conflict in Iran", *Merip Reports*, vol. 113, núm. 3 (marzo-abril de 1983), pp. 11-15.

Frank, Lawrence, "Two Responses to the Oil Boom: Iranian and Nigerian Politics after 1973", *Comparative Politics*, vol. 16, núm. 3 (abril de 1984), pp. 295-314.

Ghassan, Salomé, "Las monarquías del Golfo Pérsico, obligadas a ajustes", *Le Monde* (marzo de 1986), p. 17.

Ghorayshi, Parvin, "Capitalism in Rural Iran", *Merip Reports*, vol. 11, núm. 6 (julio-agosto de 1981), pp. 28-31.

Goldstone, Jack, "Theories of Revolution", *Word Politics*, vol. 32, núm. 3 (abril de 1984), pp. 424-453.

Greenwald, John, "Guerra en todos los frentes", *op. cit.*, p. 17-25.

Gueyras, Jean, "Las contrariedades de Rafsanjani", *op. cit.*, p. 14-17.

Halliday, Fred, "Interviews to Iranian Leaders", *Merip Reports*, vol. 12, núm. 3 (marzo-abril de 1982), pp. 31-35.

_____, "Year Three of the Iranian Revolution", *Merip Reports*, vol. 12, núm. 3 (marzo-abril de 1982), pp. 3-14.

_____, "The Iranian Revolution: Uneven Development and Religious Populism", *Journal of International Affairs*, vol. 36, núm. 2 (otoño-invierno de 1982-1983), pp. 187-207.

_____, "Year IV of the Islamic Republic", *Merip Reports*, vol. 13, núm. 3 (marzo-abril de 1983), pp. 3-10.

Hethrington, Norriss, "Industrialization and Revolution in Iran", *Middle East Journal*, vol. 36, núm. 3 (verano de 1982), pp. 362-373.

Hiro, Dilip, "Chronicle of the Gulf War", *Merip Reports*, vol. 14, núm. 617 (julio-septiembre de 1984), pp. 3-14.

Hooglund, Eric, "The Gulf War and the Islamic Republic", *Merip Reports*, vol. 14, núm. 617 (julio-septiembre de 1984), pp. 31-37.

_____, "Rural Iran and the Clerics", *Merip Reports*, vol. 12, núm. 3 (marzo-abril de 1982), pp. 23-30.

Hudson, Michael, "United States policy in the Middle East Opportunities and Dangers", *Current History*, vol. 85, núm. 508 (febrero de 1986), pp. 49-83.

Hunter, Robert, "The Reagan Administration and the Middle East", en *Current History*, vol. 86, núm. 517 (febrero de 1987), pp. 49-89.

Hunter, Shireen, "After the Ayatollah", *Foreign Affairs*, núm. 66 (primavera de 1987), pp. 77-97.

Hyman, Anthony, "How Iran's Economy Keeps Going", *Middle East International*, núm. 259 (septiembre de 1985), pp. 14-16.

Islamic Propagation Organization, Teheran, 1984.

Karsh, Efraim, "The Gulf War at the Crossroads", *World Today*, vol. 42, núm. 10 (octubre de 1986), pp. 167-170.

Keddie, Nikki, "Iran: Change in Islam; Islam and Change", *Int. J. Middle Eastern Studies*, vol. 11, núm. 4 (febrero de 1980), pp. 527-542.

_____, "The Roots of Ulama's Power in Modern Iran", *Studia Islamica*, XXIX, pp. 31-54.

Kershavarz, Fereidum, "Tudeh's Policy is a Betrayal of the Working Class", *Merip Reports*, vol. 11, núm. 6 (julio-agosto de 1981), pp. 26-28.
Khalilzad, Zalmay, "Islamic Iran: Soviet Dilemma", *Problems of Communism*, vol. 33, núm. 1 (enero-febrero de 1984), pp. 1-20.
Kidron, Peretz, "Iran and the Contras: what Israel was Playing for", *Middle East International*, núm. 294 (febrero de 1987), pp. 12-14.
Lautenschlager, Wolfgang, "The Effects of an Overvalued Exchange Rate on the Iranian Economy", *Int. J. Middle Eastern Studies*, vol. 18, núm. 1, 1986, pp. 31-51.
Lenczowski, George, "The Arc of Crisis: Its Central Sector", *Foreign Affairs*, vol. 59, núm. 1 (verano de 1980), pp. 796-820.
L'Imam Khomeiny, "Islam and Nationalism", *Choix de messages et de discours.* "Quelques Paroles de L'Imam Khomeiny".
MacDonald, Charles, "Iran's Strategic Interests and the Law of the Sea", *Middle East Journal*, vol. 34, núm. 3 (verano de 1980), pp. 302-349.
MacDonald, Paul, "Oil and the Gulf War", *World Today*, vol. 42, núm. 12 (diciembre de 1986), pp. 202-203.
Matin-Daftari, Hedayet, "Mossadeq's Legacy Today", *Merip Reports*, vol. 13, núm. 3 (marzo-abril de 1983), pp. 24-32.
Mc Nauther, Thomas, "Oil and The Outcome of the Iran-Iraq War", *Merip Reports*, vol. 14, núm. 617 (julio-septiembre de 1984), pp. 39-48.
Pipes, Daniel, "Fundamentalist Muslims, Between America and Russia", *Foreign Affairs*, vol. 64, núm. 5 (verano de 1986).
Quintana Pali, Santiago, "El integrismo islámico: Una respuesta a los límites de la utopía y la crisis de las ideologías", *Estudios de Asia y África*, vol. 21, núm. 1, 1986, pp. 21-41.
_____, "Mantenimiento de la paz y la seguridad: el caso de la guerra entre Irán e Iraq", México, El Colegio de México, CEAA (ponencia), 1987, 12 pp.
Ramazani, R., "Iran's Islamic Revoltion and the Persian Gulf", *Current History*, vol. 84, núm. 1 (enero de 1985), pp. 5-41.
_____, 'Iran's Revolution: Patterns, Problems and Prospects", *International Affairs*, vol. 56, núm. 3 (verano de 1980), pp. 443-457.
_____, 'The Iran-Iraq War and the Persian Gulf Crises", *Current History*, vol. 87, núm. 226 (febrero de 1988), pp. 61-89.
_____, "Iran: Burying the Hatchet", *Foreign Affairs*, núm. 60 (otoño de 1985), pp. 52-74.
Renfrew, N., "Who Started the War?", *Foreign Policy*, núm. 66 (primavera de 1987).
Rouleau, Eric, 'The War and the Struggle for the State", *Merip Reports*, vol. 11, núm. 6 (julio-agosto de 1981), pp. 3-8.
_____, "Khomeini's Iran", *Foreign Affairs*, vol. 59, núm. 3 (otoño de 1980), pp. 1-20.
Rubin, Barry, "Iran's Year of Turmoil", *Current History*, vol. 82, núm. 480 (enero de 1983), pp. 28-42.
Sablier, Edouard "Iran: Une sucession assurée", *Politique Internationale*, núm. 35 (primavera de 1987), pp. 117-128.
Scarcia, Blancamaria, "Ideology, Institutions and Social Structure in the

Islamic Republic of Iran", *Politica Internazionale*, vol. 1, núm. 1 (verano de 1980), pp. 5-27.

Sciolino, Elaine, "Iran's Durable Revolution", *Foreign Affairs*, vol. 62, núm. 2 (otoño de 1983), pp. 893-920.

Schultz, Ann, "Iran: The Descending Monarchy", *Current History*, vol. 76, núm. 443 (enero de 1979), pp. 5-39.

Sharif, Arani, "From the Sha's Dictatorship to Khomeini's Demagogic Theocracy", *Dissent*, vol. 27, núm. 1 (invierno de 1980), pp. 9-25.

Sharough, Akhavi, "Elite Factionalism in the Islamic Republic of Iran", *Middle East Journal*, vol. 41, núm. 2 (primavera de 1987), pp. 181-201.

Shaykj, Nuri, "Refutation of the Idea of Constitutionalism", *Middle Eastern Studies*, vol. 13, núm. 3 (octubre de 1977).

Sick, Gary, "Iran's Quest for Superpower Status", *Foreign Affairs*, vol. 65, núm. 4 (primavera de 1987), pp. 698-715.

Simpson, John, "Along the Streets of Teheran", *Harper's Magazine*, vol. 276, núm. 1656 (enero de 1988).

Skocpol, Theda, "Rentier State and Shi'a Islam in the Iranian Revolution", *Theory and Society*, 11, 1982.

Tena, Fabio, "A New Perspective for the Muslim World", *Politica Internazionale*, vol. 1, núm. 1 (verano de 1980), pp. 19-27.

Tibi, Bassam, "The Renewed Role of Islam in the Political and Social Development of the Middle East", *Middle East Journal*, vol. 37, núm. 1 (invierno de 1983), pp. 3-13.

Van Bruinessen, Martin, "The Kurds Between Iran and Iraq", *Middle East Report*, vol. 16, núm. 4 (julio-agosto de 1986), pp. 14-27.

Viorst, Milton, "Iraq at War", *Foreign Affairs*, vol. 65, núm. 2 (invierno de 1986-1987).

Yazbeck, Ivonne, "The Quranic Justification for an Islamic Revolution", *Middle East Journal*, vol. 37, núm. 1 (invierno de 1983), pp. 14-29.

ÍNDICE

AGRADECIMIENTOS 5

INTRODUCCIÓN 9

El contexto histórico de la Revolución Iraní: el Islam shiita 10
El aspecto fundamental de la Revolución Iraní 12
El aspecto integrista de la Revolución Iraní 14
Aspectos milenaristas y mesiánicos de la Revolución Iraní 16

I. LA LEGITIMIDAD DUAL DEL ESTADO IRANÍ: MONARQUÍA Y CLERO 17

El shiismo y el sunnismo: problemas de legitimidad 17
Los safavidas y el shiismo 19
Los Cayar y el shiismo 20
Los Pahlevi y el shiismo: modernización y dictadura 27
Mohamed Reza Pahlevi. Primera etapa: 1945-1953 31
Mohamed Reza Pahlevi. Segunda etapa: 1953-1973 33

II. EL COLAPSO DE LA GRAN CIVILIZACIÓN: EL SURGIMIENTO DEL MOVIMIENTO REVOLUCIONARIO 43

El periodo 1973-1977 43
El periodo 1977-1979 71
Anexos 90

III. EL GOBIERNO ISLÁMICO 93

El triunfo de los revolucionarios y la lucha por el poder: 1979-1982 95
La República Islámica 119
Anexos 162

IV. La exportación de la revolución: la guerra con Iraq ... 165

El proyecto de política exterior del nuevo régimen ... 165
La exportación de la revolución ... 169
La guerra con Iraq ... 172
La internacionalización del conflicto: la Guerra del Golfo ... 190
Las superpotencias ... 195
Los efectos de la guerra en Irán ... 209
Anexos ... 224

Post scriptum ... 227

La herencia del ayatollah Khomeini a Irán ... 227

Bibliografía ... 235

Libros ... 235
Artículos ... 236

Este libro se terminó de imprimir
en abril de 1991 en los talleres de
Programas Educativos, S.A. de C.V.,
Chabacano 65-A, 06850 México, D.F.
Fotocomposición y formación: Carlos Palleiro.
Se imprimieron 1000 ejemplares
más sobrantes para reposición.
Cuidó la edición el Departamento de
Publicaciones de El Colegio de México.